ARZNEIMITTEL- UND APOTHEKENRECHT
der Deutschen Demokratischen Republik

Gesetzessammlung mit Kommentar

9. Lieferung

Herausgegeben von

OPhR Prof. Dr. sc. nat. JOACHIM RICHTER
OPhR Prof. Dr. sc. phil. Dr. rer. nat. HANS-JOACHIM SEIDLEIN
OPhR Dr. rer. nat. MANFRED BÖHM
Diplom-Jurist HANS GEORG KEUNE
Diplom-Jurist OPhR Dr. Dr. EGBERT GUEINZIUS

AKADEMIE-VERLAG · BERLIN 1983

Erschienen im Akademie-Verlag, DDR - 1086 Berlin, Leipziger Str. 3—4

Lizenznummer: 202 · 100/463/83
Gesamtherstellung: VEB Druckhaus „Maxim Gorki", 7400 Altenburg
Bestellnummer: 763 124 8 (3069/9) · LSV 2097, 2887
Printed in GDR
DDR 35,— M

Benutzerhinweis zum Arzneimittel- und Apothekenrecht der DDR — Gesetzessammlung mit Kommentar — 9. Lieferung

Die 9. Lieferung ist nach Entfernen der nachstehend aufgeführten Seiten wie folgt einzuordnen:

Zu entfernen			Einzuordnende Teile der 9. Lieferung	
			Ergänzungsinhaltsverzeichnis 9. Lieferung	
			A 02 01	S. 1—13
			A 04 30	S. 1—5
			A 04 60	S. 1—4
			A 04 65	S. 1—2
			A 04 80	S. 1—6
			A 05 10	S. 1—4
			A 90 40	S. 1
			A 90 50	S. 1—8
			B 01 50 Int.	S. 1—4
			B 06 15	S. 1—4
			B 06 40 Kom.	S. 1
			B 07 20	S. 1—3
C 01 03	S. 3—4, 7—8	(Grundwerk)	C 01 03	S. 3—4, 7—8
C 02 02 30	S. 1	(Grundwerk)	C 02 02 30	S. 1—2
			C 02 04 25	S. 1—4
			C 03 02 06	S. 1—2
			C 04 02 70	S. 1—7
			C 05 03 60	S. 1
			C 05 07 50	S. 1—2
			C 05 07 60 Kom.	S. 1
			C 05 07 91	S. 1—3
			C 05 09 95	S. 1
			C 05 10 05	S. 1—2
			C 05 11 50	S. 1
			C 05 11 55	S. 1
			C 05 11 61	S. 1
			C 05 11 62	S. 1

C 05 90 01 S. 1—5 (Grundwerk)	C 05 90 01	S. 1—5
	C 05 90 80 Lit.	S. 1—2
	C 06 02 80 Kom.	S. 1—4
	C 06 05 32	S. 1—3
	C 06 07 06	S. 1—6
C 06 07 12 S. 1—0 (5. Lieferung)	C 06 07 12	S. 1—6
	C 05 07 12 01	S. 1—4
	C 06 08 01	S. 1—5
	C 06 08 10	S. 1
	C 06 08 11	S. 1—2
	C 06 08 15	S. 1—5
	C 06 08 16	S. 1—5
	C 06 08 17	S. 1—4
	C 06 08 18	S. 1
	C 06 08 31	S. 1—4
	C 06 09 69 03	S. 1—2
	C 06 09 69 04	S. 1—2
	C 09 41	S. 1—9
	C 09 47	S. 1—5
	D 02 05	S. 1—14
	D 02 45	S. 1
	D 02 46	S. 1—14
	F 02 05	S. 1—3
Kapitelinhaltsverzeichnis Kapitel I S 1 (3. Lieferung)	I 03 75	S. 1—4
Ergänzungsinhaltsverzeichnis Kapitel I S 1 (5. Lieferung)	Ergänzungssachregister 9. Lieferung	S. 1—10

Kapitelinhaltsverzeichnis

Kapitel A

Grundlagen der sozialistischen Gesellschafts-, Staats- und Rechtsordnung

Ergänzungsinhaltsverzeichnis

Kapitel B
Allgemeine gesundheitsrechtliche Grundlagen

Ergänzungsinhaltsverzeichnis

Kapitel C
Arzneimittelrecht

Ergänzungsinhaltsverzeichnis

Kapitel D
Apothekenrecht

Ergänzungsinhaltsverzeichnis

Kapitel F
Giftrecht

Kapitelinhaltsverzeichnis

Kapitel I

Zivilrecht, Wirtschaftsrecht, Versicherungsrecht, Strafrecht, Prozeßrecht

Verfassung der Deutschen Demokratischen Republik

vom 6. April 1968

in der Fassung des Gesetzes zur Ergänzung und Änderung der Verfassung der Deutschen Demokratischen Republik

vom 7. Oktober 1974
(GBl. I Nr. 47 S. 432)
— Auszug —

Gliederung

Abschnitt I

Grundlagen der sozialistischen Gesellschafts- und Staatsordnung

Kapitel 1

Politische Grundlagen

Artikel 1

Die Deutsche Demokratische Republik ist ein sozialistischer Staat der Arbeiter und Bauern. Sie ist die politische Organisation der Werktätigen in Stadt und Land unter Führung der Arbeiterklasse und ihrer marxistisch-leninistischen Partei.
...

Artikel 2

(1) Alle politische Macht in der Deutschen Demokratischen Republik wird von den Werktätigen in Stadt und Land ausgeübt. Der Mensch steht im Mittelpunkt aller Bemühungen der sozialistischen Gesellschaft und ihres Staates. Die weitere Erhöhung des materiellen und kulturellen Lebensniveaus des Volkes auf der Grundlage eines hohen Entwicklungstempos der sozialistischen Produktion, der Erhöhung der Effektivität, des wissenschaftlich-technischen Fortschritts und des Wachstums der Arbeitsproduktivität ist die entscheidende Aufgabe der entwickelten sozialistischen Gesellschaft.
(2) Das feste Bündnis der Arbeiterklasse mit der Klasse der Genossenschaftsbauern, den Angehörigen der Intelligenz und den anderen Schichten des Volkes, das sozialistische Eigentum an Produktionsmitteln, die Leitung und Planung der gesellschaftlichen Entwicklung nach den fortgeschrittensten Erkenntnissen der Wissenschaft bilden unantastbare Grundlagen der sozialistischen Gesellschaftsordnung.

(3) Die Ausbeutung des Menschen durch den Menschen ist für immer beseitigt. Was des Volkes Hände schaffen, ist des Volkes Eigen. Das sozialistische Prinzip „Jeder nach seinen Fähigkeiten, jedem nach seiner Leistung" wird verwirklicht.

Artikel 3

(1) Das Bündnis aller Kräfte des Volkes findet in der Nationalen Front der Deutschen Demokratischen Republik seinen organisierten Ausdruck.

...

Artikel 4

Alle Macht dient dem Wohle des Volkes. Sie sichert sein friedliches Leben, schützt die sozialistische Gesellschaft und gewährleistet die sozialistische Lebensweise der Bürger, die freie Entwicklung des Menschen, wahrt seine Würde und garantiert die in dieser Verfassung verbürgten Rechte.

Kapitel 2

Ökonomische Grundlagen, Wissenschaft, Bildung und Kultur

Artikel 9

(1) Die Volkswirtschaft der Deutschen Demokratischen Republik beruht auf dem sozialistischen Eigentum an den Produktionsmitteln. Sie entwickelt sich gemäß den ökonomischen Gesetzen des Sozialismus auf der Grundlage der sozialistischen Produktionsverhältnisse und der zielstrebigen Verwirklichung der sozialistischen ökonomischen Integration.

...

Artikel 10

(1) Das sozialistische Eigentum besteht

als gesamtgesellschaftliches Volkseigentum,
als genossenschaftliches Gemeineigentum werktätiger Kollektive sowie
als Eigentum gesellschaftlicher Organisationen der Bürger.

(2) Das sozialistische Eigentum zu schützen und zu mehren ist Pflicht des sozialistischen Staates und seiner Bürger.

Artikel 11

(1) Das persönliche Eigentum der Bürger und das Erbrecht sind gewährleistet. Das persönliche Eigentum dient der Befriedigung der materiellen und kulturellen Bedürfnisse der Bürger.
(2) Die Rechte von Urhebern und Erfindern genießen den Schutz des sozialistischen Staates.

(3) Der Gebrauch des Eigentums sowie von Urheber- und Erfinderrechten darf den Interessen der Gesellschaft nicht zuwiderlaufen.

Artikel 17

(1) Die Deutsche Demokratische Republik fördert Wissenschaft, Forschung und Bildung mit dem Ziel, die Gesellschaft und das Leben der Bürger zu schützen und zu bereichern. Dem dient die Vereinigung der wissenschaftlich-technischen Revolution mit den Vorzügen des Sozialismus.
(2) Mit dem einheitlichen sozialistischen Bildungssystem sichert die Deutsche Demokratische Republik allen Bürgern eine den ständig steigenden gesellschaftlichen Erfordernissen entsprechende hohe Bildung. Sie befähigt die Bürger, die sozialistische Gesellschaft zu gestalten und an der Entwicklung der sozialistischen Demokratie schöpferisch mitzuwirken.
(3) Jeder gegen den Frieden, die Völkerverständigung, gegen das Leben und die Würde des Menschen gerichtete Mißbrauch der Wissenschaft ist verboten.

Abschnitt II

Bürger und Gemeinschaften in der sozialistischen Gesellschaft

Kapitel 1

Grundrechte und Grundpflichten der Bürger

Artikel 19

(1) Die Deutsche Demokratische Republik garantiert allen Bürgern die Ausübung ihrer Rechte und ihre Mitwirkung an der Leitung der gesellschaftlichen Entwicklung. Sie gewährleistet die sozialistische Gesetzlichkeit und Rechtssicherheit.
(2) Achtung und Schutz der Würde und Freiheit der Persönlichkeit sind Gebot für alle staatlichen Organe, alle gesellschaftlichen Kräfte und jeden einzelnen Bürger.
...

Artikel 20

(1) Jeder Bürger der Deutschen Demokratischen Republik hat unabhängig von seiner Nationalität, seiner Rasse, seinem weltanschaulichen oder religiösen Bekenntnis, seiner sozialen Herkunft und Stellung die gleichen Rechte und Pflichten. Gewissens- und Glaubensfreiheit sind gewährleistet. Alle Bürger sind vor dem Gesetz gleich.
(2) Mann und Frau sind gleichberechtigt und haben die gleiche Rechtsstellung in allen Bereichen des gesellschaftlichen, staatlichen und persönlichen Lebens. Die Förderung der Frau, besonders in der beruflichen Qualifizierung, ist eine gesellschaftliche und staatliche Aufgabe.

(3) Die Jugend wird in ihrer gesellschaftlichen und beruflichen Entwicklung besonders gefördert. Sie hat alle Möglichkeiten, an der Entwicklung der sozialistischen Gesellschaftsordnung verantwortungsbewußt teilzunehmen.

Artikel 21

(1) Jeder Bürger der Deutschen Demokratischen Republik hat das Recht, das politische, wirtschaftliche, soziale und kulturelle Leben der sozialistischen Gemeinschaft und des sozialistischen Staates umfassend mitzugestalten. Es gilt der Grundsatz „Arbeite mit, plane mit, regiere mit!“.

...

Artikel 23

(1) Der Schutz des Friedens und des sozialistischen Vaterlandes und seiner Errungenschaften ist Recht und Ehrenpflicht der Bürger der Deutschen Demokratischen Republik. Jeder Bürger ist zum Dienst und zu Leistungen für die Verteidigung der Deutschen Demokratischen Republik entsprechend den Gesetzen verpflichtet.

...

Artikel 24

(1) Jeder Bürger der Deutschen Demokratischen Republik hat das Recht auf Arbeit. Er hat das Recht auf einen Arbeitsplatz und dessen freie Wahl entsprechend den gesellschaftlichen Erfordernissen und der persönlichen Qualifikation. Er hat das Recht auf Lohn nach Qualität und Quantität der Arbeit. Mann und Frau, Erwachsene und Jugendliche haben das Recht auf gleichen Lohn bei gleicher Arbeitsleistung.

...

Artikel 34

(1) Jeder Bürger der Deutschen Demokratischen Republik hat das Recht auf Freizeit und Erholung.

(2) Das Recht auf Freizeit und Erholung wird gewährleistet

durch die gesetzliche Begrenzung der täglichen und wöchentlichen Arbeitszeit,
durch einen vollbezahlten Jahresurlaub und
durch den planmäßigen Ausbau des Netzes volkseigener und anderer gesellschaftlicher Erholungs- und Urlaubszentren.

Artikel 35

(1) Jeder Bürger der Deutschen Demokratischen Republik hat das Recht auf Schutz seiner Gesundheit und seiner Arbeitskraft.

(2) Dieses Recht wird durch die planmäßige Verbesserung der Arbeits- und Lebensbedingungen, die Pflege der Volksgesundheit, eine umfassende Sozialpolitik, die Förderung der Körperkultur, des Schul- und Volkssports und der Touristik gewährleistet.

(3) Auf der Grundlage eines sozialen Versicherungssystems werden bei Krankheit und Unfällen materielle Sicherheit, unentgeltliche ärztliche Hilfe, Arzneimittel und andere medizinische Sachleistungen gewährt.

Artikel 36

(1) Jeder Bürger der Deutschen Demokratischen Republik hat das Recht auf Fürsorge der Gesellschaft im Alter und bei Invalidität.
(2) Dieses Recht wird durch eine steigende materielle, soziale und kulturelle Versorgung und Betreuung alter und arbeitsunfähiger Bürger gewährleistet.

Artikel 38

(1) Ehe, Familie und Mutterschaft stehen unter dem besonderen Schutz des Staates. Jeder Bürger der Deutschen Demokratischen Republik hat das Recht auf Achtung, Schutz und Förderung seiner Ehe und Familie.
(2) Dieses Recht wird durch die Gleichberechtigung von Mann und Frau in Ehe und Familie, durch die gesellschaftliche und staatliche Unterstützung der Bürger bei der Festigung und Entwicklung ihrer Ehe und Familie gewährleistet. Kinderreichen Familien, alleinstehenden Müttern und Vätern gilt die Fürsorge und Unterstützung des sozialistischen Staates durch besondere Maßnahmen.
(3) Mutter und Kind genießen den besonderen Schutz des sozialistischen Staates. Schwangerschaftsurlaub, spezielle medizinische Betreuung, materielle und finanzielle Unterstützung bei Geburten und Kindergeld werden gewährt.
(4) Es ist das Recht und die vornehmste Pflicht der Eltern, ihre Kinder zu gesunden und lebensfrohen, tüchtigen und allseitig gebildeten Menschen, zu staatsbewußten Bürgern zu erziehen. Die Eltern haben Anspruch auf ein enges und vertrauensvolles Zusammenwirken mit den gesellschaftlichen und staatlichen Erziehungs- und Bildungseinrichtungen.
...

Kapitel 3

Die Gewerkschaften und ihre Rechte

Artikel 44

(1) Die freien Gewerkschaften, vereinigt im Freien Deutschen Gewerkschaftsbund, sind die umfassende Klassenorganisation der Arbeiterklasse. Sie nehmen die Interessen der Arbeiter, Angestellten und Angehörigen der Intelligenz durch umfassende Mitbestimmung in Staat, Wirtschaft und Gesellschaft wahr.
(2) Die Gewerkschaften sind unabhängig. Niemand darf sie in ihrer Tätigkeit einschränken oder behindern.
(3) Die Gewerkschaften nehmen durch die Tätigkeit ihrer Organisationen und Organe, durch ihre Vertreter in den gewählten staatlichen Machtorganen und durch ihre Vor-

schläge an die staatlichen und wirtschaftlichen Organe maßgeblich teil

an der Gestaltung der sozialistischen Gesellschaft,
an der Leitung und Planung der Volkswirtschaft,
an der Verwirklichung der wissenschaftlich-technischen Revolution,
an der Entwicklung der Arbeits- und Lebensbedingungen, des Gesundheits- und Arbeitsschutzes, der Arbeitskultur, des kulturellen und sportlichen Lebens der Werktätigen.

Die Gewerkschaften arbeiten in den Betrieben und Institutionen an der Ausarbeitung der Pläne mit. Sie leiten die Ständigen Produktionsberatungen.

Artikel 45

(1) Die Gewerkschaften haben das Recht, über alle die Arbeits- und Lebensbedingungen der Werktätigen betreffenden Fragen mit staatlichen Organen, mit Betriebsleitungen und anderen wirtschaftsleitenden Organen Vereinbarungen abzuschließen.
(2) Die Gewerkschaften nehmen aktiven Anteil an der Gestaltung der sozialistischen Rechtsordnung. Sie besitzen das Recht der Gesetzesinitiative sowie der gesellschaftlichen Kontrolle über die Wahrung der gesetzlich garantierten Rechte der Werktätigen.
(3) Die Gewerkschaften leiten die Sozialversicherung der Arbeiter und Angestellten auf der Grundlage der Selbstverwaltung der Versicherten. Sie nehmen an der umfassenden materiellen und finanziellen Versorgung und Betreuung der Bürger bei Krankheit, Arbeitsunfall, Invalidität und im Alter teil.
(4) Alle Staatsorgane und Wirtschaftsleiter sind verpflichtet, für eine enge und vertrauensvolle Zusammenarbeit mit den Gewerkschaften Sorge zu tragen.
...

Abschnitt III

Aufbau und System der staatlichen Leitung

Artikel 47

(1) Der Aufbau und die Tätigkeit der staatlichen Organe werden durch die in dieser Verfassung festgelegten Ziele und Aufgaben der Staatsmacht bestimmt.
(2) Die Souveränität des werktätigen Volkes, verwirklicht auf der Grundlage des demokratischen Zentralismus, ist das tragende Prinzip des Staatsaufbaus.

Kapitel 1

Die Volkskammer

Artikel 48

(1) Die Volkskammer ist das oberste staatliche Machtorgan der Deutschen Demokratischen Republik. Sie entscheidet in ihren Plenarsitzungen über die Grundfragen der Staatspolitik.

(2) Die Volkskammer ist das einzige verfassungs- und gesetzgebende Organ in der Deutschen Demokratischen Republik. Niemand kann ihre Rechte einschränken.
Die Volkskammer verwirklicht in ihrer Tätigkeit den Grundsatz der Einheit von Beschlußfassung und Durchführung.

Artikel 49

(1) Die Volkskammer bestimmt durch Gesetze und Beschlüsse endgültig und für jedermann verbindlich die Ziele der Entwicklung der Deutschen Demokratischen Republik.
(2) Die Volkskammer legt die Hauptregeln für das Zusammenwirken der Bürger, Gemeinschaften und Staatsorgane sowie deren Aufgaben bei der Durchführung der staatlichen Pläne der gesellschaftlichen Entwicklung fest.
(3) Die Volkskammer gewährleistet die Verwirklichung ihrer Gesetze und Beschlüsse. Sie bestimmt die Grundsätze der Tätigkeit des Staatsrates, des Ministerrates, des Nationalen Verteidigungsrates, des Obersten Gerichts und des Generalstaatsanwalts.

Artikel 50

Die Volkskammer wählt den Vorsitzenden und die Mitglieder des Staatsrates, den Vorsitzenden und die Mitglieder des Ministerrates, den Vorsitzenden des Nationalen Verteidigungsrates, den Präsidenten und die Richter des Obersten Gerichts und den Generalstaatsanwalt. Sie können jederzeit von der Volkskammer abberufen werden.
...

Artikel 65

(1) Das Recht zur Einbringung von Gesetzesvorlagen haben die Abgeordneten der in der Volkskammer vertretenen Parteien und Massenorganisationen, die Ausschüsse der Volkskammer, der Staatsrat, der Ministerrat und der Freie Deutsche Gewerkschaftsbund.
(2) Die Ausschüsse der Volkskammer beraten die Gesetzesvorlagen und legen ihre Auffassung dem Plenum der Volkskammer vor.
(3) Entwürfe grundlegender Gesetze werden vor ihrer Verabschiedung der Bevölkerung zur Erörterung unterbreitet. Die Ergebnisse der Volksdiskussion sind bei der endgültigen Fassung auszuwerten.
(4) Die von der Volkskammer verabschiedeten Gesetze werden vom Vorsitzenden des Staatsrates innerhalb eines Monats im Gesetzblatt verkündet.
(5) Gesetze treten am 14. Tage nach ihrer Verkündung in Kraft, soweit sie nichts anderes bestimmen.

Kapitel 2

Der Staatsrat

Artikel 66

(1) Der Staatsrat nimmt als Organ der Volkskammer die Aufgaben wahr, die ihm durch die Verfassung sowie die Gesetze und Beschlüsse der Volkskammer übertragen sind. Er ist der Volkskammer für seine Tätigkeit verantwortlich. Zur Durchführung der ihm übertragenen Aufgaben faßt er Beschlüsse.

(2) Der Staatsrat vertritt die Deutsche Demokratische Republik völkerrechtlich. Er ratifiziert und kündigt Staatsverträge und andere völkerrechtliche Verträge, für die die Ratifizierung vorgesehen ist.

...

Artikel 73

(1) Der Staatsrat faßt grundsätzliche Beschlüsse zu Fragen der Verteidigung und Sicherheit des Landes. Er organisiert die Landesverteidigung mit Hilfe des Nationalen Verteidigungsrates.

(2) Der Staatsrat beruft die Mitglieder des Nationalen Verteidigungsrates. Der Nationale Verteidigungsrat ist der Volkskammer und dem Staatsrat für seine Tätigkeit verantwortlich.

Artikel 74

(1) Der Staatsrat nimmt im Auftrage der Volkskammer die ständige Aufsicht über die Verfassungsmäßigkeit und Gesetzlichkeit der Tätigkeit des Obersten Gerichts und des Generalstaatsanwalts wahr.

(2) Der Staatsrat übt das Amnestie- und Begnadigungsrecht aus.

Artikel 75

Der Staatsrat stiftet staatliche Orden, Auszeichnungen und Ehrentitel, die von seinem Vorsitzenden verliehen werden.

Kapitel 3

Der Ministerrat[1])

Artikel 76

(1) Der Ministerrat ist als Organ der Volkskammer die Regierung der Deutschen Demokratischen Republik. Er leitet im Auftrage der Volkskammer die einheitliche Durchführung der Staatspolitik und organisiert die Erfüllung der politischen, ökonomischen, kulturellen und sozialen sowie der ihm übertragenen Verteidigungsaufgaben. Für seine Tätigkeit ist er der Volkskammer verantwortlich und rechenschaftspflichtig.

(2) Der Ministerrat leitet die Volkswirtschaft und die anderen gesellschaftlichen Bereiche. Er sichert die planmäßige proportionale Entwicklung der Volkswirtschaft, die harmonisch abgestimmte Gestaltung der gesellschaftlichen Bereiche und Territorien sowie die Verwirklichung der sozialistischen ökonomischen Integration.
(3) Der Ministerrat leitet die Durchführung der Außenpolitik der Deutschen Demokratischen Republik entsprechend den Grundsätzen dieser Verfassung. Er vertieft die allseitige Zusammenarbeit mit der Union der Sozialistischen Sowjetrepubliken und den anderen sozialistischen Staaten und gewährleistet den aktiven Beitrag der Deutschen Demokratischen Republik zur Stärkung der sozialistischen Staatengemeinschaft.
(4) Der Ministerrat entscheidet entsprechend seiner Zuständigkeit über den Abschluß und die Kündigung völkerrechtlicher Verträge. Er bereitet Staatsverträge vor.

Artikel 77

Der Ministerrat arbeitet die zu lösenden Aufgaben der staatlichen Innen- und Außenpolitik aus und unterbreitet der Volkskammer Entwürfe von Gesetzen und Beschlüssen.

Artikel 78

(1) Der Ministerrat leitet, koordiniert und kontrolliert die Tätigkeit der Ministerien, der anderen zentralen Staatsorgane und der Räte der Bezirke. Er fördert die Anwendung wissenschaftlicher Leitungsmethoden und die Einbeziehung der Werktätigen in die Verwirklichung der Politik des sozialistischen Staates. Er gewährleistet, daß die ihm unterstellten staatlichen Organe, die wirtschaftsleitenden Organe, Kombinate, Betriebe und Einrichtungen ihre Tätigkeit auf der Grundlage der Gesetze und anderen Rechtsvorschriften ausüben.
(2) Im Rahmen der Gesetze und Beschlüsse der Volkskammer erläßt der Ministerrat Verordnungen und faßt Beschlüsse.

Artikel 79

(1) Der Ministerrat besteht aus dem Vorsitzenden des Ministerrates, den Stellvertretern des Vorsitzenden und den Ministern.
(2) Der Vorsitzende des Ministerrates wird von der stärksten Fraktion der Volkskammer vorgeschlagen und von der Volkskammer mit der Bildung des Ministerrates beauftragt.
(3) Der Vorsitzende und die Mitglieder des Ministerrates werden nach der Neuwahl der Volkskammer von ihr auf die Dauer von 5 Jahren gewählt.
(4) Der Vorsitzende und die Mitglieder des Ministerrates werden vom Vorsitzenden des Staatsrates auf die Verfassung vereidigt.

Artikel 80

(1) Der Ministerrat ist ein kollektiv arbeitendes Organ. Für die Tätigkeit des Ministerrates tragen alle seine Mitglieder die Verantwortung. Jeder Minister leitet verantwortlich das ihm übertragene Aufgabengebiet.

(2) Der Ministerrat bildet aus seiner Mitte das Präsidium des Ministerrates.
(3) Der Vorsitzende des Ministerrates leitet den Ministerrat und das Präsidium.
(4) Nach Ablauf der Wahlperiode der Volkskammer setzt der Ministerrat seine Tätigkeit bis zur Wahl des neuen Ministerrates durch die Volkskammer fort.

Kapitel 4

Die örtlichen Volksvertretungen und ihre Organe

Artikel 81

(1) Die örtlichen Volksvertretungen sind die von den wahlberechtigten Bürgern gewählten Organe der Staatsmacht in den Bezirken, Kreisen, Städten, Stadtbezirken, Gemeinden und Gemeindeverbänden.
(2) Die örtlichen Volksvertretungen entscheiden auf der Grundlage der Gesetze in eigener Verantwortung über alle Angelegenheiten, die ihr Gebiet und seine Bürger betreffen. Sie organisieren die Mitwirkung der Bürger an der Gestaltung des politischen, wirtschaftlichen, kulturellen und sozialen Lebens und arbeiten mit den gesellschaftlichen Organisationen der Werktätigen zusammen.
(3) Die Tätigkeit der örtlichen Volksvertretungen ist darauf gerichtet,

das sozialistische Eigentum zu mehren und zu schützen, die Arbeits- und Lebensbedingungen der Bürger ständig zu verbessern und das gesellschaftliche und kulturelle Leben der Bürger und ihrer Gemeinschaften zu fördern,
das sozialistische Staats- und Rechtsbewußtsein der Bürger zu heben und die öffentliche Ordnung zu sichern, die sozialistische Gesetzlichkeit zu festigen und die Rechte der Bürger zu wahren.

Artikel 82

(1) Die örtlichen Volksvertretungen fassen Beschlüsse, die für ihre Organe und Einrichtungen sowie für die Volksvertretungen, Gemeinschaften und Bürger ihres Gebietes verbindlich sind. Diese Beschlüsse sind zu veröffentlichen.
(2) Die örtlichen Volksvertretungen haben eigene Einnahmen und verfügen über ihre Verwendung.

Artikel 83

(1) Zur Wahrnehmung ihrer Verantwortung wählt jede örtliche Volksvertretung ihren Rat und Kommissionen. Die Mitglieder des Rates sollen nach Möglichkeit Abgeordnete sein. In die Kommissionen können auch Mitglieder berufen werden, die nicht Abgeordnete sind.
(2) Der Rat sichert die Entfaltung der Tätigkeit der Volksvertretung und organisiert die Leitung der gesellschaftlichen Entwicklung in deren Verantwortungsbereich. Er ist der Volksvertretung für seine gesamte Tätigkeit verantwortlich und dem übergeordneten Rat rechenschaftspflichtig. Der Rat ist ein kollektiv arbeitendes Organ.

(3) Die Kommissionen organisieren die sachkundige Mitwirkung der Bürger bei der Vorbereitung und Durchführung der Beschlüsse der Volksvertretung. Sie kontrollieren die Durchführung der Gesetze und anderen Rechtsvorschriften sowie der Beschlüsse der Volksvertretung durch den Rat und dessen Fachorgane.

Artikel 84

Die örtlichen Volksvertretungen können zur gemeinsamen Wahrnehmung ihrer Aufgaben Verbände bilden.

Artikel 85

Die Aufgaben und Befugnisse der örtlichen Volksvertretungen, ihrer Abgeordneten, Kommissionen und ihrer Räte in den Bezirken, Kreisen, Städten, Stadtbezirken, Gemeinden und Gemeindeverbänden werden durch Gesetz festgelegt.

Artikel 103

(1) Jeder Bürger kann sich mit Eingaben (Vorschlägen, Hinweisen, Anliegen oder Beschwerden) an die Volksvertretungen, ihre Abgeordneten oder die staatlichen und wirtschaftlichen Organe wenden. Dieses Recht steht auch den gesellschaftlichen Organisationen und den Gemeinschaften der Bürger zu. Ihnen darf aus der Wahrnehmung dieses Rechts kein Nachteil entstehen.
(2) Die für die Entscheidung verantwortlichen Organe sind verpflichtet, die Eingaben der Bürger oder der Gemeinschaften innerhalb der gesetzlich vorgeschriebenen Frist zu bearbeiten und den Antragstellern das Ergebnis mitzuteilen.
(3) Das Verfahren der Bearbeitung der Eingaben wird durch Gesetz bestimmt.

Artikel 104

(1) Für Schäden, die einem Bürger oder seinem persönlichen Eigentum durch ungesetzliche Maßnahmen von Mitarbeitern der Staatsorgane zugeführt werden, haftet das staatliche Organ, dessen Mitarbeiter den Schaden verursacht hat.
(2) Voraussetzungen und Verfahren der Staatshaftung werden durch Gesetz geregelt.

Abschnitt V
Schlußbestimmungen

Artikel 105

Die Verfassung ist unmittelbar geltendes Recht.

Artikel 106

Die Verfassung kann nur von der Volkskammer der Deutschen Demokratischen Republik durch Gesetz geändert werden, das den Wortlaut der Verfassung ausdrücklich ändert oder ergänzt.

[1]) S. hierzu Gesetz über den Ministerrat der DDR vom 16. Oktober 1972 (GBl. I Nr. 16 S. 253); in dieser Sammlung nicht abgedruckt.

Beschluß über die Zusammensetzung der Räte der örtlichen Volksvertretungen in der Deutschen Demokratischen Republik

vom 28. Februar 1974
(GBl. I Nr. 20 S. 189)

Auf der Grundlage des Gesetzes vom 12. Juli 1973 über die örtlichen Volksvertretungen und ihre Organe in der Deutschen Demokratischen Republik (GBl. I Nr. 32 S. 313) wird folgende Zusammensetzung der Räte der örtlichen Volksvertretungen festgelegt:

1. Der Rat des Bezirkes setzt sich zusammen aus:

— Vorsitzender des Rates
— Erster Stellvertreter des Vorsitzenden des Rates
— Stellvertreter des Vorsitzenden des Rates und Vorsitzender der Bezirksplankommission
— Stellvertreter des Vorsitzenden des Rates für bezirksgeleitete Industrie, Lebensmittelindustrie und örtliche Versorgungswirtschaft
— Stellvertreter des Vorsitzenden des Rates und Produktionsleiter für Landwirtschaft und Nahrungsgüterwirtschaft
— Stellvertreter des Vorsitzenden des Rates für Inneres
— Stellvertreter des Vorsitzenden des Rates für Handel und Versorgung
— Sekretär des Rates;

Mitglied des Rates:

— für Finanzen und Preise
— Bezirksbaudirektor
— für Wohnungspolitik
— für Arbeit und Löhne
— für Verkehrs- und Nachrichtenwesen
— für Umweltschutz und Wasserwirtschaft
— Bezirksschulrat
— für Kultur
— für Jugendfragen, Körperkultur und Sport
— Bezirksarzt.

Der Rat des Bezirkes umfaßt in der Regel 18 hauptamtliche Mitglieder. Der Rat des Bezirkes kann in begründeten Fällen unter Berücksichtigung der konkreten örtlichen Bedingungen sowie bisher bewährter Regelungen nach Zustimmung des Vorsitzenden des Ministerrates im Rahmen des Stellenplanes beschließen:

— Abweichungen von der Zusammensetzung des Rates und der Anzahl seiner Mitglieder;
— Mitglieder des Rates zu Stellvertretern des Vorsitzenden des Rates zu berufen;
— die Leitung der örtlichen Versorgungswirtschaft einem Mitglied des Rates zu übertragen;
— über die Zuordnung der Aufgaben auf dem Gebiet des Erholungswesens an ein Mitglied des Rates.

2. **Der Rat des Landkreises setzt sich zusammen aus:**

— Vorsitzender des Rates
— Erster Stellvertreter des Vorsitzenden des Rates
— Stellvertreter des Vorsitzenden des Rates und Vorsitzender der Kreisplankommission
— Stellvertreter des Vorsitzenden des Rates und Produktionsleiter für Landwirtschaft und Nahrungsgüterwirtschaft
— Stellvertreter des Vorsitzenden des Rates für Inneres
— Stellvertreter des Vorsitzenden des Rates für Handel und Versorgung
— Sekretär des Rates;

Mitglied des Rates:

— für Finanzen und Preise
— Kreisbaudirektor
— für Wohnungspolitik
— für Arbeit
— für örtliche Versorgungswirtschaft
— für Verkehrswesen, Energie, Umweltschutz und Wasserwirtschaft
— Kreisschulrat
— für Kultur
— für Jugendfragen, Körperkultur und Sport
— Kreisarzt.

Der Rat des Landkreises umfaßt in der Regel 17 hauptamtliche Mitglieder. Der Rat des Landkreises kann in begründeten Fällen unter Berücksichtigung der konkreten örtlichen Bedingungen sowie bisher bewährter Regelungen im Rahmen des Stellenplanes beschließen:

— Abweichungen von der Zusammensetzung des Rates und der Anzahl seiner Mitglieder;
— Mitglieder des Rates zu Stellvertretern des Vorsitzenden des Rates zu berufen;
— über die Zuordnung der Aufgaben auf dem Gebiet des Erholungswesens an ein Mitglied des Rates.

Die Entscheidungen bedürfen der Bestätigung durch den Rat des Bezirkes.

3. a) **Der Rat des Stadtkreises setzt sich zusammen aus:**

- Oberbürgermeister und Vorsitzender des Rates der Stadt
- Erster Stellvertreter des Oberbürgermeisters
- Stellvertreter des Oberbürgermeisters und Vorsitzender der Stadtplankommission
- Stellvertreter des Oberbürgermeisters für Inneres
- Stellvertreter des Oberbürgermeisters für Handel und Versorgung
- Sekretär des Rates;

Stadtrat:

- für Finanzen und Preise
- Stadtbaudirektor
- für Wohnungspolitik und Wohnungswirtschaft
- für Arbeit
- für örtliche Versorgungswirtschaft
- für Verkehrs- und Nachrichtenwesen
- für Umweltschutz und Wasserwirtschaft
- Stadtschulrat
- für Kultur
- für Jugendfragen, Körperkultur und Sport
- Kreisarzt.

Der Rat des Stadtkreises umfaßt in der Regel 17 hauptamtliche Mitglieder. Der Rat des Stadtkreises kann in begründeten Fällen unter Berücksichtigung der konkreten örtlichen Bedingungen sowie bisher bewährter Regelungen im Rahmen des Stellenplanes beschließen:

- Abweichungen von der Zusammensetzung des Rates und der Anzahl seiner Mitglieder;
- Mitglieder des Rates zu Stellvertretern des Rates zu berufen;
- über die Zuordnung der Aufgaben auf dem Gebiet des Erholungswesens an ein anderes Mitglied des Rates.

Die Entscheidungen bedürfen der Bestätigung durch den Rat des Bezirkes.

b) **In Stadtkreisen mit Stadtbezirken setzt sich der Rat des Stadtbezirkes zusammen aus:**

- Stadtbezirksbürgermeister und Vorsitzender des Rates des Stadtbezirkes
- Erster Stellvertreter des Stadtbezirksbürgermeisters
- Stellvertreter des Stadtbezirksbürgermeisters für Planung
- Stellvertreter des Stadtbezirksbürgermeisters für Inneres
- Stellvertreter des Stadtbezirksbürgermeisters für Handel und Versorgung
- Sekretär des Rates;

Stadtbezirksrat:

— für Finanzen und Preise
— Stadtbezirksbaudirektor
— für Wohnungspolitik und Wohnungswirtschaft
— für örtliche Versorgungswirtschaft
— Stadtbezirksschulrat
— für Kultur
— für Jugendfragen, Körperkultur und Sport
— Stadtbezirksarzt.

Der Rat des Stadtbezirkes kann bis zu 14 hauptamtliche Mitglieder umfassen.
Der Rat des Stadtkreises ist berechtigt, ausgehend von der einheitlichen Stadtentwicklung sowie unter Beachtung der zu lösenden Aufgaben, der Größe und der Einwohnerzahl der Stadtbezirke, Abweichungen von der Zusammensetzung des Rates des Stadtbezirkes und der Anzahl seiner Mitglieder im Rahmen des Stellenplanes des Stadtkreises zu beschließen. Der Vorsitzende des Rates des Bezirkes ist darüber zu informieren. In der Hauptstadt der DDR, Berlin, beschließt der Magistrat über die Zusammensetzung der Räte der Stadtbezirke.
Entsprechend den gegenwärtigen Regelungen in den Stadtbezirken können Mitglieder des Rates als Stellvertreter des Vorsitzenden des Rates berufen werden.
Die Aufgaben auf dem Gebiet des Erholungswesens sind einem Mitglied des Rates zuzuordnen.

4. a) **Der Rat der Stadt (kreisangehörige Stadt) bei einer Bevölkerungszahl von über 20000 Einwohnern setzt sich zusammen aus:**

— Bürgermeister und Vorsitzender des Rates
— Stellvertreter des Bürgermeisters für Planung
— Stellvertreter des Bürgermeisters für Inneres
— Stellvertreter des Bürgermeisters für Handel und Versorgung
— Sekretär des Rates;

Stadtrat:

— für Finanzen und Preise
— Stadtbaudirektor
— für Wohnungspolitik und Wohnungswirtschaft
— für örtliche Versorgungswirtschaft
— für Verkehrswesen, Energie, Umweltschutz und Wasserwirtschaft
— für Kultur
— für Jugendfragen, Körperkultur und Sport
— für Gesundheits- und Sozialwesen.

Der Rat der Stadt kann bis zu 13 hauptamtliche Mitglieder umfassen. Die Aufgaben auf dem Gebiet des Erholungswesens sind einem Mitglied des Rates zuzuordnen. Ausgehend von den konkreten örtlichen Bedingungen und unter Beachtung der gegenwärtigen Regelungen kann der Rat der Stadt Abweichungen von der Zusammensetzung des Rates der Stadt und der Anzahl seiner Mitglieder festlegen. Sie bedürfen der Bestätigung durch den Rat des Kreises im Rahmen des Stellenplanes.

b) Die Räte der Städte mit einer Bevölkerungszahl unter 20000 Einwohner sowie die Räte der Gemeinden erarbeiten ausgehend von den zu lösenden Aufgaben, der Einwohnerzahl und den anderen konkreten örtlichen Bedingungen unter Beachtung der im Punkt 4. a) festgelegten Rahmenregelung ihren Vorschlag für die Zusammensetzung des Rates der Stadt bzw. der Gemeinde und reichen ihn zur Bestätigung an den Rat des Kreises ein.
Die Räte der Städte mit einer Bevölkerungszahl unter 20000 Einwohner sowie die Räte der Gemeinden umfassen bis zu 13 Mitglieder (einschließlich ehrenamtliche Mitglieder).

c) Entsprechend den gegenwärtigen Regelungen in den Städten und Gemeinden können Mitglieder des Rates als Stellvertreter des Vorsitzenden des Rates berufen werden.

5. Die Mitglieder der Räte für die einzelnen Fachbereiche sind gleichzeitig Leiter eines Fachorgans. Davon abweichende Entscheidungen trifft der zuständige Rat in Abstimmung mit dem übergeordneten Rat bzw. dem zuständigen Ministerium oder dem anderen zentralen Staatsorgan.

6. In Abhängigkeit von den konkreten örtlichen Verhältnissen, vor allem den politischen, ökonomischen, sozialen und kulturellen Aufgaben, können Mitglieder der Räte der Bezirke, der Stadt- und Landkreise, der Stadtbezirke sowie der Räte der Städte und Gemeinden, insbesondere bei unter 20000 Einwohnern, auch ehrenamtlich tätig sein.

7. In kleinen Gemeinden bis etwa 300 Einwohnern können ehrenamtliche Bürgermeister gewählt werden. Die Entscheidung darüber ist durch den Rat des Kreises zu treffen.

Gesetz über die Bearbeitung der Eingaben der Bürger — Eingabengesetz —

vom 19. Juni 1975
(GBl. I Nr. 26 S. 461)

Gemäß Artikel 103 der Verfassung der Deutschen Demokratischen Republik wird folgendes Gesetz beschlossen:

§ 1

(1) Jeder Bürger hat das Recht, sich schriftlich oder mündlich mit Vorschlägen, Hinweisen, Anliegen und Beschwerden an die Volksvertretungen, die staatlichen und wirtschaftsleitenden Organe, die volkseigenen Betriebe und Kombinate, die sozialistischen Genossenschaften und Einrichtungen sowie an die Abgeordneten zu wenden. Dieses Recht haben auch die gesellschaftlichen Organisationen.
(2) Den Bürgern dürfen aus der Wahrnehmung dieses Rechts keine Nachteile entstehen. Gleiches gilt für die gesellschaftlichen Organisationen.
(3) Dieses Gesetz gilt nicht für Rechtsmittel, Neuerervorschläge und andere Anträge, deren Bearbeitung durch besondere Rechtsvorschriften geregelt ist.

§ 2

(1) Das achtungsvolle Verhalten gegenüber den Bürgern und die sorgfältige und schnelle Bearbeitung ihrer Anliegen sind grundlegende Pflichten für alle Leiter und Mitarbeiter der staatlichen und wirtschaftsleitenden Organe, der volkseigenen Betriebe und Kombinate, der sozialistischen Genossenschaften und Einrichtungen.
(2) Die Leiter und Mitarbeiter haben durch eine gewissenhafte Bearbeitung der Eingaben beizutragen, den Bürgern bei der Überwindung persönlicher Schwierigkeiten zu helfen, ihr Vertrauen zu den Staatsorganen zu stärken, ihre Bereitschaft zur Teilnahme an der Lösung der staatlichen Aufgaben zu fördern und die sozialistische Gesetzlichkeit zu festigen.
(3) Bei der Bearbeitung der Eingaben ist eng mit den Ausschüssen der Nationalen Front der DDR, den Gewerkschaften sowie den anderen gesellschaftlichen Organisationen zusammenzuwirken.

§ 3

(1) Die Leiter der staatlichen und wirtschaftsleitenden Organe, der volkseigenen Betriebe und Kombinate, der sozialistischen Genossenschaften und Einrichtungen haben zu sichern, daß die Bürger ihre Eingaben und andere Anliegen persönlich vorbringen und sich beraten

lassen können. Sie legen für ihren Verantwortungsbereich unter Beachtung der konkreten örtlichen Bedingungen die erforderlichen Öffnungszeiten und Sprechstunden fest.
(2) Die Öffnungszeiten und Sprechstunden sind ortsüblich öffentlich bekanntzumachen.

§ 4

(1) Die Entscheidung über Eingaben erfolgt durch den jeweils zuständigen Leiter bzw. einen von ihm Bevollmächtigten. Es liegt daher im Interesse der Bürger, wenn sie sich mit ihren Eingaben unmittelbar an das für die betreffende Angelegenheit zuständige staatliche oder wirtschaftsleitende Organ, den volkseigenen Betrieb oder das Kombinat, die sozialistische Genossenschaft oder die Einrichtung wenden.
(2) Über eine erforderliche Weiterleitung einer Eingabe an das für die Entscheidung zuständige Organ ist der Bürger unverzüglich zu informieren. Betrifft eine Eingabe die Tätigkeit mehrerer Organe, so hat gegenüber dem Bürger ein Organ federführend die Bearbeitung zu gewährleisten.
(3) Die Leiter sind für die ordnungsgemäße Arbeit mit den Eingaben persönlich verantwortlich. Sie haben in ihrem Verantwortungsbereich die Eingabenbearbeitung entsprechend diesem Gesetz exakt zu regeln und die Entscheidungs- und Unterschriftsbefugnis der nachgeordneten Leiter und Mitarbeiter festzulegen und die Kontrolle der Eingabenbearbeitung zu sichern.

§ 5

(1) Die Entscheidung über Eingaben erfolgt auf der Grundlage der jeweiligen Rechtsvorschriften. Dabei sind alle Möglichkeiten auszuschöpfen, um den Bürgern bei der Klärung ihrer Eingaben zu helfen. Die zuständigen Leiter haben die Initiative und Bereitschaft der Bürger und der Arbeitskollektive zur Lösung der in den Eingaben enthaltenen Probleme zu fördern.
(2) Die Leiter bzw. von ihnen beauftragte verantwortliche Mitarbeiter sind verpflichtet, auf Einladung von Betrieben, Genossenschaften und Einrichtungen sowie von Brigaden, von Ausschüssen der Nationalen Front der DDR, Hausgemeinschaften und anderen Kollektiven der Werktätigen an Aussprachen zu Eingaben der Bürger teilzunehmen.

§ 6

Es ist unzulässig, daß Eingaben durch denjenigen Mitarbeiter bzw. Leiter bearbeitet oder entschieden werden, an dessen Arbeit oder Verhalten in der Eingabe Kritik geübt wird. Die Entscheidung über solche Eingaben erfolgt durch den zuständigen bzw. übergeordneten Leiter.

§ 7

(1) Jeder Bürger hat Anspruch auf begründete schriftliche oder mündliche Antwort auf seine Eingabe.

(2) Die Entscheidung über Eingaben ist spätestens innerhalb von 4 Wochen nach Eingang oder Bekanntwerden der Eingabe zu treffen und dem Bürger mitzuteilen.
(3) Wird eine Fristüberschreitung aus zwingenden Gründen erforderlich, so ist diese gegenüber dem Einreicher der Eingabe zu begründen. Ihm ist gleichzeitig mitzuteilen, bis wann die Entscheidung über seine Eingabe erfolgt.

§ 8

(1) Ist ein Bürger mit der Entscheidung über seine Eingabe nicht einverstanden, kann er sich an das übergeordnete Organ oder den übergeordneten Leiter wenden. Für die Bearbeitung gelten die Grundsätze der §§ 6 und 7.
(2) Entscheidungen der Leiter zentraler Staatsorgane sind endgültig.

§ 9

(1) Die Eingaben und die Ergebnisse ihrer Bearbeitung sind in allen staatlichen und wirtschaftsleitenden Organen, volkseigenen Betrieben und Kombinaten, sozialistischen Genossenschaften und Einrichtungen regelmäßig auszuwerten und für die Verbesserung der Arbeit, insbesondere die Erfüllung der staatlichen Pläne und die Förderung der Initiativen der Bürger, zu nutzen. Die Ergebnisse und Schlußfolgerungen aus der Eingabenarbeit sind in die Rechenschaftslegungen vor den übergeordneten Leitern und vor den Bürgern einzubeziehen.
(2) Die zuständigen Leiter sichern die Anleitung und Kontrolle der Arbeit mit den Eingaben in den jeweils nachgeordneten Organen, Betrieben und Einrichtungen.

§ 10

Die örtlichen Volksvertretungen nutzen die Ergebnisse der Eingabenarbeit für die staatliche, ökonomische, kulturelle und soziale Entwicklung in ihrem Territorium und gewährleisten und kontrollieren die Bearbeitung und Auswertung der Eingaben durch ihre Räte. Die Räte sind verpflichtet, den Volksvertretungen regelmäßig, insbesondere im Zusammenhang mit der Vorbereitung der Pläne oder anderer wichtiger Beschlüsse, über die Schwerpunkte der dazu vorliegenden Eingaben Bericht zu erstatten.

§ 11

Der Ministerrat gewährleistet entsprechend seiner Verantwortung für die einheitliche Durchführung der Staatspolitik der DDR die Einbeziehung der Bearbeitung der Eingaben in die staatliche Leitung und Planung, und er sichert die Kontrolle der Durchführung dieses Gesetzes durch die Minister und Leiter der anderen zentralen Staatsorgane und durch die Räte der Bezirke.

§ 12

(1) Der Ministerrat erläßt die zur Durchführung dieses Gesetzes erforderlichen Rechtsvorschriften.
(2) Der Staatsrat, das Präsidium der Volkskammer, das Oberste Gericht und der Generalstaatsanwalt treffen die für ihren Verantwortungsbereich erforderlichen Regelungen.

§ 13

Leiter und Mitarbeiter, die Eingaben der Bürger mißachten oder die im Ergebnis der Bearbeitung festgelegte Maßnahmen nicht durchführen oder die in anderer Weise gegen dieses Gesetz verstoßen, sind disziplinarisch zur Verantwortung zu ziehen, soweit nicht andere Rechtsvorschriften weitergehende Maßnahmen bestimmen.

§ 14

(1) Dieses Gesetz tritt am 1. Juli 1975 in Kraft.
(2) Gleichzeitig tritt der Erlaß des Staatsrates der Deutschen Demokratischen Republik vom 20. November 1969 über die Bearbeitung der Eingaben der Bürger (GBl. I Nr. 13 S. 239) außer Kraft.

Beschluß über die weitere Verbesserung der Arbeit der Räte der örtlichen Volksvertretungen in den Städten, Gemeinden, Stadtbezirken, Stadt- und Landkreisen und Bezirken mit den Bürgern

vom 28. November 1974
(GBl. I Nr. 60 S. 563)
— Auszug —

I.

Die Ratsmitglieder, die staatlichen Leiter und Mitarbeiter in den örtlichen Staatsorganen sind dafür verantwortlich, daß überall bessere Bedingungen geschaffen werden, damit die Bürger ihre Anliegen, Vorschläge und Hinweise persönlich vortragen können. Wartezeiten und unnötige Wege für die Bürger sind zu vermeiden. Die Aussprachen mit den Bürgern sind zu nutzen, das Vertrauensverhältnis zu den Staatsorganen ständig zu stärken und ihre Initiative bei der Lösung gesellschaftlicher und ökonomischer Aufgaben zu fördern.

1. Die Öffnungszeiten der örtlichen Staatsorgane werden wie folgt festgelegt:

a) Für die Räte der Stadtkreise, der Stadtbezirke und der Landkreise, den Magistrat der Hauptstadt der DDR, Berlin, sowie für die ihnen unterstellten Einrichtungen mit Besucherverkehr (z. B. VEB Kommunale Wohnungsverwaltung, VEB Gebäudewirtschaft u. a.)

Dienstag, Mittwoch und Donnerstag	9.00 bis 19.00 Uhr,
Freitag	9.00 bis 15.00 Uhr.

b) Für die Räte der Gemeinden und kreisangehörigen Städte sowie für deren nachgeordnete Einrichtungen mit Besucherverkehr legen die Räte der Landkreise differenziert nach Größe und unter Beachtung der örtlichen Bedingungen die Öffnungszeiten fest. Dabei ist zu gewährleisten, daß die Bürger ausreichende Möglichkeiten haben, ihre Anliegen vorzutragen.

c) Für die Räte der Bezirke

Dienstag	9.00 bis 19.00 Uhr,
Donnerstag	11.00 bis 19.00 Uhr.

d) Die Öffnungszeiten entsprechend Buchstaben a bis c sind ortsüblich bekanntzumachen.

Verantwortlich: Vorsitzende der Räte der Bezirke
Vorsitzende der Räte der Stadt- und Landkreise

Termin: 1. Januar 1975

2. Um den Bürgern Gelegenheit zu geben, ihre Vorschläge, Hinweise, Anliegen oder Beschwerden den Leitern der Staatsorgane persönlich vortragen zu können, sind von den Räten der Gemeinden, Stadtbezirke, Städte, Kreise und Bezirke Sprechstunden durchzuführen.

   a) Die Sprechstunden sind dienstags von 9.00 bis 19.00 Uhr. Im Interesse der Bürger können entsprechend den jeweiligen örtlichen Bedingungen über 19.00 Uhr hinaus Sprechstunden verlängert werden.

   b) In kleineren Gemeinden kann der Rat die Sprechstunden des Bürgermeisters abweichend von der Regelung entsprechend den örtlichen Erfordernissen festlegen, wenn vorher die Bestätigung der Gemeindevertretung und die Zustimmung des Vorsitzenden des Rates des Kreises vorliegt.

   c) Leiter und leitende Mitarbeiter der Staatsorgane sind verpflichtet, planmäßig weitere Sprechstunden in Wohngebieten, Betrieben, Kombinaten, Genossenschaften und gesellschaftlichen Einrichtungen ihres Verantwortungsbereiches durchzuführen.

   d) Die örtlichen Räte sind verpflichtet, die Durchführung der Sprechstunden der Abgeordneten in den Wohngebieten und Betrieben noch wirkungsvoller zu unterstützen und die besten Erfahrungen ständig zu verallgemeinern. Das gilt insbesondere für die Tätigkeit der Wahlkreisaktivs, der Abgeordnetengruppe in den größeren Betrieben und Einrichtungen, der Ausschüsse der Nationalen Front und für die Teilnahme von Mitarbeitern der örtlichen Räte an den Sprechstunden der Abgeordneten sowie die Sicherung der materiellen Voraussetzungen für ihre Durchführung.

Verantwortlich: Vorsitzende der Räte der Bezirke
Vorsitzende der Räte der Stadt- und Landkreise

Termin: sofort

Beschluß des Zentralkomitees der Sozialistischen Einheitspartei Deutschlands und des Ministerrates der Deutschen Demokratischen Republik über die Arbeiter-und-Bauern-Inspektion der Deutschen Demokratischen Republik

vom 6. August 1974
(GBl. I Nr. 42 S. 389)
— Auszug —

1. Der Beschluß des Zentralkomitees der SED und des Ministerrates der DDR über die Arbeiter-und-Bauern-Inspektion der DDR vom 6. August 1974 wird nachstehend veröffentlicht.
2. Dieser Beschluß tritt mit seiner Veröffentlichung in Kraft.[1])

I.

Die Hauptaufgaben der Arbeiter-und-Bauern-Inspektion

1. Die Arbeiter-und-Bauern-Inspektion (ABI) hat den Auftrag, der Partei der Arbeiterklasse und der Regierung bei der Ausübung der Kontrolle über die Verwirklichung ihrer Beschlüsse und Direktiven in den Kombinaten, Betrieben, Genossenschaften und Einrichtungen sowie in den staatlichen und wirtschaftsleitenden Organen zu helfen.

   ...

   Die Tätigkeit der Arbeiter-und-Bauern-Inspektion ist darauf gerichtet,

   a) die Erfüllung der staatlichen Pläne und Aufgaben zur allseitigen Stärkung der Republik und zur planmäßigen Verbesserung der Arbeits- und Lebensbedingungen systematisch zu kontrollieren,
   b) zur Erhöhung der Effektivität der gesellschaftlichen Produktion volkswirtschaftliche Reserven bei der Ausnutzung der Arbeitszeit, der Grundmittel, des Materials und der finanziellen Fonds aufzudecken und planwirksam zu machen,
   c) auf die bessere Durchsetzung der wissenschaftlichen Arbeitsorganisation in Produktion und Verwaltung Einfluß zu nehmen, die Einführung neuer und fortschrittlicher Arbeitsmethoden zu fördern sowie die sozialistische Gemeinschaftsarbeit, den Wettbewerb und die Neuererbewegung zu unterstützen,
   d) die Arbeit der staatlichen und wirtschaftsleitenden Organe zu verbessern und darauf Einfluß zu nehmen, daß die Leiter ihrer Kontrollpflicht und ihren Pflichten zur regelmäßigen Rechenschaftslegung und Information der Werktätigen nachkommen,

e) die Hinweise, Vorschläge, Kritiken und Eingaben der Werktätigen sorgfältig zu prüfen und darauf Einfluß zu nehmen, daß die Leiter diese gewissenhaft und entsprechend den geltenden Rechtsvorschriften bearbeiten,

f) alle Erscheinungen der Verletzung der sozialistischen Gesetzlichkeit, der Staatsdisziplin, der Vergeudung und Verschwendung von Volkseigentum, von Bürokratismus und herzlosem Verhalten gegenüber den Menschen energisch zu bekämpfen.

2. Die Grundlagen für die Tätigkeit der Arbeiter-und-Bauern-Inspektion sind die Beschlüsse und Direktiven der Partei der Arbeiterklasse und der Regierung, die Gesetze und Verordnungen. Die gesamte Tätigkeit der Arbeiter-und-Bauern-Inspektion erfolgt in enger Verbindung mit den Organen der Partei der Arbeiterklasse. Sie stützt sich auf das verantwortungsbewußte Handeln und die aktive schöpferische Mitarbeit der Werktätigen.
Die Arbeiter-und-Bauern-Inspektion läßt sich in ihrer Kontrolltätigkeit davon leiten, die Kader rechtzeitig auf Unzulänglichkeiten und Mißstände aufmerksam zu machen und damit vorbeugend Einfluß auf die Verbesserung der Leitung und Planung der Betriebe, Genossenschaften und Einrichtungen sowie der staatlichen und wirtschaftsleitenden Organe auszuüben. Sie deckt die Ursachen von Mängeln in der Arbeit von Leitern und Mitarbeitern auf, veranlaßt die Beseitigung der Mängel und hilft gemeinsam mit den Leitungen der gesellschaftlichen Organisationen, falsche Denk- und Verhaltensweisen durch erzieherische Einflußnahme an Ort und Stelle zu überwinden.
Die Arbeiter-und-Bauern-Inspektion setzt die Kollektive der Werktätigen über Ergebnisse von Kontrollen in Kenntnis bzw. fordert von den Leitern, die Werktätigen über eingeleitete und durchgeführte Veränderungen zu informieren. Die von den Leitern der Betriebe, Genossenschaften und Einrichtungen sowie der staatlichen und wirtschaftsleitenden Organe im Ergebnis von Kontrollen zur Veränderung eingeleiteten Maßnahmen sind nachzukontrollieren. Durch die Arbeiter-und-Bauern-Inspektion wird eine solche Öffentlichkeitsarbeit geleistet, die gute Erfahrungen vermittelt und erzieherisch wirkt. Dazu nutzt sie Presse, Funk und Fernsehen und andere wirksame Formen der politischen Massenarbeit.

3. Die Arbeiter-und-Bauern-Inspektion ist das Kontrollorgan der Partei der Arbeiterklasse und der Regierung für die Bereiche, die durch Beschluß festgelegt sind. Ihrer Kontrolle unterliegen nicht die Volksvertretungen, die Parteien und gesellschaftlichen Organisationen sowie die Bereiche Landesverteidigung, Sicherheit, Justiz und Auswärtige Angelegenheiten.

4. Die Arbeiter-und-Bauern-Inspektion ist verpflichtet, auf der Grundlage der Kontrollpläne das Zusammenwirken mit anderen staatlichen und gesellschaftlichen Organen, die spezifische Kontrollfunktionen ausüben, zu organisieren. Sie stimmt mit den Leitungen dieser Organe die Kontrollaufgaben ab und vereinbart die Durchführung

gemeinsamer Kontrollen. Erforderlichenfalls beauftragt sie andere staatliche Organe, entsprechend ihrer spezifischen Kontrollverantwortung Untersuchungen, Überprüfungen bzw. Revisionen durchzuführen.

5. Haupt- oder ehrenamtlich in der Arbeiter-und-Bauern-Inspektion tätig zu sein, ist ein verantwortungsvoller gesellschaftlicher Auftrag und mit hohen Pflichten verbunden. Alle Mitglieder und Mitarbeiter der Arbeiter-und-Bauern-Inspektion müssen sich jederzeit des in sie gesetzten Vertrauens würdig erweisen und die Zugehörigkeit zur ABI durch ihr vorbildliches Verhalten rechtfertigen. Für die Wahrhaftigkeit und Ehrlichkeit ihrer Feststellungen und Kontrollberichte sind sie persönlich verantwortlich.

6. Die Leiter der staatlichen und wirtschaftsleitenden Organe, Betriebe, Genossenschaften und Einrichtungen sind verpflichtet, die Tätigkeit der Arbeiter-und-Bauern-Inspektion allseitig zu unterstützen und alle notwendigen Voraussetzungen für die Erfüllung ihrer Aufgaben zu schaffen.

II.

Das Komitee der Arbeiter-und-Bauern-Inspektion der DDR und seine Organe

7. Das Komitee der Arbeiter-und-Bauern-Inspektion der DDR ist ein Organ des Zentralkomitees der SED und des Ministerrates der DDR. Es ist ihnen für die gesamte Tätigkeit rechenschaftspflichtig.

...

9. Die Bezirks-, Kreis-, Stadt- und Stadtbezirkskomitees der ABI sind Organe der jeweils übergeordneten Komitees der ABI. Sie sind ihnen sowie den zuständigen leitenden Parteiorganen der SED und den örtlichen Volksvertretungen rechenschaftspflichtig.

...

13. Bei den Komitees der ABI bestehen Inspektionen für die Bereiche und Zweige der Volkswirtschaft sowie Abteilungen. In den Kreis-, Stadt- und Stadtbezirkskomitees der ABI arbeiten die Inspektionen und Abteilungen ausschließlich ehrenamtlich.
Bei den VVB und Kombinaten bestehen Inspektionen, die den Inspektionen des Komitees der ABI der DDR bzw. bei bezirksgeleiteten Kombinaten den Inspektionen der Bezirkskomitees der ABI unterstehen.

...

15. In den Betrieben, Genossenschaften und Einrichtungen, in Betriebsteilen bzw. -bereichen bilden die Kommissionen der ABI, in den Städten, Wohngebieten und Gemeinden die Volkskontrollausschüsse die ehrenamtliche Basis der Arbeiter-und-Bauern-Inspektion der DDR.
Die Kommissionen der ABI sowie die Volkskontrollausschüsse sind den Kreis-, Stadt- bzw. Stadtbezirkskomitees der ABI unterstellt. Diese Komitees tragen die unmittel-

bare Verantwortung für die einheitliche Anleitung und Schulung der Mitglieder der Kommissionen der ABI und der Volkskontrollausschüsse. Die Tätigkeit dieser Organe ist auf das Einfache, für jeden Volkskontrolleur Beeinflußbare zu orientieren. Sie üben solche Kontrollen aus, die ihr Tätigkeitsgebiet betreffen und die zugleich die Erfüllung gesamtstaatlicher und volkswirtschaftlicher Aufgaben sichern helfen.

...

18. Die Mitglieder der Kommissionen der ABI und der Volkskontrollausschüsse werden von den Leitungen der Parteiorganisationen der SED und der gesellschaftlichen Massenorganisationen vorgeschlagen und jeweils für die Dauer von 2 Jahren gewählt. Die Wahl erfolgt in offener Abstimmung in Versammlungen von Kollektiven der Werktätigen und der Einwohner bzw. auf entsprechenden Vertreterversammlungen.
In die Kommissionen der ABI und in die Volkskontrollausschüsse werden fortschrittliche und vorbildliche Arbeiter, Genossenschaftsbauern, Angehörige der Intelligenz und Vertreter anderer werktätiger Schichten, Rentner und Hausfrauen sowie die Leiter der Arbeiterkontrolle des FDGB und der Kontrollposten der FDJ gewählt. Sie legen vor den Kollektiven, die sie gewählt haben, Rechenschaft über ihre Tätigkeit ab. Mitglieder dieser Organe können vorzeitig abberufen werden, wenn sie das ihnen erwiesene Vertrauen nicht rechtfertigen.
Die Mitgliederzahl einer Kommission der ABI bzw. eines Volkskontrollausschusses richtet sich nach den konkreten betrieblichen und örtlichen Bedingungen und wird in Abstimmung mit den Leitungen der Parteiorganisationen der SED festgelegt. Die Kommission der ABI sowie der Volkskontrollausschuß wählen in offener Abstimmung den Vorsitzenden und seine Stellvertreter.

19. Die Kommissionen der ABI koordinieren ihre Tätigkeit vor allem mit den Arbeiterkontrolleuren des FDGB und den Kontrollposten der FDJ über die zuständigen Leitungen und arbeiten eng mit ihnen zusammen.

20. Die Mitglieder der Kommissionen der ABI und der Volkskontrollausschüsse üben ihre Tätigkeit ehrenamtlich aus. Ihre Arbeit ist eine ehrenvolle gesellschaftliche Pflicht.

...

III.

Die Rechte der Organe der Arbeiter- und-Bauern-Inspektion

22. Die Organe der ABI sind berechtigt, mündliche oder schriftliche Auskünfte und Stellungnahmen zu verlangen, in Dokumente und Unterlagen einzusehen sowie schriftliche Materialien anzufordern, die für die Durchführung der Kontrolle erforderlich sind.
Die Organe der ABI werten ihre Kontrollfeststellungen mit den Verantwortlichen aus und unterbreiten Vorschläge zur Verallgemeinerung fortgeschrittener Erfahrungen bzw. zur Beseitigung festgestellter Mängel.

Bei Feststellung von Mißständen und Verletzungen der Gesetzlichkeit haben sie das Recht, den Verantwortlichen Auflagen zur Wiederherstellung der Gesetzlichkeit zu erteilen und zu verlangen, daß die Schuldigen persönlich zur Verantwortung gezogen werden. Sie können auf der Grundlage der geltenden Rechtsvorschriften vom zuständigen Leiter fordern, die Angelegenheit der Konflikt- bzw. Schiedskommission zu übergeben, Disziplinarverfahren einzuleiten, Ordnungsstrafverfahren durchzuführen oder die materielle Verantwortlichkeit bzw. Schadenersatz geltend zu machen.
Die Verantwortlichen sind verpflichtet, die Vorschläge der Organe der ABI sorgfältig auszuwerten und die Auflagen unverzüglich zu realisieren bzw. deren Durchführung zu veranlassen. Sie haben darüber den Organen der ABI Mitteilung zu geben.

23. Die Komitees der ABI sind darüber hinaus berechtigt, von den zuständigen Organen und Einrichtungen zu verlangen, ökonomische und materielle Sanktionen konsequent anzuwenden, Revisionen und Tiefenprüfungen durchzuführen und unentgeltlich Gutachten zu erstatten.
Die Vorsitzenden der Komitees der ABI können Maßnahmen und Weisungen, die im Widerspruch zu Beschlüssen des Zentralkomitees der SED, zu Gesetzen der Volkskammer und Beschlüssen des Ministerrates der DDR stehen, aussetzen und von den jeweils übergeordneten Leitern deren Aufhebung verlangen. Bei Feststellung von Ordnungswidrigkeiten können sie selbständig die in den Rechtsvorschriften vorgesehenen Ordnungsstrafmaßnahmen aussprechen. Bei begründetem Verdacht auf Straftaten übergeben die Vorsitzenden der Komitees der ABI die Materialien den Untersuchungsorganen. Die Vorsitzenden der Kommissionen der ABI und der Volkskontrollausschüsse informieren bei Verdacht auf strafbare Handlungen die Leitung der Parteiorganisation der SED und das übergeordnete Komitee der ABI.

24. Wer die Kontrollen der ABI behindert, wer schuldhaft falsche Angaben macht, für die Kontrolle wichtige Unterlagen zurückhält bzw. beiseite schafft, Auflagen der Organe der ABI nicht oder mangelhaft erfüllt, kann durch das zuständige Komitee der ABI mit einer Ordnungsstrafe bis zu 300 M, bei vorsätzlich schweren Verstößen bis zu 1000 M belegt werden. Die Durchführung des Ordnungsstrafverfahrens obliegt den Vorsitzenden der Komitees der ABI und den Leitern der Inspektionen des Komitees der ABI der DDR.
Für die Durchführung des Ordnungsstrafverfahrens und den Ausspruch von Ordnungsstrafmaßnahmen gelten die entsprechenden Rechtsvorschriften.

25. Die Leiter der Betriebe, Genossenschaften und Einrichtungen sowie der staatlichen und wirtschaftsleitenden Organe sind verpflichtet, Werktätige bis zu höchstens 15 Arbeitstagen im Jahr für die Ausübung ihrer ehrenamtlichen Kontrolltätigkeit in den Komitees der ABI und deren Inspektionen und Abteilungen von der beruflichen Tätigkeit freizustellen.
Die Zahlung des Ausgleichs bzw. der Entschädigung für die Dauer der Freistellung erfolgt analog der Regelung für die Abgeordneten der örtlichen Volksvertretungen.

26. Dieser Beschluß tritt mit seiner Veröffentlichung in Kraft.[1]
Gleichzeitig tritt der Beschluß des Zentralkomitees der Sozialistischen Einheitspartei Deutschlands und des Ministerrates der Deutschen Demokratischen Republik vom 26. Mai 1970 über die Aufgaben, die Arbeitsweise und das Leitungssystem der Arbeiter-und-Bauern-Inspektion der Deutschen Demokratischen Republik bei der Gestaltung des entwickelten gesellschaftlichen Systems des Sozialismus (GBl. II Nr. 51 S. 363) außer Kraft.

[1]) Der Beschluß wurde am 30. 8. 1974 veröffentlicht.

Gesetz zur Regelung der Staatshaftung in der Deutschen Demokratischen Republik — Staatshaftungsgesetz —

vom 12. Mai 1969
(GBl. I Nr. 5 S. 34)

Die Gestaltung des entwickelten gesellschaftlichen Systems des Sozialismus entsprechend den Grundsätzen der Verfassung der Deutschen Demokratischen Republik erfordert die weitere Stärkung der sozialistischen Staatsmacht und damit die Vervollkommnung und Festigung der sozialistischen Gesetzlichkeit.
Die Verantwortung der staatlichen Organe und staatlichen Einrichtungen für die volle Übereinstimmung der Tätigkeit ihrer Mitarbeiter mit der sozialistischen Gesetzlichkeit schließt die Haftung für Schäden ein, die Bürgern durch ungesetzliche Maßnahmen einzelner Mitarbeiter entstehen.
Die gesetzliche Regelung der Staatshaftung dient der Vertiefung des Vertrauens der Bürger zu ihrem sozialistischen Staat, der weiteren Festigung des Verantwortungsbewußtseins der Mitarbeiter der staatlichen Organe und staatlichen Einrichtungen sowie der Qualifizierung der staatlichen Tätigkeit.
Auf der Grundlage des Artikels 106 der Verfassung beschließt die Volkskammer der Deutschen Demokratischen Republik daher folgendes Gesetz:

Erster Abschnitt

Voraussetzungen und Umfang der Haftung

§ 1 Voraussetzungen der Haftung

(1) Für Schäden, die einem Bürger oder seinem persönlichen Eigentum durch Mitarbeiter oder Beauftragte staatlicher Organe oder staatlicher Einrichtungen in Ausübung staatlicher Tätigkeit **rechtswidrig** zugefügt werden, haftet das jeweilige staatliche Organ oder die staatliche Einrichtung.
(2) Ein Schadensersatzanspruch des Geschädigten gegen den Mitarbeiter oder Beauftragten des staatlichen Organs oder der staatlichen Einrichtung ist ausgeschlossen.
(3) Die Schadensersatzpflicht staatlicher Organe und staatlicher Einrichtungen als Teilnehmer am Zivilrechtsverkehr bestimmt sich nach den Vorschriften des Zivilrechts.
(4) Für den Ersatz von Schäden, die einem Bürger oder seinem persönlichen Eigentum durch eine gerichtliche Entscheidung rechtswidrig zugefügt werden, gelten die dafür bestehenden Gesetze oder anderen Rechtsvorschriften.

§ 2 Pflicht zur Abwendung des Schadens

Der Bürger hat alle ihm möglichen und zumutbaren Maßnahmen zu ergreifen, um einen Schaden zu verhindern oder zu mindern. Verletzt er diese Pflicht schuldhaft, so wird die Haftung des staatlichen Organs oder der staatlichen Einrichtung entsprechend eingeschränkt oder ausgeschlossen.

§ 3 Art und Umfang des Schadensersatzes

(1) Der Schadensersatz ist in Geld zu leisten. Das ersatzpflichtige staatliche Organ oder die staatliche Einrichtung kann den Schaden auch durch Wiederherstellung des Zustandes, der vor dem Schadensfall bestanden hat, ausgleichen.
(2) Der Umfang des Schadensersatzes bestimmt sich nach den zivilrechtlichen Vorschriften, soweit in Gesetzen oder anderen Rechtsvorschriften nichts anderes bestimmt ist.
(3) Ein Schadensersatzanspruch besteht insoweit nicht, als ein Ersatz des Schadens auf andere Weise erlangt werden kann.

§ 4 Verjährung

(1) Der Schadensersatzanspruch verjährt innerhalb eines Jahres.
(2) Die Verjährungsfrist beginnt mit dem Tage, an dem der Geschädigte von dem Schaden und davon Kenntnis hat, daß der Schaden von einem Mitarbeiter oder Beauftragten eines staatlichen Organs oder einer staatlichen Einrichtung verursacht wurde.
(3) Durch die Stellung des Antrages auf Schadensersatz wird die Verjährung unterbrochen. Für den Lauf, die Hemmung und Unterbrechung der Verjährung gelten im übrigen die allgemeinen Vorschriften des Zivilrechts.

Zweiter Abschnitt
Verfahrensbestimmungen

§ 5 Zuständigkeit der staatlichen Organe und staatlichen Einrichtungen

(1) Der Schadensersatz ist bei dem staatlichen Organ oder der staatlichen Einrichtung zu beantragen, durch deren Mitarbeiter oder Beauftragten der Schaden verursacht wurde.
(2) Wird der Schadensersatzantrag bei einem anderen staatlichen Organ oder einer anderen staatlichen Einrichtung gestellt, so hat dieses staatliche Organ oder diese staatliche Einrichtung den Antrag unverzüglich an das zuständige staatliche Organ oder die zuständige staatliche Einrichtung weiterzuleiten und den Antragsteller hiervon zu unterrichten.

(3) Der Leiter des nach Abs. 1 zuständigen staatlichen Organs oder der zuständigen staatlichen Einrichtung hat über Grund und Höhe des Schadensersatzanspruches zu entscheiden, sofern nicht die Zuständigkeit des Leiters eines übergeordneten Organs für diese Entscheidung festgelegt ist. Über den Antrag soll innerhalb eines Monats nach seinem Eingang entschieden werden. Kann die Frist aus besonderen Gründen nicht eingehalten werden, sind diese in den Akten zu vermerken; dem Bürger ist ein Zwischenbescheid zu erteilen.
(4) Die Entscheidung ist zu begründen, mit einer Rechtsmittelbelehrung zu versehen und dem Antragsteller zuzustellen. Erforderlichenfalls ist sie dem Bürger mündlich bekanntzugeben und zu erläutern.

§ 6 Beschwerde

(1) Gegen die Entscheidung über den Schadensersatzantrag ist innerhalb eines Monats nach Zustellung oder Bekanntgabe der Entscheidung die Beschwerde zulässig.
(2) Die Beschwerde ist bei dem staatlichen Organ oder der staatlichen Einrichtung einzulegen, deren Entscheidung angefochten wird. Wird der Beschwerde von dem Leiter dieses staatlichen Organs oder dieser staatlichen Einrichtung nicht abgeholfen, hat er sie innerhalb einer Woche dem Leiter des übergeordneten staatlichen Organs oder der übergeordneten staatlichen Einrichtung zur Entscheidung vorzulegen.
(3) Über die Beschwerde soll innerhalb eines Monats nach ihrem Eingang entschieden werden. § 5 Abs. 3 Satz 3 gilt entsprechend. Die Entscheidung über die Beschwerde ist endgültig.

§ 7 Mitwirkung der Staatlichen Versicherung

(1) Die Staatliche Versicherung der Deutschen Demokratischen Republik ist verpflichtet, die zuständigen staatlichen Organe und staatlichen Einrichtungen auf deren Verlangen bei der Durchführung des Verfahrens zu beraten.
(2) Die Staatliche Versicherung der Deutschen Demokratischen Republik nimmt die Rechte und Pflichten des zuständigen staatlichen Organs oder der zuständigen staatlichen Einrichtung wahr, wenn dies für den jeweiligen Bereich oder für bestimmte Aufgabengebiete im Einvernehmen mit dem Minister der Finanzen festgelegt ist.

§ 8 Leistung des Schadensersatzes

Der Schadensersatz ist aus den Haushaltsmitteln oder den finanziellen Fonds des staatlichen Organs oder der staatlichen Einrichtung zu leisten, deren Mitarbeiter oder Beauftragte den Schaden rechtswidrig verursacht haben.

Dritter Abschnitt
Schlußbestimmungen

§ 9 Materielle Verantwortlichkeit der Mitarbeiter und Beauftragten staatlicher Organe und staatlicher Einrichtungen

(1) Für den Ersatzanspruch der staatlichen Organe und staatlichen Einrichtungen gegen Mitarbeiter wegen der von ihnen rechtswidrig und schuldhaft verursachten Schäden gelten die Rechtsvorschriften über die arbeitsrechtliche materielle Verantwortlichkeit. Für Angehörige der bewaffneten Organe gelten die für diese bestehenden Rechtsvorschriften über die materielle Verantwortlichkeit.
(2) Beauftragte staatlicher Organe oder staatlicher Einrichtungen können im Falle rechtswidriger und vorsätzlicher Schadensverursachung in entsprechender Anwendung der Rechtsvorschriften über die arbeitsrechtliche materielle Verantwortlichkeit in Anspruch genommen werden.

§ 10 Geltungsbereich

(1) Dieses Gesetz gilt für Bürger der Deutschen Demokratischen Republik, die ihren Wohnsitz in der Deutschen Demokratischen Republik haben. Ausnahmsweise kann unter Berücksichtigung der Umstände des Einzelfalles Schadensersatz auch dann geleistet werden, wenn Bürger der Deutschen Demokratischen Republik ihren Wohnsitz nicht in der Deutschen Demokratischen Republik haben. Die Entscheidung darüber trifft der Leiter des zuständigen zentralen staatlichen Organs.
(2) Ein Schadensersatzanspruch steht auch Personen zu, die nicht Bürger der Deutschen Demokratischen Republik sind, wenn sie ihren ständigen Wohnsitz in der Deutschen Demokratischen Republik haben.
(3) Gegenüber anderen Personen, die nicht Bürger der Deutschen Demokratischen Republik sind, tritt eine Haftung ein, wenn die Gegenseitigkeit gewährleistet ist. Ausnahmsweise kann unter Berücksichtigung der Umstände des Einzelfalles Schadensersatz auch dann geleistet werden, wenn die Gegenseitigkeit nicht gewährleistet ist. Die Entscheidung darüber trifft der Leiter des zuständigen zentralen staatlichen Organs.

§ 11 Durchführungsverordnungen

Durchführungsverordnungen zu diesem Gesetz erläßt der Ministerrat.

§ 12 Inkrafttreten

Dieses Gesetz tritt mit seiner Verkündung in Kraft.
Das vorstehende, von der Volkskammer der Deutschen Demokratischen Republik am zwölften Mai neunzehnhundertneunundsechzig beschlossene Gesetz wird hiermit verkündet.

Berlin, den zwölften Mai neunzehnhundertneunundsechzig

Verordnung über das Gesetzblatt der Deutschen Demokratischen Republik

vom 16. August 1972
(GBl. II Nr. 51 S. 571)

Auf der Grundlage des Artikels 89 der Verfassung der Deutschen Demokratischen Republik wird folgendes verordnet:

§ 1

Das Gesetz der Deutschen Demokratischen Republik erscheint mit dem Teil I, Teil II und dem Sonderdruck.

§ 2

(1) Im Teil I des Gesetzblattes werden Gesetze und andere allgemeinverbindliche Rechtsvorschriften mit Ausnahme von völkerrechtlichen Verträgen veröffentlicht.
(2) Im Teil II des Gesetzblattes werden völkerrechtliche Verträge veröffentlicht.
(3) Allgemeinverbindliche Rechtsvorschriften, die nur einen begrenzten Kreis von staatlichen und wirtschaftsleitenden Organen, Betrieben, Kombinaten, Einrichtungen oder Bürgern betreffen, können im Sonderdruck des Gesetzblattes veröffentlicht werden.

§ 3

Auf Veröffentlichungen im Teil II und im Sonderdruck des Gesetzblattes ist im Teil I hinzuweisen.

§ 4

Das Gesetzblatt der Deutschen Demokratischen Republik wird vom Büro des Ministerrates herausgegeben.

§ 5

Diese Verordnung tritt am 1. Januar 1973 in Kraft.

Verordnung über den Katastrophenschutz

vom 15. Mai 1981
(GBl. I Nr. 20 S. 257)

Im Interesse der einheitlichen Vorbereitung und Durchsetzung wirkungsvoller Maßnahmen des Katastrophenschutzes wird auf Grund des § 15 des Verteidigungsgesetzes vom 13. Oktober 1978 (GBl. I Nr. 35 S. 377) zur Durchführung der §§ 5 und 6 dieses Gesetzes und auf Grund des § 5 des Einführungsgesetzes zum Arbeitsgesetzbuch der Deutschen Demokratischen Republik vom 16. Juni 1977 (GBl. I Nr. 18 S. 228) folgendes verordnet:

§ 1

(1) Der Katastrophenschutz ist Bestandteil der Zivilverteidigung. Er hat die Aufgabe, die Bevölkerung, die Volkswirtschaft, die lebensnotwendigen Einrichtungen und kulturellen Werte vor Katastrophen zu schützen.
(2) Der Katastrophenschutz umfaßt

— den vorbeugenden Katastrophenschutz
— die Abwehr und Bekämpfung von Katastrophen sowie die Beseitigung ihrer Auswirkungen (im folgenden Bekämpfung von Katastrophen genannt).

Die Hauptanstrengungen sind auf einen wirksamen vorbeugenden Katastrophenschutz zu richten.
(3) Im Katastrophenschutz kommt es insbesondere darauf an,

a) Gefahrenquellen, die Katastrophen begünstigen oder zu Katastrophen führen können, vorausschauend zu erkennen, rechtzeitig aufzudecken und unverzüglich zu beseitigen,
b) eingetretene Katastrophen und deren unmittelbare Auswirkungen unter Ausschöpfung aller personellen und materiellen Ressourcen schnell und wirkungsvoll zu bekämpfen und das gesellschaftliche Leben zu normalisieren,
c) Ordnung und Sicherheit unter Katastrophenbedingungen zu gewährleisten.

§ 2

(1) Katastrophen im Sinne dieser Verordnung sind folgenschwere Naturereignisse einschließlich extremer Wettererscheinungen und andere Schadens- oder Unglücksfälle großen und in der Regel überörtlichen Ausmaßes, deren Bekämpfung den koordinierten Einsatz von Kräften, materiellen und technischen Mitteln sowie eine einheitliche, komplexe territoriale Führung erfordert.

(2) Havarien sind keine Katastrophen im Sinne dieser Verordnung. Ihre Vorbeugung und Bekämpfung erfolgt nach den dafür geltenden Rechtsvorschriften.

§ 3

(1) Die zentrale staatliche Leitung der Maßnahmen des Katastrophenschutzes obliegt dem Ministerrat.
(2) Zur einheitlichen Leitung und Koordinierung aller Maßnahmen zur Bekämpfung von Katastrophen wird beim Ministerrat eine Zentrale Katastrophenkommission gebildet.
(3) Zur Leitung der Bekämpfung von Katastrophen können auf Beschluß des Ministerrates bzw. auf Weisung des Vorsitzenden des Ministerrates Regierungskommissionen eingesetzt werden.

§ 4

(1) Die Minister und die Leiter der anderen zentralen Staatsorgane, die Leiter der wirtschaftsleitenden Organe, Kombinate, Betriebe und Einrichtungen sowie die Vorsitzenden der Genossenschaften sind in ihrer Eigenschaft als Leiter der Zivilverteidigung für die Maßnahmen des Katastrophenschutzes in ihren Verantwortungsbereichen verantwortlich. Sie sind insbesondere verpflichtet,

a) Gefahrenquellen, die Katastrophen begünstigen oder zu Katastrophen führen können, vorausschauend zu erkennen, rechtzeitig aufzudecken und deren mögliche Auswirkungen zu analysieren bzw. zu bestimmen sowie alle zur Beseitigung von Gefahrenquellen notwendigen Maßnahmen festzulegen und planmäßig zu realisieren,
b) die für die Sicherheit der Bevölkerung, den Schutz des Volkseigentums und die Sicherung des Reproduktionsprozesses erforderlichen spezifischen Festlegungen zu treffen, Führungs- und Auskunftsdokumente zu erarbeiten und sie ständig auf dem neuesten Stand zu halten,
c) die ihnen zur Verfügung stehenden Kräfte und Mittel auf den Einsatz zur Bekämpfung von Katastrophen vorzubereiten,
d) unter Katastrophenbedingungen jederzeit eine straffe Führung zu gewährleisten,
e) die ständige Anleitung und Kontrolle zur Verwirklichung der Maßnahmen des Katastrophenschutzes auszuüben.

(2) Die Leiter der Betriebe und Einrichtungen sowie die Vorsitzenden der Genossenschaften sind über die im Abs. 1 getroffenen Festlegungen hinaus verpflichtet,

a) die für die territoriale Einsatzplanung notwendigen Informationen und Unterlagen den Vorsitzenden der zuständigen örtlichen Räte zu übergeben,
b) die ihnen zur Verfügung stehenden Kräfte und Mittel, wenn es die Lage erfordert, auf Weisung des Vorsitzenden des zuständigen örtlichen Rates zum überbetrieblichen Einsatz bereitzustellen.

§ 5

(1) Den Vorsitzenden der örtlichen Räte obliegt in ihrer Eigenschaft als Leiter der Zivilverteidigung die Leitung des Katastrophenschutzes. Sie sind im jeweiligen Territorium für die komplexe Planung, Koordinierung und Kontrolle der Maßnahmen des vorbeugenden Katastrophenschutzes und die Leitung der Bekämpfung von Katastrophen verantwortlich.

(2) Zur Erfüllung der ihnen gemäß Abs. 1 übertragenen Aufgaben haben die Vorsitzenden der örtlichen Räte das Recht,

a) gemäß § 5 Abs. 4 des Verteidigungsgesetzes den Leitern der Zivilverteidigung der wirtschaftsleitenden Organe, Kombinate, Betriebe, Einrichtungen und Genossenschaften, unabhängig von ihren Unterstellungsverhältnis, sowie Bürgern Weisungen und Auflagen zu erteilen;

b) zur Bekämpfung von Katastrophen arbeitsfähige Bürger zur Arbeitsleistung zu verpflichten und den Einsatz von Arbeitskräften sowie von technischen und materiellen Mitteln aus Betrieben ihres Territoriums, unabhängig von bestehenden Unterstellungs- und Eigentumsverhältnissen, anzuordnen. Bei Dienststellen, Betrieben und Einrichtungen des zentral geleiteten Verkehrswesens, der Deutschen Post, der Wasserwirtschaft, des Bauwesens und der Kohle- und Energiewirtschaft sowie bei Betrieben und Bereichen der speziellen Produktion für die Landesverteidigung ist grundsätzlich die Zustimmung des Leiters des jeweils übergeordneten Organs einzuholen, sofern nicht Gefahr im Verzuge ist;

c) bei Katastrophengefahr oder plötzlichem Eintritt einer Katastrophe zur Herstellung der Einsatzbereitschaft von Führungsorganen, Kräften und Mitteln sowie zur Wahrnehmung und Alarmierung der Bevölkerung Katastrophenalarm auszulösen.

(3) Im vorbeugenden Katastrophenschutz sind die Vorsitzenden der örtlichen Räte insbesondere verantwortlich,

a) einen ständigen Überblick über alle territorialen Gefahrenschwerpunkte sowie die Auswirkungen, die im Falle von Katastrophen auftreten können, zu sichern,

b) ein einheitliches System der komplexen territorialen Führung zur Bekämpfung von Katastrophen zu organisieren und dazu auf der Grundlage der Einschätzung der Gefahrenschwerpunkte die erforderlichen Führungs- und Auskunftsdokumente erarbeiten zu lassen,

c) die staatlichen Organe, Betriebe, Einrichtungen und Genossenschaften bei der Verwirklichung der ihnen im vorbeugenden Katastrophenschutz obliegenden Aufgaben anzuleiten und zu kontrollieren,

d) die Bevölkerung über Maßnahmen zur Vorbeugung und Bekämpfung von Katastrophen aufzuklären und zu informieren.

(4) Bei der Bekämpfung von Katastrophen haben die Vorsitzenden der örtlichen Räte die ununterbrochene Führung der an der Beseitigung der unmittelbaren Auswirkungen sowie

an der Normalisierung des gesellschaftlichen Lebens beteiligten Organe und eingesetzten Kräfte und Mittel zu gewährleisten. Sie sind befugt, die Leitung der unmittelbaren Bekämpfungsmaßnahmen an Leiter zuständiger staatlicher bzw. wirtschaftsleitender Organe zu übertragen.
(5) Die Vorsitzenden der örtlichen Räte planen, koordinieren und kontrollieren die Maßnahmen des vorbeugenden Katastrophenschutzes und führen die Bekämpfung von Katastrophen mit Hilfe der Stäbe der Zivilverteidigung.
(6) Wird bei der Bekämpfung von Katastrophen der überbezirkliche Einsatz von Kräften und Mitteln aus verschiedenen Bereichen erforderlich, obliegt die Koordinierung, soweit vom Vorsitzenden des Ministerrates nichts anderes angeordnet wird, dem Leiter der Zivilverteidigung der DDR.
(7) Hat die Zentrale Katastrophenkommission ihre Tätigkeit aufgenommen, haben die Oberbürgermeister von Berlin — Hauptstadt der DDR — und die Vorsitzenden der Räte der Bezirke (nachfolgend Vorsitzende der Räte der Bezirke genannt) Anforderungen für den überbezirklichen Einsatz von Kräften und materiellen Mitteln an den Vorsitzenden der Zentralen Katastrophenkommission zu richten.

§ 6

Die zentrale Anleitung und Kontrolle des vorbeugenden Katastrophenschutzes, außer gegenüber den bewaffneten Organen, obliegt dem Leiter der Zivilverteidigung der DDR. Im Rahmen dieser ihm übertragenen Aufgaben ist er berechtigt,

a) von den Ministern (ausgenommen die der bewaffneten Organe) und Leitern der anderen zentralen Staatsorgane sowie den Vorsitzenden der Räte der Bezirke Stellungnahmen zu verlangen, in Dokumente und Unterlagen für den Katastrophenschutz einzusehen bzw. Offiziere der Zivilverteidigung mit der Einsichtnahme zu beauftragen sowie Auskunftsangaben anzufordern,
b) Kontrollmaßnahmen anzuweisen und Kontrollen durch Offiziere der Zivilverteidigung bzw. durch Kontrollgruppen unter Hinzuziehung von Mitarbeitern der Ministerien und der anderen zentralen Staatsorgane durchführen zu lassen,
c) Ergebnisse von Kontrollen mit den Verantwortlichen auszuwerten und Vorschläge zur Verallgemeinerung fortgeschrittener Erfahrungen bzw. zur Beseitigung festgestellter Mängel zu unterbreiten,
d) bei Feststellung von Verletzungen bzw. mangelnder Erfüllung der Rechtsvorschriften zum Katastrophenschutz Auflagen zur Herstellung der Gesetzlichkeit zu erteilen,
e) zur Einschätzung von Gefahrenschwerpunkten und zur Erarbeitung von Entscheidungsvorschlägen Gutachten einzuholen oder Experten aus den Bereichen der Ministerien und anderen zentralen Staatsorganen anzufordern.

§ 7

(1) Zur Vorbereitung und Beratung grundsätzlicher Aufgaben und Maßnahmen der Vorbeugung und Bekämpfung von Katastrophen bestehen als beratende Organe

a) bei den Vorsitzenden der Räte der Bezirke Bezirkskatastrophenkommissionen,
b) bei den Vorsitzenden der Räte der Kreise Kreiskatastrophenkommissionen.

In besonders gefährdeten Städten und Gemeinden sowie in den Stadtbezirken der Bezirksstädte können die Vorsitzenden der übergeordneten Räte die Bildung von Katastrophenkommissionen anweisen.
(2) Mitglieder der Katastrophenkommissionen sind Staats- und Wirtschaftsfunktionäre des jeweiligen Territoriums. Sie werden unabhängig von ihrem Unterstellungsverhältnis von den Vorsitzenden der örtlichen Räte als Mitglied der Katastrophenkommission berufen.
(3) Die Tätigkeit der Katastrophenkommissionen schränkt die Eigenverantwortung der Leiter der staatlichen und wirtschaftsleitenden Organe, Kombinate, Betriebe, Einrichtungen sowie der Vorsitzenden der Genossenschaften in ihren Verantwortungsbereichen nicht ein.
(4) Zur Lösung spezifischer Aufgaben des Katastrophenschutzes haben die Vorsitzenden der örtlichen Räte das Recht, Expertengruppen einzusetzen.

§ 8

(1) Die Vorbereitung und Durchführung von Maßnahmen zur Vorbeugung und Bekämpfung von Katastrophen in Grenzgebieten, Sperrgebieten für die Landesverteidigung sowie im Bereich von Objekten der bewaffneten Organe und der Zivilverteidigung bedürfen der Zustimmung der zuständigen Kommandeure bzw. Leiter der bewaffneten Organe bzw. der Zivilverteidigung.
(2) In Schutzgebieten und im Bereich des Bergbaus sind Maßnahmen zur Vorbeugung und Bekämpfung von Katastrophen nur nach Absprache mit den dafür zuständigen Organen durchzuführen.

§ 9

(1) Die Deutsche Volkspolizei, das Organ Feuerwehr des Ministeriums des Innern, die örtlichen freiwilligen Feuerwehren und die betrieblichen Feuerwehren lösen die ihnen obliegenden Aufgaben bei der Bekämpfung von Katastrophen auf der Grundlage des Gesetzes vom 11. Juni 1968 über die Aufgaben und Befugnisse der Deutschen Volkspolizei (GBl. I Nr. 11 S. 232) bzw. des Gesetzes vom 19. Dezember 1974 über den Brandschutz in der Deutschen Demokratischen Republik — Brandschutzgesetz — (GBl. I Nr. 62 S. 575). Der

Einsatz der Kräfte und Mittel erfolgt nach den dafür geltenden Weisungen des Ministers des Innern und Chef der Deutschen Volkspolizei.
(2) Erforderliche Kräfte und Mittel der Nationalen Volksarmee und der Grenztruppen der DDR sind von den Vorsitzenden der Räte der Bezirke über die Chefs der zuständigen Wehrbezirkskommandos der Nationalen Volksarmee anzufordern. Hat die Zentrale Katastrophenkommission ihre Tätigkeit aufgenommen, gilt § 5 Abs. 7. Diese Kräfte und Mittel werden entsprechend den dazu erlassenen militärischen Bestimmungen des Ministers für Nationale Verteidigung eingesetzt.
(3) Bei Gefahr im Verzuge können von den Vorsitzenden der Räte der Bezirke die Chefs der Bezirksbehörden der Deutschen Volkspolizei sowie Chefs, Kommandeure und Leiter der dem Katastrophenort am nächsten liegenden Dienststellen der Nationalen Volksarmee bzw. der Grenztruppen der DDR ersucht werden, unverzüglich Kräfte und technische Mittel einzusetzen. Die Vorsitzenden der Räte der Bezirke haben die zuständigen Chefs der Wehrbezirkskommandos darüber in Kenntnis zu setzen. Der Einsatz weiterer Kräfte und Mittel der Nationalen Volksarmee oder der Grenztruppen der DDR erfolgt entsprechend den Festlegungen des Abs. 2.

§ 10

(1) Alle Bürger sind verpflichtet, Wahrnehmungen und Feststellungen über vorhandene Gefahrenquellen und eingetretene Katastrophen den staatlichen Organen zu melden und aktiv an der Bekämpfung von Katastrophen teilzunehmen.
(2) Die staatlichen Organe sind verpflichtet, Mitteilungen der Bevölkerung sowie eigene Wahrnehmungen über Gefahrenquellen oder eingetretene Katastrophen dem Vorsitzenden des zuständigen Rates unverzüglich mitzuteilen.

§ 11

(1) Werktätige, die zur Teilnahme an der Bekämpfung von Katastrophen verpflichtet werden, sind gemäß § 182 des Arbeitsgesetzbuches der Deutschen Demokratischen Republik vom 16. Juni 1977 (GBl. I Nr. 18 S. 185) von der Arbeit freigestellt. Für die Dauer der Einsatzzeit wird ein Ausgleich in Höhe des Durchschnittslohnes gezahlt.
(2) Werktätigen, die bereit waren, ihre Arbeit anzutreten, infolge einer Katastrophe jedoch nicht die vereinbarte Arbeitsaufgabe erfüllen können, ist in Abweichung von den Festlegungen der §§ 84 bis 88 des Arbeitsgesetzbuches eine andere Arbeit im Betrieb oder, wenn das nicht möglich ist, in einem anderen Betrieb am selben oder einem anderen Ort zu übertragen. Für die Entlohnung gelten die Bestimmungen der §§ 89 und 90 des Arbeitsgesetzbuches.
(3) Für Werktätige, die infolge einer Katastrophe wegen Verkehrsstörungen ihren Arbeitsplatz nicht erreichen konnten, gelten

a) die Bestimmungen des Abs. 1, wenn sie sich nachweisbar den zuständigen örtlichen Staatsorganen zur Verfügung gestellt haben und zur Bekämpfung der Katastrophe eingesetzt wurden,

b) die Bestimmungen des § 115 des Arbeitsgesetzbuches, wenn die unter Buchst. a genannten Bedingungen nicht vorliegen.

(4) Beim Einsatz zur Bekämpfung von Katastrophen wird Versicherungsschutz gemäß den dafür geltenden Rechtsvorschriften[1]) gewährt.

§ 12

(1) Staatliche und wirtschaftsleitende Organe, Kombinate, Betriebe, Einrichtungen, Genossenschaften sowie gesellschaftliche Organisationen haben Kosten, die durch die Katastrophenbekämpfung entstehen, grundsätzlich selbst zu tragen.
(2) Ein Antrag auf finanziellen Ausgleich der für die Katastrophenbekämpfung entstandenen Kosten kann

— durch volkseigene Betriebe und Einrichtungen beim jeweils übergeordneten Organ,
— durch Genossenschaften, gesellschaftliche Organisationen und Betriebe anderer Eigentumsformen beim zuständigen Rat des Kreises

gestellt werden. Der Antrag ist nur zu stellen, wenn nachweisbar die entstandenen Kosten nicht durch erhöhte eigene Anstrengungen zur Kostensenkung bzw. zum sparsamen Wirtschaften abgedeckt werden können. Über die Zahlung des finanziellen Ausgleiches entscheiden die Leiter der den Betrieben und Einrichtungen übergeordneten Organe sowie die Räte der Bezirke und Kreise für ihren Verantwortungsbereich.
(3) Soweit der Ausgleich nicht durch die wirtschaftsleitenden Organe, Kombinate und örtlichen Räte abgedeckt werden kann, sind durch die Minister, die Leiter der anderen zentralen Staatsorgane bzw. die Vorsitzenden der Räte der Bezirke dem Ministerrat Vorschläge zur Entscheidung über die Finanzierung dieses Ausgleiches zu unterbreiten.

§ 13

(1) Gegen Entscheidungen, ausgenommen die gemäß § 12, und gegen Auflagen auf dem Gebiet des Katastrophenschutzes kann Beschwerde eingelegt werden.
(2) Die Beschwerde ist schriftlich oder mündlich unter Angabe der Gründe innerhalb von 2 Wochen, gerechnet vom Zeitpunkt der Zustellung oder Übermittlung der Entscheidung oder Auflage, bei dem Leiter einzulegen, der die Entscheidung getroffen oder die Auflage erteilt hat.
(3) Die Beschwerde hat keine aufschiebende Wirkung.
(4) Über die Beschwerde ist innerhalb von 2 Wochen nach ihrem Eingang durch den zuständigen Leiter zu entscheiden. Wird der Beschwerde nicht oder nicht in vollem Umfang stattgegeben, ist sie innerhalb dieser Frist übergeordneten Leiter zuzuleiten. Dieser entscheidet innerhalb weiterer 2 Wochen endgültig.

(5) Kann in Ausnahmefällen eine Entscheidung innerhalb der Frist nicht getroffen werden, ist dem Beschwerdeführenden rechtzeitig ein Zwischenbescheid unter Angabe der Gründe sowie des voraussichtlichen Abschlußtermins zu geben.
(6) Entscheidungen über Beschwerden sind zu begründen und dem Einreicher der Beschwerde mitzuteilen.

§ 14

(1) Wer vorsätzlich oder fahrlässig

a) Anlagen, Einrichtungen oder Geräte des Katastrophenschutzes zerstört, beschädigt, mißbräuchlich benutzt, entfernt, zweckwidrig mit ihnen umgeht oder ihre Benutzung auf andere Art und Weise erschwert oder verhindert und dadurch Maßnahmen zur Vorbeugung oder Bekämpfung von Katastrophen geringfügig beeinträchtigt,
b) Weisungen oder Auflagen gemäß § 5 Abs. 2 Buchst. a oder § 6 Buchstaben b oder d zuwiderhandelt,
c) der Verpflichtung zur Vorbeugung oder zur Bekämpfung von Katastrophen gemäß § 4, § 5 Abs. 2 Buchst. b oder § 10 nicht nachkommt,

kann mit Verweis oder Ordnungsstrafe von 10 bis 500 M belegt werden.
(2) Wurde eine vorsätzliche Ordnungswidrigkeit gemäß Abs. 1 aus grober Mißachtung der Erfordernisse des Katastrophenschutzes oder wiederholt innerhalb von 2 Jahren begangen und mit Ordnungsstrafe geahndet, oder wurde durch die vorsätzliche Ordnungswidrigkeit ein größerer Schaden verursacht oder hätte verursacht werden können, kann eine Ordnungsstrafe bis zu 1000 M ausgesprochen werden.
(3) Die Durchführung des Ordnungsstrafverfahrens obliegt den Vorsitzenden der örtlichen Räte.
(4) Für die Durchführung des Ordnungsstrafverfahrens und den Ausspruch von Ordnungsstrafmaßnahmen gilt das Gesetz vom 12. Januar 1968 zur Bekämpfung von Ordnungswidrigkeiten — OWG — (GBl. I Nr. 3 S. 101).

§ 15

Durchführungsbestimmungen zu dieser Verordnung erlassen der Minister für Nationale Verteidigung oder der Leiter der Zivilverteidigung der DDR.

§ 16

(1) Diese Verordnung tritt am 15. Juli 1981 in Kraft.
(2) Gleichzeitig tritt die Verordnung vom 13. Januar 1971 über die Verhütung und Bekämpfung von Katastrophen (GBl. II Nr. 16 S. 117) außer Kraft.

[1]) Z. Z. gelten: Verordnung vom 18. November 1969 über die Versicherung der staatlichen Organe und staatlichen Einrichtungen (GBl. II Nr. 101 S. 679), Verordnung vom 11. April 1973 über die Erweiterung des Versicherungsschutzes bei Unfällen in Ausübung gesellschaftlicher, kultureller oder sportlicher Tätigkeiten (GBl. I Nr. 22 S. 199); abgedruckt unter I 03 60.

Bekanntmachung über das Inkrafttreten des Abkommens vom 25. April 1974 zwischen der Regierung der Deutschen Demokratischen Republik und der Regierung der Bundesrepublik Deutschland auf dem Gebiet des Gesundheitswesens

vom 11. Dezember 1975
(GBl. II Nr. 13 S. 269)
— Auszug —

Es wird hierdurch bekanntgemacht, daß das am 25. April 1974 in Berlin unterzeichnete Abkommen zwischen der Regierung der Deutschen Demokratischen Republik und der Regierung der Bundesrepublik Deutschland auf dem Gebiet des Gesundheitswesens gemäß seinem Artikel 9 am 1. Januar 1976 in Kraft tritt.
Das Abkommen wird nachstehend veröffentlicht.

Abkommen zwischen der Regierung der Deutschen Demokratischen Republik und der Regierung der Bundesrepublik Deutschland auf dem Gebiet des Gesundheitswesens

Die Regierung der Deutschen Demokratischen Republik
und
die Regierung der Bundesrepublik Deutschland
sind
...
übereingekommen,
dieses Abkommen zu schließen:
...

Artikel 3

(1) Einreisende aus dem anderen Staat haben während ihres Aufenthaltes einen Anspruch auf ambulante oder stationäre medizinische Hilfe entsprechend dem jeweiligen Grad der Gesundheitsschädigung ohne Ansehen der Person nach Maßgabe dieses Abkommens. Das gilt bei allen akuten Erkrankungen und Unfällen sowie akuter Verschlimmerung älterer Krankheiten, insbesondere chronischer Krankheiten sowie für die medizinische Hilfe, die zur Verhütung einer Verschlimmerung oder zur Schmerzlinderung notwendig ist.

(2) Die ambulante und stationäre medizinische Hilfe umfaßt
ärztliche und zahnärztliche Hilfe, ärztlich angeordnete Unterbringung im Krankenhaus,
Versorgung mit Arzneimitteln auf Grund ärztlicher Verordnung,
Versorgung (einschließlich Ersatz bei Verlust oder Beschädigung) mit orthopädischen Hilfsmitteln, Brillen, Hörgeräten, Zahnersatz oder vergleichbaren Hilfsmitteln auf Grund ärztlicher Verordnung und ärztlicher Feststellung, daß sie während des Aufenthaltes unabweisbar notwendig sind,
den Krankentransport, wenn dessen Notwendigkeit ärztlich bescheinigt ist; beim grenzüberschreitenden Krankentransport in der Regel bis zur Grenze zwischen der Deutschen Demokratischen Republik und der Bundesrepublik Deutschland.

Heil-, Bade- und Erholungskuren sowie Sanatoriumsaufenthalte sind ausgeschlossen, soweit in diesem Abkommen nichts anderes vereinbart ist.

(3) Bei allen lebensbedrohlichen Zuständen und bei Zuständen, die es dem Erkrankten unmöglich machen, selbst eine Benachrichtigung vorzunehmen, sowie bei Todesfällen wirken die Abkommenspartner im Rahmen ihrer Möglichkeiten darauf hin, daß eine ärztliche Mitteilung entsprechend der im jeweiligen Staat üblichen Art und Weise sowie eine Mitteilung an die Ständige Vertretung erfolgen.

(4) Ist eine Behandlungsgenehmigung für Minderjährige erforderlich, so werden die Abkommenspartner die Einholung der Genehmigung des gesetzlichen Vertreters möglichst erleichtern. Die Abkommenspartner wirken im Rahmen ihrer Möglichkeiten darauf hin, daß die jeweilige Ständige Vertretung dabei in Anspruch genommen wird.

(5) Die Verpflichtung zur Mitgabe beziehungsweise Übersendung von Arztberichten bei erforderlicher Weiterbehandlung richtet sich nach der im jeweiligen Staat üblichen Praxis. Die Abkommenspartner bemühen sich, daß dies ermöglicht wird.

(6) Sollten aus dringenden medizinischen Gründen Wiederholungsuntersuchungen in der Einrichtung der Erstbehandlung notwendig sein, werden die Abkommenspartner diese nach Möglichkeit zulassen.

...

Artikel 5

Die Abkommenspartner vereinbaren einen Austausch von Arzneimitteln und ihnen gleichgestellten Stoffen und Zubereitungen (Arzneimittel), medizinischem Verbrauchsmaterial und medizintechnischen Erzeugnissen sowie einen Informationsaustausch über diese Erzeugnisse nach folgenden Grundsätzen:

(1) Die gegenseitigen kommerziellen Lieferungen von Arzneimitteln, medizinischem Verbrauchsmaterial und medizintechnischen Erzeugnissen erfolgen auf der Grundlage der Rechtsvorschriften, die für das Verbringen dieser Erzeugnisse in den beziehenden Staat und für den Verkehr mit ihnen in diesem Staat gelten, sowie der für den Handel geltenden Vereinbarungen. Die Abkommenspartner werden sich über die Anforderungen, die bei der Zulassung von Arzneimitteln und an deren analytische, pharmakologische, toxikologische

und klinische Prüfung gestellt werden, sowie über die Anforderungen, die für die Hersteller und für im Verkehr befindliche Arzneimittel gelten, unterrichten.

(2) Im Rahmen ihrer Möglichkeiten werden sich die Abkommenspartner auf Ersuchen der zuständigen Ministerien bei Katastrophen durch die Bereitstellung von speziellen Arzneimitteln, medizinischem Verbrauchsmaterial und medizintechnischen Erzeugnissen unterstützen.

(3) Die Abkommenspartner erlauben im grenzüberschreitenden Reiseverkehr das Mitführen von Arzneimitteln, medizinischem Verbrauchsmaterial und medizintechnischen Erzeugnissen, die auf Grund des eigenen Gesundheitszustandes für den persönlichen Bedarf in der dem Verbrauch angemessenen Menge oder nachweisbar zur im besuchten Staat zulässigen Berufsausübung als Arzt benötigt werden.

(4) Die Abkommenspartner werden Informationen über Nebenwirkungen von Arzneimitteln austauschen. In besonders bedeutsamen Fällen werden sie sich möglichst unverzüglich unterrichten.

Artikel 6

Die Abkommenspartner vereinbaren eine Zusammenarbeit auf dem Gebiet der Bekämpfung des Drogen-, Rauschmittel- und sonstigen Suchtmittelmißbrauchs, insbesondere einen Informationsaustausch

1. über neue Stoffe und Zubereitungen, die mißbräuchlich als Rauschdrogen beziehungsweise Suchtmittel benutzt werden,
2. über Art und Ausbreitung des Mißbrauchs von Drogen, Rauschmitteln und anderen Suchtmitteln.

...

Artikel 8

Entsprechend dem Vierseitigen Abkommen vom 3. September 1971 wird dieses Abkommen in Übereinstimmung mit den festgelegten Verfahren auf Berlin (West) ausgedehnt. Vereinbarungen zwischen der Regierung der Deutschen Demokratischen Republik und dem Senat zu Fragen des Gesundheitswesens werden dadurch nicht berührt.

...

Protokollvermerke zum Abkommen zwischen der Regierung der Deutschen Demokratischen Republik und der Regierung der Bundesrepublik Deutschland auf dem Gebiet des Gesundheitswesens

...

Protokollvermerk zu Artikel 5:

Soweit eine dringende, ärztlich bescheinigte Notwendigkeit der Weiterbehandlung oder Wiederbehandlung besteht, wird in Einzelfällen die Übersendung von solchen Arzneimitteln ermöglicht werden, die im empfangenden Staat für den Verkehr zugelassen sind und dort nicht hergestellt werden. Die Übersendung darf nur in dem Verbrauch angemessenen Mengen erfolgen unter Beifügung der Verordnung eines Arztes, der zur Ausübung der ärztlichen Tätigkeit im entsendenden Staat zugelassen ist. Dieser nichtkommerzielle Arzneimittelverkehr wird über hierfür nach innerstaatlichem Recht zuständige Stellen (Apotheken) durchgeführt. Die Sendungen dürfen nur Arzneimittel, die in der ärztlichen Verordnung genannt sind, und keine sonstigen Gegenstände enthalten.

Vereinbarung über den Einsatz von Hygienebeauftragten sowie über den Rahmenfunktionsplan für Hygienebeauftragte

vom 26. Oktober 1979
(VuM MfGe Nr. 8 S. 117)

Im Interesse des Gesundheitsschutzes der Bevölkerung wird zur Durchführung des § 3 Abs. 4 der Verordnung vom 11. Dezember 1975 über die Staatliche Hygieneinspektion (GBl. I 1976 Nr. 2 S. 17) in Übereinstimmung mit dem Bundesvorstand des Freien Deutschen Gewerkschaftsbundes und dem Präsidium des Deutschen Roten Kreuzes der DDR folgendes vereinbart:

1. In Betrieben, Kombinaten, Betrieben der Kombinate, Einrichtungen sowie Genossenschaften (im folgenden Betriebe genannt), in denen die Einhaltung der Rechtsvorschriften, Grundsätze und Normative auf dem Gebiet der Hygiene besondere Bedeutung hat, werden Hygienebeauftragte eingesetzt.
2. Die Aufgaben, Rechte und Pflichten der Hygienebeauftragten werden in Funktionsplänen auf der Grundlage des Rahmenfunktionsplanes gemäß Anlage festgelegt.
3. Der Rahmenfunktionsplan ist auch für Hygienebeauftragte zu Grunde zu legen, die ihre Funktion neben einer anderen Tätigkeit ausüben.
4. Als Hygienebeauftragte sind, soweit die fachlichen Voraussetzungen erfüllt werden, vorrangig die auf dem Gebiet der Hygiene ausgebildeten Mitglieder des DRK der DDR einzusetzen.
5. Diese Vereinbarung tritt am 1. Januar 1980 in Kraft.

Anlage

Rahmenfunktionsplan für Hygienebeauftragte

1. **Unterstellung**

1.1. Der Hygienebeauftragte ist unterstellt:

Dem Leiter des Betriebes, des Kombinates, der Einrichtung bzw. dem Vorsitzenden der Genossenschaft oder einem ihrer Stellvertreter (nachfolgend Leiter des Betriebes genannt)

1.2. Dieser Stelle sind unterstellt:
entfällt

2. **Funktionsbezeichnung**

Hygienebeauftragter

3. Verantwortungsbereich

Der Hygienebeauftragte ist verantwortlich für die Unterstützung des Leiters des Betriebes bei der Gestaltung einer engen Zusammenarbeit mit den staatlichen und wirtschaftsleitenden Organen sowie den gesellschaftlichen Organisationen, insbesondere mit dem DRK der DDR, zur Durchsetzung hygienischer Grundsätze.
Der Hygienebeauftragte ist dem Leiter des Betriebes rechenschaftspflichtig.

4. Aufgaben

Der Hygienebeauftragte hat

- die hygienische Situation im Betrieb zu analysieren, Maßnahmen zur Auswertung und Verbesserung vorzuschlagen sowie die notwendigen Weisungen vorzubereiten;
- Berichte, Informationen und Stellungnahmen zu Problemen der Hygiene an übergeordnete Organe und staatliche Kontrollorgane vorzubereiten;
- jährlich einen Arbeitsplan für die eigenverantwortliche Hygienearbeit auszuarbeiten;
- Leitungsentscheidungen für Maßnahmen zur Sicherung der Hygiene im Betrieb vorzubereiten;
- ausgehend von den neuesten Erkenntnissen auf dem Gebiet der Hygiene Einfluß auf die Planung von Investitionen, Rekonstruktions- und WAO-Maßnahmen zu nehmen und Rationalisierungs- sowie Neuerermaßnahmen auf diesem Gebiet zu unterstützen;
- an der Bearbeitung von Eingaben, soweit diese hygienewidrige Zustände betreffen, mitzuwirken;
- planmäßige innerbetriebliche Hygienekontrollen unter Einbeziehung der auch auf dem Gebiet der Hygiene ausgebildeten Werktätigen zu organisieren und durchzuführen;
- die Kontrolltätigkeit auf dem Gebiet der Hygiene mit anderen Funktionalorganen des Betriebes wie Sicherheitsinspektor, Brandschutz- und Arbeitsschutzbeauftragter sowie Emissions- und Umweltschutzbeauftragter abzustimmen;
- die Ergebnisse der innerbetrieblichen Kontrolltätigkeit auf dem Gebiet der Hygiene zu dokumentieren und auszuwerten;
- die Erfüllung staatlicher und innerbetrieblicher Auflagen auf dem Gebiet der Hygiene unter Einbeziehung des Hygieneaktivs und der Mitglieder des DRK der DDR zu kontrollieren und bei der sach- und termingerechten Erfüllung dieser Auflagen Unterstützung zu leisten;
- die innerbetrieblichen Qualifizierungsmaßnahmen auf dem Gebiet der Hygiene mit Hilfe des Betriebskomitees des DRK der DDR zu organisieren und bei ihrer Durchführung mitzuwirken;

— planmäßig mit dem Betriebskomitee bzw. den Mitgliedern des DRK der DDR sowie dem Betriebshygieneaktiv Beratungen durchzuführen und diese anzuleiten;
— im Rahmen der Gesundheitserziehung und -propaganda aktiv mitzuwirken;
— Aufgaben auf dem Gebiet der Zivilverteidigung, soweit sie hygienische Belange betreffen, wahrzunehmen;
— alle gesellschaftlichen Kräfte des Betriebes, insbesondere die Leitung und Mitglieder des DRK der DDR, den Betriebsarzt und in Betrieben der Land-, Forst- und Nahrungsgüterwirtschaft die zuständigen Organe und Einrichtungen des Veterinärwesens bei der Einflußnahme auf die Verbesserung der Arbeits- und Lebensbedingungen und die Ausschaltung schädigender Umweltbedingungen zu unterstützen.

5. Befugnisse

Der Hygienebeauftragte ist befugt,

— im Rahmen seiner Aufgaben an betrieblichen Leitungsberatungen, die Belange der Hygiene berühren, teilzunehmen;
— im Rahmen seiner Kontrollpflicht alle Gebäude, Räume und Anlagen des Betriebes zu betreten und zu kontrollieren;
— von allen Mitarbeitern des Betriebes Auskünfte auf dem Gebiet der Hygiene zu verlangen und vorhandene Hygieneunterlagen einzusehen;
— von leitenden Mitarbeitern die Einhaltung der Rechtsvorschriften auf dem Gebiet der Hygiene zu verlangen und unverzügliche Maßnahmen zur Beseitigung hygienewidriger Zustände einzuleiten. Der Leiter des Betriebes ist davon unmittelbar in Kenntnis zu setzen;
— dem Leiter des Betriebes Entscheidungen zur Beseitigung hygienewidriger Zustände vorzuschlagen;
— dem Leiter des Betriebes Vorschläge für die Würdigung und Auszeichnung von Mitarbeitern für vorbildliche Leistungen auf dem Gebiet der Hygiene zu unterbreiten;
— bei Verstößen gegen Rechtsvorschriften auf dem Gebiet der Hygiene dem Leiter des Betriebes disziplinarische Maßnahmen vorzuschlagen.

Dem Hygienebeauftragten können bei entsprechendem Eignungsnachweis Kontrollbefugnisse gemäß § 8 der Verordnung vom 11. 12. 1975 über die Staatliche Hygieneinspektion (GBl. I 1976 Nr. 2 S. 17) übertragen werden. Er gilt in diesem Fall als staatlicher Kontrollbeauftragter. Art, Umfang und zeitliche Begrenzung bestimmter Kontrollaufträge sind durch den Leiter der zuständigen Staatlichen Hygieneinspektion in Abstimmung mit dem Leiter des Betriebes und — sofern veterinärhygienische Belange berührt werden — zusätzlich mit dem zuständigen veterinärmedizinischen Fachorgan festzulegen.

6. Zusätzliche fachliche Anleitung

Der Hygienebeauftragte gibt den Mitarbeitern des Betriebes zusätzliche Anleitung in allen Fragen der Hygiene. Der Hygienebeauftragte erhält zusätzliche Anleitung durch die zuständige Staatliche Hygieneinspektion, Arbeitshygieneinspektion sowie bei Betrieben der Land-, Forst- und Nahrungsgüterwirtschaft durch das staatliche veterinärmedizinische Fachorgan.

7. Qualifikationsmerkmale

Politische und charakterliche Eignung sowie organisatorische Fähigkeiten.
Hoch- oder Fachschulabschluß bzw. Abschluß einer fachspezifischen Berufsausbildung. Spezielle Kenntnisse auf dem Gebiet der Hygiene und die Fähigkeit, diese Kenntnisse praktisch anzuwenden und weiter zu vermitteln.
Rechtskenntnisse auf dem Gebiet der Hygiene sowie des Gesundheits- und Arbeitsschutzes.

Arzneimittel, medizintechnisches Verbrauchsmaterial und Desinfektionsmaßnahmen bei Transport von Kranken mit übertragbaren Krankheiten

Nach der Anlage 1 zur Krankentransportordnung vom 1. August 1980 (VuM MfGe Nr. 2/1981 S. 14) wird unter Hinweis auf die ASAO 445/1 — Infektionsverhütung in medizinischen und veterinärmedizinischen Einrichtungen vom 30. Mai 1969 — GBl. SDr. Nr. 630 — für den Transport von Kranken mit übertragbaren Krankheiten u. a. festgelegt:

Zusätzlich sind im Krankentransportfahrzeug mitzuführen
— reichliche Mengen an Zellstoff, außerdem Stechbecken, Urinflaschen und Brechschalen
— 1000 ml gebrauchsfertige Desinfektionslösung

Vor Übernahme des Patienten ist Arbeitsschutzkleidung anzulegen
— Infektionskittel (Intex-Katalog 200)
— Arzthose („ „ 100)
— Schirmmütze („ „ 741)
— Mundschutz („ „ 940)
— Gummistiefel

Das Krankentransportfahrzeug muß nach jedem Transport in der stationären Einrichtung desinfiziert werden.
Die normale Sprüh- oder Wischdesinfektion führen die Krankentransporteure durch. Wenn eine Desinfektionsanlage vorhanden ist, übernimmt die Desinfektion der diensthabende Desinfektor. Das zu verwendende Desinfektionsmittel richtet sich nach der Diagnose, die auf dem Antrag auf Krankentransport (Fahrauftrag) vermerkt ist. Die Verantwortlichkeit in bezug auf Einhaltung der Desinfektionsmaßnahmen obliegt den Krankentransporteuren. Bei der Durchführung der Desinfektion sind die gültigen Desinfektionsrichtlinien des Ministeriums für Gesundheitswesen anzuwenden.
Nach erfolgter Desinfektion des Krankentransportfahrzeuges nehmen die Krankentransporteure an sich selbst eine Händedesinfektion vor.
Sollte in Ausnahmefällen ein infektiös erkrankter Patient mit Ungeziefer behaftet sein oder an schweren Infektionskrankheiten wie Pest, Pocken, Cholera und ähnlichem erkrankt sein, so ist das Krankentransportfahrzeug nach Übergabe des Patienten in der stationären Einrichtung zu verschließen und sobald wie möglich der nächstliegenden Entseuchungseinrichtung zu Entseuchung zuzuführen.
In den warmen Monaten sind die Krankenfahrzeuge je nach Bedarf, zumindest im Turnus von 8 Tagen, mit einem Insektizid auszusprühen.

Anordnung über die Anwendung der Internationalen Statistischen Klassifikation der Krankheiten, Verletzungen und Todesursachen sowie von Zusatzklassifikationen

vom 4. Dezember 1978[1])
(GBl. I Nr. 43 S. 471)

Im Einvernehmen mit den Leitern der zuständigen zentralen staatlichen Organe und in Übereinstimmung mit dem Bundesvorstand des Freien Deutschen Gewerkschaftsbundes wird folgendes angeordnet:

§ 1

Diese Anordnung findet Anwendung auf:

a) die für die Leitung des Gesundheits- und Sozialwesens zuständigen staatlichen Organe,
b) die staatlichen und nichtstaatlichen Einrichtungen des Gesundheits- und Sozialwesens einschließlich der in eigener Praxis niedergelassenen Ärzte und Zahnärzte,
c) die Verwaltung der Sozialversicherung des FDGB,
d) die Staatliche Versicherung der Deutschen Demokratischen Republik einschließlich der Sozialversicherung bei der Staatlichen Versicherung der Deutschen Demokratischen Republik,
e) die Staatliche Zentralverwaltung für Statistik,
f) andere Stellen, zu deren Aufgaben die Klassifizierung von Sachverhalten oder die Verwendung klassifizierter Sachverhalte im Sinne des § 2 gehören.

§ 2

(1) Zur einheitlichen statistischen Klassifizierung von Krankheiten, Verletzungen, Todesursachen sowie von anderen Sachverhalten, die in der Internationalen Statistischen Klassifikation der Krankheiten, Verletzungen und Todesursachen der Weltgesundheitsorganisation (nachfolgend IKK genannt) erfaßt sind, dürfen ausschließlich die Schlüsselnummern verwendet werden, denen die betreffenden Sachverhalte nach den Klassifizierungsgrundsätzen der IKK inhaltlich zuzuordnen sind.

(2) Das gleiche gilt für die Sachverhalte, die in Zusatzklassifikationen der Weltgesundheitsorganisation (nachfolgend Z-IKK genannt) erfaßt sind, soweit deren Anwendung vom Minister für Gesundheitswesen für obligatorisch erklärt ist. Die fakultative Anwendung von Z-IKK richtet sich nach gesonderten Festlegungen des Ministers für Gesundheitswesen.

(3) Gültig ist jeweils die deutschsprachige Fassung der IKK bzw. der Z-IKK, die vom Minister für Gesundheitswesen herausgegeben und im Gesetzblatt der Deutschen Demokratischen Republik für verbindlich erklärt worden ist.

§ 3

Von Schlüsselnummern der IKK bzw. der Z-IKK darf nur in wissenschaftlich begründeten Einzelfällen mit Zustimmung des Ministeriums für Gesundheitswesen abgewichen werden. Das gilt auch für die Anwendung von Schlüsselnummern, die in der jeweils gültigen Fassung der IKK oder der Z-IKK noch unbesetzt sind, sowie für die Erweiterung von Schlüsselnummern über die in den gültigen Fassungen der IKK bzw. der Z-IKK jeweils vorgesehene Stellenzahl hinaus.

§ 4

(1) Die Schlüsselnummern der IKK und der Z-IKK sind auf den jeweiligen Informationsträgern einzutragen. Informationsträger im Sinne dieser Anordnung sind medizinische Dokumentationen, Meldungen, Register, Berichterstattungen sowie medizinstatistische und andere statistische Zusammenstellungen und Auswertungen.

(2) Die Eintragung der Schlüsselnummern erfolgt insbesondere bei:

a) der Dokumentierung medizinischer Befunde oder Leistungen im Zusammenhang mit medizinischer Betreuung, medizinischer Begutachtung oder anderen medizinischen Maßnahmen in den Gesundheitseinrichtungen (medizinische Dokumentation);
b) der Dokumentierung medizinischer Befunde oder Leistungen im Ausweis für Arbeit und Sozialversicherung;
c) der Dokumentierung von Arbeitsbefreiungen bei Arbeitsunfähigkeit im Ausweis für Arbeit und Sozialversicherung sowie in der Arbeitsbefreiungsbescheinigung;
d) der ärztlichen Meldung und Dokumentierung von Invalidität, Arbeitsunfällen und sonstigen Unfällen, Berufskrankheiten, Körper- und Gesundheitsschäden oder anderen medizinischen Befunden oder Sachverhalten, die arbeitsrechtliche, sozialversicherungsrechtliche oder sonstige Ansprüche auslösen können;
e) der Dokumentierung der Diagnose bei Beantragung von Kuren sowie bei Beginn und Abschluß der Kurbehandlung;
f) der Dokumentierung der Todesursachen, insbesondere auf Totenscheinen und in Sektionsdokumenten.

(3) Die Verwendung weiterer Informationsträger zur Dokumentation von Sachverhalten gemäß § 2 legt der Minister für Gesundheitswesen fest.

(4) Zu den Festlegungen gemäß Abs. 3 gehört auch die Einführung vereinheitlichter Vordrucke oder die vom Minister für Gesundheitswesen im Einzelfall genehmigte Verwendung anderer Vordrucke oder sonstiger Informationsträger, soweit sich aus deren Inhalt die Eintragung von Schlüsselnummern der IKK bzw. der Z-IKK ergibt.

§ 5

Form und Inhalt der Dokumentierung von Sachverhalten gemäß § 2 richten sich nach den vom Minister für Gesundheitswesen hierzu erlassenen Rechtsvorschriften, anderen Regelungen und den Hinweisen, die in den vereinheitlichten oder im Einzelfalle genehmigten

Vordrucken bzw. Informationsträgern enthalten sind. Soweit derartige Dokumentierungen im Verantwortungsbereich anderer zentraler staatlicher Organe, gesellschaftlicher Organisationen oder anderer Stellen vorgenommen werden sollen, ist das im gegenseitigen Einvernehmen zwischen den Leitern und dem Minister für Gesundheitswesen festzulegen.

§ 6

Für die richtige Auswahl der Schlüsselnummern der IKK bzw. der Z-IKK und ihre ordnungsgemäße Eintragung in die in Betracht kommenden Informationsträger sind die Ärzte, Zahnärzte oder anderen Fachkräfte verantwortlich, denen die Feststellung der im § 2 genannten Sachverhalte obliegt. Ist die Feststellung einer Ärztekommission bzw. anderen Fachkommission übertragen, so ist der Leiter der Kommission für die richtige Auswahl und Eintragung der Schlüsselnummern verantwortlich.

§ 7

(1) Die Leiter der im § 1 genannten staatlichen Organe, Einrichtungen, gesellschaftlichen Organisationen oder anderen Stellen (Bedarfsträger) haben zu gewährleisten, daß nur solche Personen im Besitz von Exemplaren der IKK oder der Z-IKK sind oder Zugang zu ihnen haben, die sie zur Erfüllung ihrer Arbeitsaufgaben benötigen.
(2) IKK- und Z-IKK-Exemplare bleiben Eigentum der Bedarfsträger. Die Exemplare sind so aufzubewahren, daß sie vor Mißbrauch und Verlust geschützt sind.

§ 8

(1) Mit Wirkung vom 1. Januar 1979 wird die DDR-Ausgabe der 9. Revision der Internationalen Statistischen Klassifikation der Krankheiten, Verletzungen und Todesursachen nationalen Statistischen Klassifikation der Krankheiten, Verletzungen und Todesursachen[2]) für verbindlich erklärt.
(2) Zum gleichen Zeitpunkt verlieren die Handbuchausgabe, Band 1 und 2[3]), sowie die Taschenbuchausgabe, 1. und 2. Auflage[4]) der 8. Revision der Internationalen Statistischen Klassifikation der Krankheiten, Verletzungen und Todesursachen ihre Gültigkeit.

§ 9

Diese Anordnung tritt am 1. Januar 1979 in Kraft.

[1]) Mit Inkrafttreten der AU wurde gleichzeitig die VO vom 17. 1. 1952 über die Einführung eines Krankheits- und Todesursachen-Verzeichnis mit ihren drei DB aufgehoben. S. hierzu Bekanntmachung vom 30. November 1978 (GBl. I Nr. 43 S. 470).
[2]) VEB Verlag Volk und Gesundheit Berlin 1978.
[3]) VEB Verlag Volk und Gesundheit Berlin 1968 und 1971.
[4]) VEB Verlag Volk und Gesundheit Berlin 1967 und 1971.

oder vorrätig gehalten und abgegeben werden dürfen. Erzeugnisse, deren Eintragung in das Verzeichnis der Gesundheitspflegemittel wegen Wegfall des volkswirtschaftlichen Bedürfnisses gelöscht ist, dürfen innerhalb einer Auslauffrist bis zum Ende des Jahres, in dem die Löschung erfolgt ist, hergestellt werden.
(4) Die Bestimmungen des § 18 Absätze 2 bis 6 der Ersten Durchführungsbestimmung finden entsprechende Anwendung.

§ 4

(1) Anträge auf Eintragung eines Erzeugnisses in das Verzeichnis der Gesundheitspflegemittel sind nach einem Muster (Anlage) an das Sekretariat der zuständigen Sektion des Zentralen Gutachterausschusses für Arzneimittelverkehr zu richten. Die Bestimmungen des § 17 Absätze 6 und 7 der Ersten Durchführungsbestimmungen finden entsprechende Anwendung.
(2) Dem Antrag sind folgende Anlagen beizufügen:

a) ausführliche Begründung des Antrags,
b) fachliches Gutachten über die Unschädlichkeit, Brauchbarkeit und Haltbarkeit des zur Eintragung beantragten Gesundheitspflegemittels,
c) Entwurf einer Gütevorschrift,
d) Muster des vorgesehenen Informationsmaterials,

(3) Die Bestimmungen des § 10 der Ersten Durchführungsbestimmung finden entsprechende Anwendung.

§ 5[2])

(1) Bei Eintragung des Gesundheitspflegemittels in das Verzeichnis erteilt das Ministerium für Gesundheitswesen einen Kennbuchstaben[16]) und eine Kennziffer.
(2) Die Kennbuchstaben haben nachstehende Bedeutung:

D = das Gesundheitspflegemittel ist für die Abgabe in Drogerien zugelassen,
R = das Gesundheitspflegemittel ist für die Abgabe in Drogerien, Reformhäusern und Diätlebensmittelgeschäften zugelassen,
K = das Gesundheitspflegemittel ist für die Abgabe in Drogerien, Geschäften, in denen kosmetische oder sanitärhygienische Artikel zum Verlauf gelangen, und Friseurgeschäften zugelassen,
L = das Gesundheitspflegemittel ist für die Abgabe in Drogerien, Reformhäusern, Diätlebensmittel- und Lebensmittelgeschäften zugelassen.

(3) Steht vor den im Abs. 2 genannten Kennbuchstaben noch der Buchstabe A, so ist das Gesundheitspflegemittel auch für die Abgabe in Apotheken zugelassen.

(4) Die Kennziffer besteht aus folgenden 3 Zahlengruppen:

a) der Nummer des Bezirkes nach der Nomenklatur der Planung[7]), in dem der Hersteller seinen Sitz hat, in römischen Ziffern,
b) der laufenden Nummer der Eintragung,
c) den letzten beiden Ziffern des Jahres der Eintragung in das Verzeichnis der Gesundheitspflegemittel.

Die Zahlengruppen sind jeweils durch einen Schrägstrich getrennt.
(5) Kennbuchstaben und Kennziffern sind in der Reihenfolge nebeneinander auf der inneren und äußeren Umhüllung des Gesundheitspflegemittels anzugeben. Sie müssen deutlich lesbar und von einer rechteckigen Umrandung umgeben sein.
(6) Gesundheitspflegemittel zur Anwendung am Tier erhalten keinen Kennbuchstaben. Ihre innere und äußere Umhüllung muß jedoch die Aufschrift „Nur für Tiere" tragen und ist mit einem grünen Diagonalstreifen von links oben nach rechts unten zu kennzeichnen.
(7) Die Bestimmungen des § 18 Abs. 1 des § 19 des Gesetzes sowie des § 11 Absätze 1 und 3 Buchst. d und des § 14 der Ersten Durchführungsbestimmung finden entsprechende Anwendung.
(8)[2]) Über die im § 11 Absätze 1 und 3 Buchst. d der Ersten Durchführungsbestimmung vom 15. Mai 1964 (GBl. II S. 485) festgelegten Vorschriften hinaus hat zur Durchsetzung einer einheitlichen datenverarbeitungsgerechten Warenauszeichnung und Etikettierung die innere und äußere Umhüllung von eingetragenen Gesundheitspflegemitteln folgende weitere Angaben zu enthalten:

— Schlüsselnummer des Binnenhandels

Die Schlüsselnummer des Binnenhandels (HSL), die Menge des Inhalts und der Einzelhandelsverkaufspreis (EVP), die für die Kassierung und Datenverarbeitung benötigt werden, sind in einem Block sichtbar abgehoben am rechten unteren Ende des jeweiligen Informationsträgers in der angegebenen Reihenfolge anzuordnen. Der Einzelhandelsverkaufspreis erscheint jeweils als letzte Angabe unten rechts. Als zulässige Abkürzungen sind ausschließlich zu verwenden:

— Schlüsselnummer des Binnenhandels HSL
— Einzelhandelsverkaufspreis EVP

Der EVP ist in Beziehung zur gesamttypographischen und farblichen Gestaltung hervorzuheben. Der Schriftgrad darf nicht kleiner als 12 Punkte (4,5 mm) sein. Ferner ist der Lieferer verpflichtet, auf allen datenverarbeitungsgerechten Primärdokumenten (Verträge, Rechnungen, Lieferscheine) sowie durch einen Aufkleber auf der Umverpackung die Bestellnummer des Handels anzugeben[8,9]).

Bei Gesundheitspflegemitteln zur Anwendung am Tier:

An das
Sekretariat der Sektion Veterinärmedizin
des Zentralen Gutachterausschusses für Arzneimittelverkehr im Staatlichen Veterinärmedizinischen Prüfungsinstitut

Berlin N 4[13])

Hannoversche Str. 27
Name und Anschrift des Antragstellers

. . . . . . , den . . .

Antrag auf Eintragung in das Verzeichnis der Gesundheitspflegemittel

Betr.: ______________________________

(vorgesehener Name des Gesundheitspflegemittels)

Zusammensetzung[14]) ______________________________

Bezug der Bestandteile[15]) ______________________________

Anwendungsgebiete: ______________________________

Dosierung: ______________________________

Haltbarkeit: ______________________________

Packungsgrößen: ______________________________

Preise: . . . . genehmigt/beantragt am . . . .

. . . ., den . . . . 19 . . . .

____

Unterschrift des Betriebes

Anlage

zu § 6 Abs. 1 Buchstaben b und c vorstehender Zweiter Durchführungsbestimmung[3])

Augenwasser, vegetabilisches
Badesalze oder Badezusätze mit arzneilich wirksamen Bestandteilen
mit den Kennbuchstaben A—D
Borsäuresalbe
Chlorofolin-Dragees
Comogall
Heilsalbe nach Dr. Spranger
Kampferspiritus

Parondontal F
Perlose-Naturheilschlamm
Phytin-Tabletten
Pistyan-Gamma-Kompressen
Pistyan-Schlamm
Sachsen-Fango
Sachsen-Fango-Kompressen
Schwefel-Lösung
Schwefel-Tinktur
Sulfachin
Summavit-forte-Dragees
Turigerol
Viatlon

[1]) § 8 Abs. 1 i. d. F. der Anpassungsordnung, die am 1. 7. 1968 in Kraft trat.
[2]) § 5 Abs. 8 und § 8 Abs. 2 i. d. F. der 8. DB, die am 22. 10. 1971 in Kraft trat.
[3]) § 6 und Anlage zu § 6 Abs. 1 Buchstaben b und c i. d. F. der 11. DB, die am 19. 4. 1974 in Kraft trat.
[4]) Abgedruckt unter C 01 01.
[5]) Jetzt: Minister für Land-, Forst- und Nahrungsgüterwirtschaft.
[6]) Jetzt: Ministerium für Land-, Forst- und Nahrungsguterwirtschaft.
[7]) Verzeichnis der Gemeinden der DDR, Staatsverlag der DDR.
[8]) Bestellnummern werden durch das Zentrale Warenkontor — Großhandel Waren täglicher Bedarf — vergeben.
[9]) Die Erweiterung der Kennzeichnung entsprechend § 5 Abs. 8 i. d. F. der 8. DB hatte gemäß § 3 Abs. 2 der 8. DB schrittweise zu erfolgen und war bis zum 30. 6. 1972 abzuschließen.
[9a]) Gegenstandslos durch Zeitablauf.
[10]) Aufgehoben durch AO Nr. 3 vom 29. 3. 1967 über das Verzeichnis der Gesundheitspflegemittel (GBl. II S. 271). Die AO gilt gegenwartig i. d. F. der AO Nr. 4 vom 3. 4. 1969 (GBl. II Nr. 34 S. 231; Ber. Nr. 37 S. 234).
[11]) Jetzt: Institut für Arzneimittelwesen der DDR.
[12]) Jetzt: 112 Berlin.
[13]) Jetzt: 104 Berlin.
[14]) Nach Mengeneinheiten, auch bei Hilfsstoffen wie Füllmassen, Farbstoffen, Lösungsvermittlern usw.
[15]) E = Eigenherstellung
B = Bezug innerhalb der DDR
I = Import
[16]) Nach Ziff. 8.2. der Information Nr. 5/81 für Bezirksapotheker aus dem Institut für Arzneimittelwesen der DDR vom 9. April 1981 wurde für Gesundheitspflegemittel für Sonderbedarfsträger, die nicht über die in den Kennbuchstaben D, R, K, L bzw. A genannten Einrichtungen und Geschäfte abgegeben werden, zusätzlich der Kennbuchstabe S eingeführt.

Hinweise auf nicht abgedruckte Rechtsvorschriften auf dem Gebiet des Strahlenschutzes und der Röntgendiagnostik

AO über die Verwendung von Pediskopen vom 9. Mai 1961
(GBl. II Nr. 31 S. 189)

Gesetz über die Anwendung der Atomenergie in der DDR — Atomenergiegesetz — vom 28. März 1962
(GBl. I Nr. 3 S. 47)

Gesetz zur Änderung des Atomenergiegesetzes vom 23. Januar 1964
(GBl. I Nr. 1 S. 1)

Beschluß zur Ergänzung des Statuts des Staatlichen Amtes für Atomsicherheit und Strahlenschutz der DDR vom 14. Januar 1975
(GBl. I Nr. 4 S. 106)

AO über die Strahlenschutzbauartprüfung und Strahlenschutzbauartzulassung von umschlossenen Strahlenquellen und Einrichtungen, die ionisierende Strahlung aussenden, vom 16. Dezember 1977
(GBl. SDr. Nr. 947)

ASAO 981 — Umgang mit umschlossenen Strahlenquellen — vom 22. Januar 1971
(GBl. SDr. Nr. 694)

Statut des Staatlichen Amtes für Atomsicherheit und Strahlenschutz der DDR, Beschluß des Ministerrates vom 30. August 1973
(GBl. I Nr. 43 S. 449)

AO über die Kontrolle von Kernmaterial vom 5. September 1973
(GBl. I Nr. 43 S. 451)

AO über die Festsetzung von Gebühren für Leistungen des Staatlichen Amtes für Atomsicherheit und Strahlenschutz der DDR vom 6. Januar 1978
(GBl. I Nr. 5 S. 82)

AO zum Schutz der Bürger vor Gesundheitsschäden durch Einwirkung elektromagnetischer Felder vom 23. Februar 1978
(GBl. I Nr. 8 S. 114)

AO über den Transport radioaktiver Stoffe — ATRS — vom 12. April 1978
(GBl. SDr. Nr. 953)

Richtlinie über funktionelle und bautechnische Forderungen
für die Errichtung von Röntgenanlagen für humanmedizinische Zwecke
vom 13. Februar 1981
(VuM MfGe Nr. 4 S. 67)

Anweisung zur Änderung der Richtlinie für die Schwangerenbetreuung
— Röntgenuntersuchungen der Lungen —
vom 23. März 1981
(VuM MfGe Nr. 4 S. 66)

TGL 36661 Röntgendiagnostik; Basisuntersuchung der Thoraxorgane;
Erwachsene; verbindlich ab 1. Januar 1981[1])

TGL 36662 Röntgendiagnostik; Basisuntersuchung der Thoraxorgane;
Kinder; verbindlich ab 1. Januar 1981[1])

[1]) Beide Standards können von der Zentralstelle für Standardisierung, Forschungsinstitut für Medizinische Diagnostik, 8080 Dresden, Greifswalder Straße 8, bezogen werden.

Anordnung über die ärztliche Leichenschau

vom 4. Dezember 1978
(GBl. I 1979 Nr. 1 S. 4)
— Auszug —

Im Einvernehmen mit dem Minister des Innern und den Leitern der zuständigen zentralen staatlichen Organe wird folgendes angeordnet:

§ 1

Jede menschliche Leiche ist unverzüglich nach Eintritt des Todes zur Feststellung des Todes, der Todeszeit, der Todesart und der Todesursache durch einen Arzt zu besichtigen und zu untersuchen (Leichenschau).

§ 3

(1) Zur unverzüglichen Vornahme der Leichenschau und zur Ausstellung des Totenscheines ist derjenige Arzt verpflichtet, der den Verstorbenen während einer dem Tode unmittelbar vorausgegangenen Erkrankung behandelt hat. Ist dieser Arzt verhindert oder war der Verstorbene nicht in medizinischer Betreuung, so hat ein Arzt der nächstgelegenen Einrichtung der medizinischen Betreuung, der Schnellen Medizinischen Hilfe, des Bereitschaftsdienstes oder jeder andere in der Nähe befindliche Arzt die Leichenschau vorzunehmen und den Totenschein auszustellen. Ist ein im Dienst befindlicher Arzt an der Durchführung der ärztlichen Leichenschau verhindert, hat er unverzüglich die nächstgelegene Einrichtung der medizinischen Betreuung zu benachrichtigen, damit sie die Leichenschau veranlaßt.
(2) Der Arzt, der die Leichenschau vornimmt (Leichenschauarzt), hat unverzüglich nach Beendigung der Leichenschau den Totenschein auszustellen.
...
(3) Für Verstorbene, bei denen Reanimationsmaßnahmen zur künstlichen Wiederherstellung und Aufrechterhaltung lebenswichtiger Funktionen nach den Rechtsvorschriften über die Durchführung von Organtransplantationen eingeleitet waren, darf der Totenschein erst ausgestellt werden, nachdem das hierfür bestimmte Ärztekollektiv den Tod und die Todeszeit festgestellt hat. Für die Ausstellung des Totenscheines gelten im übrigen die Bestimmungen dieser Anordnung.

§ 4

(1) Menschliche Leiche ist der Körper eines Menschen, der keinerlei Lebenszeichen aufweist. Als menschliche Leiche gilt auch der Körper eines Geborenen, bei dem nach vollständigem

Verlassen des Mutterleibes, unabhängig vom Durchtrennen der Nabelschnur oder von der Ausstoßung der Plazenta,

a) Herztätigkeit und Lungenatmung vorhanden waren (Lebendgeborenes) und das danach verstorben ist;
b) beide der unter Buchst. a genannten Lebenszeichen nicht oder nur eines von ihnen vorhanden waren, das Geburtsgewicht jedoch mindestens 1000 g betrug (Totgeborenes).

(2) Keine menschliche Leiche ist eine Leibesfrucht mit einem Gewicht unter 1000 g, bei der nach vollständigem Verlassen des Mutterleibes (Abort) beide der im Abs. 1 Buchst. a genannten Lebenszeichen nicht oder nur eines von ihnen vorhanden waren (Fehlgeborenes).

§ 5

(1) Sind Anhaltspunkte für einen nichtnatürlichen Tod (Tod durch Selbsttötung, durch Unfall oder durch andere Personen verursachter Tod) vorhanden, ist die Todesart nicht aufgeklärt oder handelt es sich um einen unbekannten Toten, so hat der Leichenschauarzt unverzüglich die zuständige Dienststelle der Deutschen Volkspolizei zu benachrichtigen und ihr den ausgefüllten Totenschein zu übergeben. Er hat alle mit der Leichenschau im Zusammenhang stehenden Maßnahmen so vorzunehmen, daß erforderliche Ermittlungen der Deutschen Volkspolizei nicht behindert oder beeinträchtigt werden. Bereits vorgenommene Veränderungen an der Leiche, an der Lage oder am Auffindungsort der Leiche sind der Deutschen Volkspolizei mitzuteilen.
(2) Sind Anhaltspunkte dafür vorhanden, daß der nichtnatürliche Tod in ursächlichem Zusammenhang mit einer Narkose, mit operativen, anderen therapeutischen oder sonstigen medizinischen Eingriffen oder Maßnahmen einschließlich Schutzimpfungen und anderen Schutzanwendungen eingetreten ist, hat der Leichenschauarzt über den für ihn zuständigen ärztlichen Leiter unverzüglich den zuständigen Kreisarzt zu benachrichtigen. Die Pflichten gemäß Abs. 1 bleiben hiervon unberührt.
...

§ 7

(1) Lag bei dem Verstorbenen eine meldepflichtige übertragbare Krankheit vor oder enthält sein Körper Radionuklide, die innerhalb der letzten 3 Monate vor seinem Tode eingebracht wurden, hat der Leichenschauarzt einen entsprechenden Vermerk auf dem Totenschein vorzunehmen, soweit ihm dieser Umstand bekannt ist oder von ihm festgestellt werden konnte. Ebenso sind meldepflichtige Berufskrankheiten und meldepflichtige Geschwulstkrankheiten auf dem Totenschein für Verstorbene, die bei Eintritt des Todes 1 Jahr oder älter waren, zu vermerken.
(2) Ist der Verstorbene Träger eines Herzschrittmachers, hat der Leichenschauarzt hierzu einen Vermerk auf dem Totenschein vorzunehmen. Er hat zu prüfen, ob sich bei dem

Verstorbenen ein Herzschrittmacherausweis (Kontrollkarte) befindet. Er hat hierzu auch die im § 6 Abs. 1 genannten Personen zu befragen und den Herzschrittmacherausweis zur Verwendung bei der Leichenöffnung sicherzustellen.

§ 8

(1) Zur Vervollständigung der Ergebnisse der Leichenschau muß in folgenden Fällen eine Leichenöffnung vorgenommen werden:

a) bei Verstorbenen, bei denen nach Besichtigung und Untersuchung der Leiche und im Ergebnis der Ermittlungen die Todesursache nicht festgestellt werden konnte,
b) bei verstorbenen Schwangeren und Kreißenden sowie bei Wöchnerinnen, bei denen der Tod innerhalb von 6 Wochen nach der Entbindung eingetreten ist,
c) bei Totgeborenen,
d) bei Verstorbenen, die bei Eintritt des Todes das 16. Lebensjahr noch nicht vollendet hatten,
e) bei unbekannten Toten,
f) auf begründeten Wunsch der Angehörigen.

(2) Eine Leichenöffnung soll vorgenommen werden:

a) bei Verstorbenen, die eines nichtnatürlichen Todes gestorben sind oder bei denen die Todesart nicht aufgeklärt ist,
b) bei Verstorbenen mit
   — einer meldepflichtigen übertragbaren Krankheit oder
   — einer Berufskrankheit oder
   — einer meldepflichtigen Geschwulstkrankheit

   oder bei denen Verdacht auf eine der genannten Krankheiten besteht,
c) bei Verstorbenen, bei denen innerhalb der letzten 4 Wochen vor Eintritt, des Todes eine Schutzimpfung vorgenommen wurde,
d) bei Verstorbenen mit transplantiertem oder implantiertem inneren Organ oder Organteil,
e) bei begründetem wissenschaftlichem Interesse,
f) bei Verstorbenen mit implantiertem Herzschrittmacher.

§ 10

(1) Die Leichenöffnung ist von Fachärzten für pathologische Anatomie oder von Fachärzten für gerichtliche Medizin durchzuführen.
(2) Sind die erforderlichen Leichenöffnungen durch die im Abs. 1 genannten Ärzte nicht sichergestellt, so kann im Ausnahmefall der zuständige Bezirksarzt die Erlaubnis zur Vornahme von Leichenöffnungen anderen auf dem Gebiet der pathologischen Anatomie oder gerichtlichen Medizin erfahrenen Ärzten erteilen.

(7) Bei Verstorbenen, die Träger von Herzschrittmachern sind, sind die Herzschrittmacher zu entfernen und der aus dem Herzschrittmacher-Ausweis (Kontrollkarte) des Verstorbenen ersichtlichen Implantationseinrichtung zu übersenden. Ist die Einrichtung nicht bekannt, sind die Herzschrittmacher der nächstgelegenen Gesundheitseinrichtung, in der Herzschrittmacherimplantationen ausgeführt werden, zuzuleiten[1]).

§ 18

Aborte, die sich in Gesundheitseinrichtungen ereignen, sind zu melden, wenn das Gewicht des Fehlgeborenen mindestens 500 g beträgt. Die Meldung ist von dem Arzt, der die Frau wegen ihres Zustandes nach Abort behandelt hat, innerhalb von 48 Stunden nach Eintritt des Abortes auf vereinheitlichtem Vordruck in je 1 Ausfertigung

- an das Institut für Sozialhygiene und Organisation des Gesundheitsschutzes, Berlin,
- an die für den Ort der Hauptwohnung der Frau zuständige Fachkommission zur Senkung der Säuglings- und Kindersterblichkeit des Kreises

zu erstatten.

§ 20

Die in anderen Rechtsvorschriften oder auf Anweisung des Ministers für Gesundheitswesen vorgeschriebenen Anzeigen oder Meldungen von Sterbefällen bleiben von den Bestimmungen dieser Anordnung unberührt.

§ 23

(1) Diese Anordnung tritt am 1. Januar 1979 in Kraft.

(2) Gleichzeitig tritt die Anordnung vom 2. Dezember 1968 über die ärztliche Leichenschau (GBl. II Nr. 129 S. 1041) außer Kraft.

[1]) Die Reimplantation solcher Schrittmacher wird durch eine Mitteilung des MfGe an die Bezirksärzte vom 8. 7. 1981 ausdrücklich für unzulassig erklärt.

Hinweise für den Einsatz materieller und finanzieller Mittel für gold- und andere edelmetallhaltigen Erzeugnisse des Bereichs Stomatologie

vom 3. Februar 1981
(VuM MfGe Nr. 2 S. 18 Ber. VuM MfGe Nr. 4 S. 71)

I. Sicherung des Bestandes und Umverteilung von gold- und anderen edelmetallhaltigen Erzeugnissen des Bereiches Stomatologie

Zur Gewährleistung eines rationellen Einsatzes der materiellen und finanziellen Mittel für gold- und andere edelmetallhaltige Erzeugnisse des Bereichs Stomatologie (nachstehend Erzeugnisse des Dentalbereiches genannt) ist zulässig, daß in den Einrichtungen per 31. Dezember ein Höchstbestand an Erzeugnissen des Dentalbereiches in Höhe des Halbjahresverbrauches[1]) vorhanden sein kann.
Bestände in Einrichtungen, welche diesen festgelegten Höchstbestand am Jahresende überschreiten, sind innerhalb des Kreises bzw. innerhalb des Bezirkes umzuverteilen.
Bei der Bestellung des Jahresbedarfes sind unter Berücksichtigung der vorstehend festgelegten Bestandshaltung und den bestätigten Kontingenten die Lieferungen von Erzeugnissen des Dentalbereiches bei dem zuständigen Lieferbetrieb anzumelden.
Die Zuständigkeit für den Bezug von Erzeugnissen des Dentalbereiches, für die Kontrolle der Bestände und für deren mögliche Umverteilung liegt im Verantwortungsbereich der Kreis- bzw. Bezirkszahnärzte.
Bei einer Umverteilung ist die Übergabe/Übernahme zu protokollieren und in den Edelmetallbestandsbüchern der staatlichen Einrichtungen als Ab- und Zugang nachzuweisen (vgl. Anweisung vom 18. 6. 1975 über die Verwaltung und Verarbeitung von Edelmetallen in der stomatologischen Betreuung, (Verf. u. Mitt. Nr. 13, S. 86).
Die Übergabe-/Übernahmeprotokolle bedürfen der Gegenzeichnung durch den Leiter für Haushaltswirtschaft.
Bei der Umverteilung sind **keine** Kostenerstattungen zwischen den staatlichen Einrichtungen vorzunehmen.

II. Ab- und Zuführungen finanzieller Mittel aufgrund der Umverteilung, der Verarbeitung bzw. des Ankaufes von Erzeugnissen des Dentalbereiches

Die sich ergebenden Ab- bzw. Zuführungen sind mit dem zentralen Haushalt über Auftragszahlungen gemäß Anweisung 11/76 des Ministers der Finanzen zu verrechnen. Dabei ist wie folgt zu verfahren:

a) Umverteilung
Die übernehmende Einrichtung hat aus den in ihrem Haushaltsplan für den Ankauf von Erzeugnissen des Dentalbereiches enthaltenen Mittel für die übernommenen Erzeug-

nisse den Gegenwert zum bisherigen Preis auf das von der Abteilung Finanzen des zuständigen Rates des Kreises bzw. Bezirkes geführte Haushaltsunterkonto des zentralen Haushalts „Verrechnungen zentraler Haushalt/örtliche Haushalte"[2]) abzuführen. (EAA 669[3]) Umsetzung von Erzeugnissen des Dentalbereiches)

b) Verarbeitung

Die sich aus der Verarbeitung von Erzeugnissen des Dentalbereiches ergebenden überplanmäßigen Einnahmen sind von der Einrichtung auf das unter Buchstaben a) genannte Bankkonto des zentralen Haushalts abzuführen (EAA 628 Verarbeitung von Erzeugnissen des Dentalbereiches)

c) Ankauf

Die Mehraufwendungen, die sich bei den Einrichtungen beim Bezug der Erzeugnisse des Dentalbereiches von den Lieferbetrieben aus der IPÄ ergeben, sind durch die Abteilung Finanzen der Räte der Kreise bzw. Bezirke den Einrichtungen zu Lasten des unter Buchstaben a) genannten Bankkontos des zentralen Haushalts zu erstatten. (EAA 669 Ankauf von Erzeugnissen des Dentalbereiches)

III. Gewährleistung von Ordnung und Sicherheit

Bei der Planung, dem Bezug, der Lagerung, Nachweisführung und Kontrolle von Erzeugnissen des Dentalbereiches sind die Festlegungen

— im Gesetz vom 12. 7. 1973 über den Verkehr mit Edelmetallen, Edelsteinen und Perlen sowie Erzeugnissen aus Edelmetallen, Edelsteinen und Perlen — Edelmetallgesetz — (GBl. I, Nr. 33, S. 338),
— in der Ersten Durchführungsbestimmung vom 12. 7. 1973 zum Edelmetallgesetz (GBl. I, Nr. 33 S. 340),
— in der Anweisung vom 10. 6. 1975 über die Verwaltung und Verarbeitung von Edelmetallen in der stomatologischen Betreuung (Verf. u. Mitt. Nr. 13, S. 86)

strikt einzuhalten.

[1]) Jahresverbrauch
[2]) Kontonummer ist bei der Abteilung Finanzen des Rates des Kreises bzw. des Bezirkes zu erfragen.
[3]) Berichtigte Angabe.

Methodische Richtlinie für die Erarbeitung von Richtwerten für ausgewählte Verbrauchsmaterialien in Einrichtungen des Gesundheits- und Sozialwesens

vom 10. März 1978
(VuM MfGe Nr. 4 S. 28)
— Auszug —

Um die Wirksamkeit der gesundheitlichen und sozialen Betreuung der Bevölkerung zu erhöhen, ist es erforderlich, die Prozesse der Materialwirtschaft im Gesundheits- und Sozialwesen übersichtlich zu gestalten und zielgerichtet zu entwickeln. Eine wesentliche Voraussetzung für die planmäßige materielle Versorgung sind Richtwerte[1]).
Sie dienen dazu,

— das einheitliche Niveau der Versorgung gleichgearteter Verbraucherstellen (Stationen, Abteilungen, Bereiche) zu sichern,
— die Verbraucherstellen kontinuierlich zu versorgen,
— den Bedarf und die Vorratshaltung zu planen und abzurechnen,
— den effektiven Einsatz der Materialien zu gewährleisten,
— der überhöhten Vorratshaltung entgegenzutreten,
— den Verwaltungsaufwand bei der Durchführung materialwirtschaftlicher Prozesse zu senken, insbesondere die Mitarbeiter der medizinischen Bereiche von berufsfremder Arbeit zu befreien.

Für die Erarbeitung von Richtwerten für ausgewählte Verbrauchsmaterialien wird daher im Einvernehmen mit dem Minister der Finanzen und in Übereinstimmung mit dem Zentralvorstand der Gewerkschaft Gesundheitswesen folgende Richtlinie erlassen:

1.

Geltungsbereich

Diese Richtlinie gilt für alle örtlich geleiteten staatlichen Krankenhäuser und Polikliniken und für alle dem Ministerium für Gesundheitswesen unterstellten Krankenhäuser und Polikliniken (im nachfolgenden Einrichtungen genannt). Sie ist für die ausgewählten Erzeugnisse gemäß Anlage 1 mit den dazugehörigen Bezugsbasen anzuwenden. Die Bezirksärzte legen in eigener Verantwortung fest, in welchen Kreisen und Einrichtungen mit der Anwendung dieser Richtlinie begonnen wird und in welchen zeitlichen Etappen alle Krankenhäuser und Polikliniken erfaßt werden. Die Bezirksärzte, Kreisärzte und Leiter der Einrichtungen können für weitere Erzeugnisse Richtwerte einschließlich Schwankungsbreiten auf der Grundlage dieser Richtlinie ausarbeiten und anwenden lassen.

2.

Aufgaben der Einrichtungen

(1) Durch den Leiter der Einrichtung ist der ökonomische Direktor/Leiter bzw. der Verwaltungsdirektor/Leiter mit der Ausarbeitung und Anwendung von Richtwerten für den Verbrauch und den Bestand der Erzeugnisse gemäß Anlage 1 zu beauftragen. Zur Realisierung der Aufgabe kann zeitweise eine Arbeitsgruppe aus Mitarbeitern des Bereiches Verwaltung/Ökonomie gebildet werden. Mitarbeiter der medizinischen Bereiche (Ärzte, Schwestern usw.) können konsultativ hinzugezogen werden, desgleichen — sofern erforderlich — Mitarbeiter entsprechender Versorgungsorgane (u. a. Versorgungskontore, Versorgungsdepots, Versorgungszentren). Die gesellschaftlichen Organisationen sind über die Aufgabenstellung und deren Realisierung zu informieren.
(2) Es sind Voraussetzungen zur Erarbeitung, Anwendung, Weiterentwicklung und Kontrolle von Bestands- und Verbrauchsrichtwerten in den Einrichtungen zu schaffen. Dabei ist zu sichern, daß durch die Nutzung vorhandener Unterlagen und durch Anwendung fortschrittlicher Organisationsformen der Verwaltungsaufwand nicht erhöht wird.
(3) Es ist von folgenden Anforderungen auszugehen:

1. Festlegung der Grundausstattung für die Erzeugnisse gemäß Anlage 1 nach Verbraucherstellen. Als Grundausstattung ist eine Ausstattung anzusehen, die den ordnungsgemäßen Betreuungsablauf einschließlich einer etwaigen diskontinuierlichen Belieferung usw. sichert. Der laufende Verbrauch bleibt hierbei unberücksichtigt. Diese Werte sind kapazitäts- bzw. leistungsabhängig, fachspezifisch nach einer vorangehenden Analyse festzusetzen und mit den Verbraucherstellen abzustimmen.
2. Ausarbeitung einer Analyse der Bestände und des Verbrauchs des Vorjahres der in der Anlage 1 genannten Positionen in materieller und finanzieller Hinsicht im Lager und bei den Verbraucherstellen, um hieraus für das Planjahr erfahrungsstatistische Richtwerte mit entsprechenden Schwankungsbreiten (vgl. Anlage 2)[2]) abzuleiten.
3. Sicherung der Übereinstimmung der ermittelten vorläufigen Richtwerte mit der materiellen und finanziellen Planung.
4. Beratung der ermittelten vorläufigen Richtwerte für die Bestände und den Verbrauch mit den Verbraucherstellen.
5. Bestätigung der vorläufigen Richtwerte durch den Kreis- bzw. Bezirksarzt (je nach Unterstellung der Einrichtung) auf Vorschlag des Leiters der Einrichtung.
6. Anwendung der bestätigten vorläufigen Bestands- und Verbrauchsrichtwerte. Sofern territoriale Richtwerte vorgegeben werden, hat sich die Anwendung im Rahmen der festgelegten Schwankungsbreiten zu bewegen.
7. Einhaltung der vorläufigen Richtwerte und Nutzung für den innerbetrieblichen Wettbewerb.

8. Prüfung und gegebenenfalls Veränderung der vorläufigen Richtwerte im ersten Quartal des Folgejahres, sofern nicht in Ausnahmefällen Veränderungen während des Planjahres erforderlich werden.
   Dabei sind die Ziffern 1 bis 7 zu beachten.

(4) Es ist zu gewährleisten, daß

1. die Grundausstattung bei den Verbraucherstellen vorhanden ist bzw. schrittweise eingeführt wird,
2. die Nachweise und Unterlagen über materialwirtschaftliche Prozesse nach Verbraucherstellen und im Lager ordnungsgemäß geführt werden,
3. die Gesamtbestände für die Positionen 1 bis 9 der Anlage 1 ermittelt werden, diese setzen sich zusammen aus:
   a) Grundausstattung der Verbraucherstellen
   b) Bestände am Lager (Inventur für die Positionen 1 bis 9 der Anlage 1)
   c) Bestände der Ausgabestellen für Textilien (Inventur für die Positionen 7 bis 8 der Anlage 1),
4. der Verbrauch nach Verbraucherstellen je Jahr (im 1. Jahr quartalsweise) — siehe Anlage 2[2]) — festgestellt wird.
   Als Verbrauch wird
   a) bei den Erzeugnissen der Positionen 1 bis 6 und 9 der Anlage 1 die Menge der vom Lager abgegebenen Erzeugnisse angesehen; hierunter fallen nicht solche Mengen an Erzeugnissen, die zur Realisierung der Grundausstattung notwendig sind. Letztere sind auf den Materialverbrauchsnachweisen gesondert zu kennzeichnen.
   b) bei den Erzeugnissen der Positionen 7 und 8 der Anlage 1 die Menge der im Lager der Wäscherei bzw. der Ausgabestellen in der Einrichtung ausgesonderten Erzeugnisse angenommen (Verschleißprotokolle),
5. aus den Nachweisen und Unterlagen über materialwirtschaftliche Prozesse vorläufige erfahrungsstatistische Richtwerte ermittelt werden (vgl. Anlage 2)[2]). Einrichtungen, die im Rahmen des Mietwäschesystems mit Textilien versorgt werden, haben die Grundausstattung mit Textilien für einzelne Verbraucherstellen vertraglich mit der Wäscherei zu vereinbaren und zu sichern,
6. der abschließende Bericht über diese Aufgaben vom Leiter der Einrichtung zu bestätigen ist.

(5) Im Verlaufe der Arbeiten ist zu prüfen, inwieweit aus den gewonnenen Erkenntnissen Möglichkeiten des Abbaus verwaltungstechnischer Vorgänge sowie zweckdienliche organisatorische Veränderungen bei den materialwirtschaftlichen Prozessen erreicht werden können.
Hierzu gehören u. a. die bestellose Versorgung der Verbraucherstellen und die territoriale Zentralisierung der Beschaffungs- und Versorgungsprozesse:[3])

1. Grundlage der bestellosen Versorgung von Verbraucherstellen ist die Festlegung von Richtwerten auf der Basis eines zweijährigen Erfahrungszeitraumes. Die hierfür auszuwählenden Erzeugnisse müssen laufend benötigt werden; sie sind ohne Anforderung über geeignete Transportformen (z. B. zentraler Hol- und Bringedienst) den Verbraucherstellen in angemessenen Zeitabständen zu liefern. Der Umfang, die Zeitabstände und die Zeitpunkte der Lieferungen sowie die räumlichen Voraussetzungen sind im Einvernehmen mit den Verbraucherstellen, dem Hol- und Bringedienst und der Materialverwaltung abzustimmen.
2. Um unvorhergesehenen Bedarf an Erzeugnissen der bestellosen Versorgung sowie weiteren ausgewählten Erzeugnissen bei den Verbraucherstellen abzudecken, sind geeignete Möglichkeiten zu schaffen. Dabei sind die Öffnungszeiten des Lagers dem allgemeinen Dienstbetrieb anzupassen, die ordnungsgemäße Buchung der entnommenen Erzeugnisse ist zu gewährleisten.
3. Um die Effektivität materialwirtschaftlicher Prozesse zu erhöhen, sind Möglichkeiten der territorialen bzw. überbetrieblichen Zentralisierung der Planungs- und Versorgungsvorgänge zu nutzen. Die hierfür erforderlichen organisatorischen, räumlichen und transporttechnischen Voraussetzungen sowie kadermäßigen Gegebenheiten sind vor der Einführung der zentralisierten Versorgung zu analysieren. Die aus der Analyse abgeleiteten Lösungswege sind mit allen beteiligten Stellen zu beraten. Die zweckmäßigste Lösung ist vom Kreisarzt bzw. von den Leitern der Einrichtungen zu bestätigen und zumindest in der Anlaufphase der neuen Organisationsform zum Gegenstand von Leitungsberatungen zu machen.

3.

Aufgaben der Abteilungen Gesundheits- und Sozialwesen der Räte der Kreise und Bezirke

Die Abteilungen Gesundheits- und Sozialwesen der Räte der Kreise und Bezirke haben die Richtwerte, die von den den örtlichen Räten unterstellten Einrichtungen vorgelegt werden, zu prüfen und zu bestätigen. Dabei sind bei vergleichbaren Einrichtungen die jeweiligen Richtwerte schrittweise untereinander anzugleichen.

4.

Informationsgestaltung

Über die Ergebnisse der Arbeit mit Richtwerten und über die Prüfung der Möglichkeiten der organisatorischen Verbesserungen materialwirtschaftlicher Prozesse haben nach Aufforderung

1. die Leiter der
   - von den Räten der Kreise geleiteten Einrichtungen dem Kreisarzt,
   - von den Räten der Bezirke geleiteten Einrichtungen dem Bezirksarzt,

— dem Ministerium für Gesundheitswesen unterstellten Einrichtungen dem Minister für Gesundheitswesen,

2. die Kreisärzte den Bezirksärzten,
3. die Bezirksärzte dem Minister für Gesundheitswesen zu berichten.

5.
Schlußbestimmungen

(1) Diese Richtlinie tritt mit Wirkung vom 1. 1. 1979 in Kraft.
(2) Es ist zu sichern, daß die verbindlichen Richtwerte in den Plan der Einrichtung beginnend mit dem Planjahr 1979 aufgenommen werden. Sofern positive Veränderungen organisatorischer Art für materialwirtschaftliche Prozesse möglich sind, ist mit ihrer planmäßigen Realisierung bereits im Jahre 1978 zu beginnen. Wenn ähnliche Maßnahmen für materialwirtschaftliche Prozesse in den Einrichtungen/Kreisen bereits durchgeführt werden, sind diese weiterhin anzuwenden. Sie haben jedoch in ihren Auswirkungen dieser Richtlinie zu entsprechen.

Anlage 1[4])

zu vorstehender Richtlinie

Ausgewählte Erzeugnisse und deren Bezugbasen

Lfd. Nr.	Erzeugnis	ME	Bezugsbasis	
			Krankenhäuser	Polikliniken
1.	Fieber-thermometer	Stück	je Bett	je ärztl. Arbeitsplatz ohne Stomatologie
2.	Spritzen	Stück	je Bett	je 1000 Konsultationen
3.	Kanülen	Stück	je Bett	je 1000 Konsultationen
4.	Operations-handschuhe	Paar	je Bett	je 1000 Konsultationen
5.	Röntgenfilme	m^2	je 100 Aufnahmen (ohne Schirmbild)	je 100 Aufnahmen (ohne Schirmbild)
6.	Zellstoff	kg	je Bett	je 1000 Konsultationen

[1]) Grundlagen für die Ausarbeitung und Anwendung von Richtwerten sind:

- Verordnung vom 15. 9. 1971 über die ökonomische Materialverwendung und Vorratswirtschaft sowie über die Ordnung in der Lagerwirtschaft — Arbeit mit Normen und Kennziffern — (GBl. II Nr. 69 S. 589).
- Zweite Verordnung vom 19. 6. 1972 über die ökonomische Materialverwendung und Vorratswirtschaft sowie über die Ordnung in der Lagerwirtschaft — Arbeit mit Normen und Kennziffern — (GBl. II Nr. 39 S. 444).
- Anordnung vom 28. 3. 1973 über die Normierung der Material- und Zirkulationsvorräte (GBl. I Nr. 19 S. 173).
- Verordnung vom 20. 5. 1971 über die Material-, Ausrüstungs- und Konsumgüterbilanzierung — Bilanzierungsverordnung — (GBl. II Nr. 50 S. 377)
- Richtlinie vom 15. 4. 1975 zur Anwendung der Ordnung der Planung 1976 bis 1980 (Verf. u. Mitt. Nr. 10 S. 65 Abschn. IV).

[2]) nicht abgedruckt.

[3]) Stahlkopf, K. Mietwäscheservice in den Einrichtungen des Gesundheitswesens, Textilreinigung **20** (1973) 3, S. 76ff.
Bick, G. Rationeller Umgang mit Material und Energie im Krankenhaus. Sozialistische Finanzwirtschaft **16** (1975), S. 28ff.

[4]) Abgedruckt ohne die Positionen Bettwäsche, Hygienekleidung und Geschirr.

Verfügung Nr. 47/69 des *Deutschen Institutes für Arzneimittelwesen*[1])

vom 24. Dezember 1969

Betr.: Süßen von Arzneimitteln

Soweit Zucker zum Süßen von Arzneimitteln nicht eingesetzt werden darf (z. B. bei Diabetikern), sind nur „Saccharin-Natrium" und Sorbitol zugelassen.

[1]) Jetzt: Institut für Arzneimittelwesen der DDR.

Information Nr. 5/81 für Bezirksapotheker aus dem Institut für Arzneimittelwesen der DDR

vom 9. April 1981
— Auszug —

Betr.: Behältnisse zur Aufbewahrung und zum Transport von Äthanol

Mit Unterstützung von territorialen Zentren der Qualitätssicherung wurden

— lackierte Benzinkanister
— verzinkte Gefäße
— verzinnte Gefäße (Salzkottener Kannen)

hinsichtlich der Eignung zur Aufbewahrung von

— Äthanol, 2. AB-DDR
— Kampfervergälltem Äthanol, 2. AB-DDR
— Benzinvergälltem Äthanol, 2. AB-DDR

geprüft.
Auf Grund der Untersuchungsergebnisse werden

— verzinkte Gefäße und
— verzinnte Gefäße (Salzkottener Kannen)

für die Aufbewahrung und den Transport von Äthanol, kampfervergälltem Äthanol und benzinvergälltem Äthanol einschließlich aller Äthanol-Wasser-Mischungen als geeignet angesehen.
Die Aufbewahrung einer Charge in verzinnten oder verzinkten Gefäßen soll 12 Monate nicht überschreiten.
Gefäße, deren Oberflächenbeschaffenheit eine Beschädigung der Zinn- bzw. Zinkschicht vermuten läßt, sind für die Äthanolaufbewahrung nicht zu verwenden.
Lackierte Benzinkanister sind zur Aufbewahrung und zum Transport von Äthanol, benzin- und kampfervergälltem Äthanol einschließlich aller Äthanol-Wasser-Mischungen ungeeignet. Sofern sie ... noch für den Transport verwendet werden, ist der Inhalt sofort nach erfolgtem Transport in geeignete Behältnisse umzufüllen, gegebenenfalls unter Filtration.
Es ist durch Beschaffung geeigneter Behältnisse zu sichern, daß lackierte Benzinkanister ab 1. 1. 1983 nicht mehr zum Äthanoltransport verwendet werden.
Gegen die Verwendung von Plastkanistern gibt es sicherheitstechnisch keine Bedenken, sofern entsprechend Ziffer 5.43. der Technischen Grundsätze zur ABAO 850/1 die Zu-

stimmung des Staatlichen Amtes für Technische Überwachung und der Hauptabteilung Feuerwehr des MdI vorliegt.
Zur Zeit sind dem IFAR keine Plastkanister der in Frage kommenden Größen bekannt, für die die erforderliche Zustimmung erteilt wurde bzw. die die Qualität des Alkohols nicht beeinflussen.

Transport von Arzneimitteln, Blutderivaten und Organen in dringenden Fällen

In der „Ordnung über den Krankentransport in der Organisation des Deutschen Roten Kreuzes der DDR und der Schnellen Medizinischen Hilfe — Krankentransportordnung —“ vom 1. August 1980 (VuM MfGe Nr. 2 S. 10 (1981)) ist in Abschnitt III Ziff. 1.9. und 1.10. festgelegt:

1.9. Transport von Medikamenten und Blutderivaten im Ausnahmefall bei lebensbedrohlichen Situationen nach Anmeldung durch den ärztlichen Leiter der Einrichtung. In der Regel erfolgt die Organisation des Transportes durch die SMH. Die Kosten sind von der bestellenden Einrichtung zu tragen.[1])

1.10. Organtransport

Im Rahmen der bestehenden Regelungen erfolgen alle organisatorischen Maßnahmen über die Leitstelle der SMH.

[1]) Nach Abschnitt V Ziff. 3 je km An- und Abfahrt 1,50 M.

MERKBLATT[1])
zur Einsendung von Proben aus dem Apothekenwesen zur Prüfung auf mikrobiologische Reinheit

Bei der Einsendung zur oben angegebenen Prüfung an das IFAR bzw. an bezirkliche Untersuchungslabors des Apothekenwesens sind die folgenden Hinweise zu beachten:

1. Es sind die einheitlichen kombinierten Untersuchungsantrag- und Befundformblätter (s. Anlage) zu verwenden, die vom Bereich Qualitätssicherung des jeweiligen Bezirkes zu beziehen sind. Es ist je Probe ein Formblatt in vierfacher Ausfertigung erforderlich.
2. Vom Einsender wird die Vorderseite (= Untersuchungsantrag und Entnahmebeleg) ausgefüllt. Damit entfallen bisherige Begleitschreiben bzw. Entnahmeprotokolle zu den Proben.
3. Nach Abtrennen von Entnahmebelegen für den Verbleib beim Einsender und der Apothekeneinrichtung werden der vierfach ausgefüllte Untersuchungsantrag und die Probe an das Untersuchungslabor geschickt.
4. Vom Untersuchungslabor wird das Formblatt zweifach mit dem auf seiner Rückseite ausgefertigten Untersuchungsbefund an den Bereich Qualitätssicherung des Bezirkes geschickt, der die weitere Verteilung übernimmt.
   Gegebenenfalls wird auf dem Befund auf im vorliegenden Merkblatt angegebene Punkte verwiesen.
5. Die Einsendungen an das mikrobiologische Untersuchungslabor des IFAR in Jena, 6900 Jena, Semmelweisstraße 10 müssen nach Probenzahl und Einsendezeitpunkt mit den in den Informationen des IFAR Berlin für Bezirksapotheker (IfB) bekanntgegebenen Vorgaben übereinstimmen.
   Das gilt auch für die Einsendungen an das Biologische Zentrallabor in 3271 Lostau.
6. Aus organisatorischen Gründen ist nur die Bearbeitung von Sammeleinsendungen möglich. Die Bereiche Qualitätssicherung der Bezirke veranlassen zu den in den IfB angegebenen Zeitpunkten die Organisierung der Einsendungen durch die Qualitätssicherungsabteilungen der Versorgungszentren oder Kreise.
7. Es sind Sammeleinsendungen zu 20 oder 40 Proben (s. IfB) je Paket zu organisieren.
8. Selbst- und Wiedereinsendungen sind nur in begründeten Einzelfällen (Zwischenfälle, Reklamationen) möglich. Bei Wiedereinsendungen ist auf dem Formblatt die frühere Befund-Nr. anzugeben.

9. Zubereitungen mit Verwendbarkeitsfristen bis zu 30 Tagen und Aqua 2. AB-DDR sind als Eilpost einzuschicken.
10. Ist die Verwendbarkeitsfrist von Proben am Eingangstag überschritten, kann keine Untersuchung erfolgen.
11. Für die Einsendung von Aqua 2. AB-DDR genügen Mengen von 50—100 ml in vorsterilisierten Behältnissen.
12. Die Bearbeitung sämtlicher eingesandter Proben ist nur bei Einhalten der Einsendezeiten und Probenzahlen möglich.
13. Bei der Probenahme sind mikrobiell kontaminationsgefährdete und häufig verordnete Zubereitungen zu bevorzugen.
14. Beispiele für kontaminationsgefährdete flüssige Zubereitungen:
    - unkonservierte Augentropfen und Augenwässer
    - unkonservierte Nasentropfen
    - Äthakridinlaktatlösungen (einschl. Hilfslösungen)
    - Diazetyltanninprotein-Silber-Lösungen (einschl. Hilfslösungen)
    - Natriumchloridlösung 0,9%
    - Aminophenazonlösungen
    - Atropinsulfatlösungen
    - Ephedrinhydrochloridlösungen
    - Kodeinphosphatlösungen
    - Mixtura solvens SR
    - Magnesiumsulfatlösung, auch 20%ig
    - Zinksulfathilfslösungen
    - Aqua 2. AB-DDR
15. Beispiele für kontaminstionsgefährdete halbfeste und feste Zubereitungen:
    - Ungt. emuls. aquos. SR bzw. Ungt. emuls. aquos. N SR und damit hergestellte Salben
    - Liniment. aquos SR und damit hergestellte Zubereitungen
    - Lotio Zinci oxyd. SR
    - Ungt. Alcohol. Lanae aquos. SR
    - Tabletten und Pulver, die Stoffe und Hilfsstoffe natürlicher Herkunft enthalten
16. In begrenztem Umfang können auch für die Abgabe von Arzneizubereitungen bestimmte Leergefäße zur Untersuchung eingeschickt werden.
17. Wegen der derzeitig begrenzten Prüfkapazität ist von der Einsendung mikrobiell nicht gefährdeter Zubereitungen abzusehen. Beispiele dafür sind:
    - Aqua conservata 2. AB-DDR
    - verd. H_2O_2-Lösungen 2. AB-DDR

- Hydroxychinolinsulfatlösung 0,1% SR
- KJ-Lösungen 50%, 33%, 20%
- NH_4Cl-Lösung 20%
- Mixt. Acidi hydrochlor. SR
- Mixt. Pepsini SR

[1]) Herausgegeben vom Institut für Arzneimittelwesen der DDR Juni 1980.

Postanschrift des Antragstellers

Untersuchungsantrag zur Prüfung auf mikrobiologische Reinheit/Sterilität* nach 2. AB-DDR

Art: Entnahme/Wiedereinsendung/Selbsteinsendung*

Gegenstand:

Charge/Herstellungsdatum:

Hersteller bzw. Rezeptar:

Einrichtung, in der die Probenahme erfolgte:

Entnahme der Probe

am: durch:

Unterschrift

* Nichtzutreffendes streichen!

Bitte wenden!

Abriß verbleibt bei pharmazeutischer Einrichtung bzw. bei Entnehmer!

Zur Prüfung auf mikrobiologische Reinheit/Sterilität* wurde nachfolgende Probe eingeschickt:

an Untersuchungslabor: **Datum:**

Unterschrift des Leiters der pharmazeutischen Einrichtung **Unterschrift des Entnehmers**

(Vorderseite des Formblattes)

(Stempel des Untersuchungslabors)

Datum:
Probeneingang:

Untersuchungsbefund Nr.

1. Die **Prüfung auf mikrobiologische Reinheit**

   der umseitig genannten Probe ergab:

   Keimzahl

   keine/darunter/vorwiegend/ausschließlich Pilze*

   Pseudomonas aeruginosa, Staphylococcus aureus, Enterobacteriaceae nicht-nachweisbar.

2. Die **Sterilitätsprüfung** der umseitig genannten Prüfung ergab

   Sterilität/Unsterilität*

Beurteilung/Auflage*

Die mikrobiologische Reinheit entspricht/entspricht nicht* den Forderungen des 2. AB-DDR.

Stellungnahme bzw. Wiedereinsendung ist/ist nicht* erforderlich.

Unterschrift

* Nichtzutreffendes streichen!

(Rückseite des Formblattes)

Verfügung Nr. 7/72 des *Deutschen Institutes für Arzneimittelwesen*[1])

vom 16. Februar 1972

Betr.: Import-Arzneifertigwaren in Großpackungen

Sofern vom Arzt keine andere Menge verordnet wird, ist bei linearer Preisbildung eine einheitlich festgelegte Packungsgröße abzugeben (veröffentlicht in Organisationsinformation des SVPM Nr. 4/72), bei allen übrigen Importpräparaten die kleinste importierte Packungsgröße.

[1]) Jetzt: Institut für Arzneimittelwesen der DDR.

Vereinbarung

zwischen *VVB Pharmazeutische Industrie*[1]),
VVB Allgemeine Chemie[2]),
Deutschem Institut für Arzneimittelwesen[3]),
Staatlichem Veterinärmedizinischem Prüfungsinstitut
und DEWAG

über die Ausgestaltung der Arzneimittelinformation in Fachzeitschriften

vom 3. November 1966

1. Im Rahmen der Arzneimittel-Information dürfen von den Arzneimittelbetrieben in medizinischen, zahnmedizinischen, veterinärmedizinischen und pharmazeutischen Fachzeitschriften nur solche Anzeigen veröffentlicht werden, die

a) über neu in den Verkehr gebrachte Arzneimittel (Präparate mit neuer Kennziffer) oder
b) über Änderungen der Indikationsgebiete,
Arzneiformen oder Anwendungsarten,
Dosierung,
Zusammensetzung oder des
Namens
bereits im Verkehr befindlicher Arzneimittel informieren.

Diese Anzeigen sollen einen hohen informativen Gehalt aufweisen. In der Anzeige ist in geeigneter Form auf das Neue des Präparates hinzuweisen. Bei Informationen über Änderungen oder Erweiterungen der Indikationsgebiete ist die zugrundeliegende Publikation als Literaturquelle anzugeben.

Die Bestimmungen des § 28 der 1. DB zum AMG gelten auch für Stoffe, Zubereitungen und Gegenstände, die gemäß § 3 AMG den Arzneimitteln gleichgestellt sind (z. B. Verbandstoffe, Pflaster, zahntechn. Material, Desinfektionsmittel).

2. Für die Information über ein neues oder geändertes Präparat wird eine Frist von 18 Monaten, gerechnet vom Zeitpunkt der Lieferbereitschaft an, für ausreichend erachtet.

3. Neben der Veröffentlichung von Informationsanzeigen für neue oder geänderte Arzneimittel bleibt den Betrieben die Möglichkeit, in allgemeinen Insertionen auf die Leistungsfähigkeit der Betriebe (sog. Öffentlichkeitsarbeit) hinzuweisen. In diesen Anzeigen dürfen Arzneimittelgruppen (z. B. Antibiotika, Hormone, Vitamine), jedoch keine einzelnen Präparate genannt werden.

4. Unzulässig ist eine sog. Erinnerungswerbung in Fachzeitschriften für jahrelang eingeführte Präparate sowie eine Werbung für Arzneimittel in Unterhaltungszeitschriften und in der Tagespresse.

In besonders begründeten Ausnahmefällen (z. B. Werbung für Hygieneartikel, Pflaster, Verbandkästen) ist durch die Betriebe eine Ausnahmegenehmigung beim *Deutschen Institut für Arzneimittelwesen*[3]) zu beantragen. Die Zentrale Leitung der DEWAG WERBUNG ist von den erteilten Ausnahmegenehmigungen durchschriftlich in Kenntnis zu setzen.

5. Zur Durchsetzung des § 28 Buchst. b der 1. DB zum AMG weisen die *VVB Pharmazeutische Industrie*[1]) und die *VVB Allgemeine Chemie*[2]) die ihnen unterstellten Betriebe an, bei der Arzneimittel-Information die arzneimittelgesetzlichen Bestimmungen entsprechend den Festlegungen dieses Protokolls einzuhalten. Eine entsprechende Mitteilung gibt die *VVB Pharmazeutische Industrie*[1]) über die Bezirkswirtschaftsräte an alle örtlich geleiteten sowie halbstaatlichen und privaten Betriebe. Die Verbandstoffhersteller werden über die Erzeugnisgruppe „Textile Verbandmittel“ vom *Deutschen Institut für Arzneimittelwesen*[3]) informiert.

6. Die Zentrale Leitung der DEWAG WERBUNG weist alle Werbedienstbetriebe an, Aufträge für Arzneimittel-Anzeigen in Fachzeitschriften, die der Erinnerungswerbung dienen, zurückzuweisen. Das *Deutsche Institut für Arzneimittelwesen*[3]) berät die DEWAG WERBUNG ggf. fachlich bei der Entscheidung hinsichtlich des Charakters der in Auftrag gegebenen Inserate.

7. Ausländische Arzneimittelbetriebe sind von der INTERWERBUNG auf die entsprechenden arzneimittelgesetzlichen Bestimmungen hinzuweisen.

8. Da bei der DEWAG WERBUNG die besten Voraussetzungen für eine Kontrolle der laufenden Insertionen gegeben sind, wird die Einhaltung der unter Ziff. 2 genannten Zeitspanne von 18 Monaten von dort überwacht.

[1]) Jetzt: VEB Pharmazeutisches Kombinat GERMED.

[2]) Die VVB Allgemeine Chemie wurde inzwischen in mehrere Kombinate aufgeteilt, welche die Rechtsnachfolge übernommen haben.

[3]) Jetzt: Institut für Arzneimittelwesen der DDR.

Mitteilung des Ministers für Gesundheitswesen an die Bezirksärzte

vom 18. August 1975
— Auszug —

Betr.: Meldung von Arzneimittel-Zwischenfällen

... Informationen (über mit der Anwendung von Arzneimitteln in Zusammenhang stehende Vorkommnisse und Schadensfälle) sind von großer Bedeutung, da sich daraus wichtige Maßnahmen für eine verbesserte Qualitätsüberwachung, für Änderungen von Deklarations- oder Abgabevorschriften oder für in Einrichtungen des Gesundheitswesens zu treffende Maßnahmen ableiten lassen.
Eine Verpflichtung zur Information des Instituts für Arzneimittelwesen der DDR über solche Vorkommnisse, die im Interesse des Gesundheitsschutzes Maßnahmen gemäß § 29 Absätze 2 bis 4 des Arzneimittelgesetzes[1])[2]) erfordern, ergibt sich aus § 32 der Ersten Durchführungsbestimmung zum Arzneimittelgesetz vom 15. Mai 1964 (GBl. II S. 485).
Da aus der Sicht der einzelnen Einrichtungen nicht immer entschieden werden kann, ob derartige Maßnahmen getroffen werden müssen, ist es erforderlich, alle Zwischenfälle und Vorkommnisse mit Arzneimitteln diesem Institut mitzuteilen. Auf diese Information kann auch nicht verzichtet werden, wenn der Fall an die Volkspolizei abgegeben würde.
Sichergestellte Reste oder Behältnisse des verwendeten Arzneimittels bzw. Muster der gleichen Charge sollten, gegebenenfalls in Abstimmung mit der Volkspolizei, unbedingt dem genannten Institut, das über spezielle Unterlagen, Ausrüstungen und Erfahrungen verfügt, zur Verfügung gestellt werden.
Ich bitte Sie, die erforderlichen Maßnahmen zu treffen, um sicherzustellen, daß Ärzte und Apotheker bei Zwischenfällen durch Arzneimittel entsprechend verfahren[2])[3]).

[1]) Abgedruckt unter C 01 01.
[2]) S. a. Arzneimittelordnung vom 5. 2. 1981, Ziff. 6, Abs. 7, abgedruckt unter D 05 01.
[3]) Die Meldepflicht in besonderen Fällen nach anderen Rechtsvorschriften, z. B. AO über die ärztliche Leichenschau, wird durch die Meldung an das Institut für Arzneimittelwesen der DDR nicht berührt.

Weisung zur zusätzlichen Meldung atypischer Verläufe der Tuberkulose-Schutzimpfung

vom 22. August 1978
(VuM MfGe Nr. 7 S. 66)

Unabhängig von der Impfschadensmeldung durch den einen Verdacht aussprechenden Arzt an die zuständige Kreis-Hygieneinspektion bzw. des Antrages auf Anerkennung einer Gesundheitsschädigung als Impfschaden entsprechend der Zweiten Durchführungsbestimmung vom 27. Februar 1975 zum Gesetz zur Verhütung und Bekämpfung übertragbarer Krankheiten beim Menschen — Schutzimpfungen und andere Schutzanwendungen — (GBl. I Nr. 21 S. 353)[1]) ist jeder atypische Impfverlauf nach BCG-Schutzimpfung[2]) von der Kreis-Hygieneinspektion formlos mit Angabe von Name, Adresse, Art des Schaden und Anschrift des behandelnden Arztes an das Forschungsinstitut für Lungenkrankheiten und Tuberkulose (FLT), 1115 Berlin-Buch, Karower Str. 11, zu melden.

[1]) Inzwischen ersetzt durch Neufassung des Gesetzes zur Verhütung und Bekämpfung übertragbarer Krankheiten beim Menschen vom 3. 12. 1982 (GBl. I Nr. 40 S. 631); Abdruck vorgesehen in der 12. Lieferung unter B 06 31ff.

[2]) Ergänzt wird diese Weisung durch folgende Mitteilung:

Mitteilung über die Beteiligung an einer internationalen Studie zur Bedeutung atypischer Verläufe der BCG-Schutzimpfung

vom 22. August 1978
(VuM MfGe Nr. 7 S. 66)

Im Rahmen unserer Beteiligung an einer internationalen Studie über Häufigkeit und Bedeutung von Komplikationen bei der Tuberkulose-Schutzimpfung ist eine möglichst vollständige Erfassung aller vorkommenden atypischen Impfverläufe sowohl in Form von Lokal- als auch von Allgemeinreaktionen und Komplikationen notwendig.
In Schweden und Finnland durchgeführte Studien beschreiben eine seltene Komplikation in Form einer durch den Impfstamm (BCG) hervorgerufenen Osteomyelitis mit einem Manifestationszeitpunkt von bis zu 12 Monaten und mehr nach der Impfung.
Diese Art der Komplikation ist bisher in der DDR kaum beschrieben worden, wie überhaupt die BCG-Impfung nach unseren Erfahrungen eine der verträglichsten Impfungen darstellt.
Die internationalen Erfahrungen sollten aber Anlaß sein, bei Osteomyelitiden im Kleinkindalter eine solche Pathogenese in die differentialdiagnostischen Überlegungen einzubeziehen und entsprechendes Untersuchungsmaterial auch auf das Vorkommen dieses Keimes (BCG) untersuchen zu lassen.

Richtlinie für die medizinische und psychologische Untersuchung und Beurteilung von Kraftfahrzeugführern

vom 5. Mai 1982
(VuM MfGe Nr. 5 S. 57)
— Auszug —

Auf Grund der 2. Durchführungsbestimmung zur Straßenverkehrs-Zulassungs-Ordnung — StVZO — vom 29. 3. 1982 (GBl. I Nr. 17 S. 358) — Tauglichkeitsvorschrift zum Führen von Kraftfahrzeugen (TauVoK) — wird für die medizinische und psychologische Untersuchung und Beurteilung von Kraftfahrzeugführern folgende Richtlinie erlassen:

Teil A

Allgemeines

...

(5) Die Entscheidung über die Kraftfahrtauglichkeit darf nicht schematisch vorgenommen werden. Es ist die Gesamtpersönlichkeit, die Möglichkeit der Kompensation gewisser Leistungsmängel, auch durch Hilfsmittel, zu berücksichtigen.
Chronische Erkrankungen können in unterschiedlichem Maße die Kraftfahrtauglichkeit beeinträchtigen. Unter den Voraussetzungen der Kooperationsbereitschaft des Kraftfahrers, regelmäßiger Behandlung und Nachuntersuchungen wird das Führen eines Kraftfahrzeuges in der Regel befürwortet werden können. Dabei ist die therapeutische Beeinflußbarkeit der Krankheit mit Beseitigung oder Verminderung für die Fahrzeugführung bedeutsamer Beschwerden in die Beurteilung der Kraftfahrtauglichkeit ebenso wie die Nebenwirkungen der Therapie einzubeziehen. Es ist zu prüfen, ob bei der verbliebenen Leistungsfähigkeit die Bewältigung der Anforderungen und Belastungen sowie die Wahrnehmung der Verantwortung für die jeweilige Fahrzeugklasse und Fahrertätigkeit noch möglich ist.
Der Kraftfahrzeugführer ist über die Art der Leistungsminderung und die daraus entstehenden möglichen Gefahren im Straßenverkehr, Behandlungsdisziplin und Eigenverantwortlichkeit differenziert zu belehren.
Bei Jugendlichen muß der derzeitige Körperzustand eine normale Entwicklung erwarten lassen.

...

Teil B

Besonderer Teil

I.

Fachgebiet Augenheilkunde

...

(12) Das Glaukom (grüner Star) als chronische Krankheit bedingt stets neben der Feststellung des Sehvermögens eine Beurteilung des Verlaufs. Schwankende Sehschärfenwerte durch medikamentös bedingte Myopisierung, Verringerung der Lichtsinnleistungen und Einengung des Gesichtsfeldes sind besonders zu beachten.

...

(15) Kontaktlinsen bedürfen bei ihrer Verwendung wegen unterschiedlicher Komplikationsmöglichkeiten sowie oft reduzierter Lichtsinnleistungen besonderer Kontrolle durch den Augenarzt.

...

II.

Fachgebiet Hals-Nasen-Ohrenheilkunde

...

III.

Fachgebiet Innere Medizin

...

(3) Kardio-pulmonale Erkrankungen

...

Folgende Herzrhythmusstörungen, soweit sie therapeutisch nicht beherrschbar sind, bedingen

Untauglichkeit für alle Fahrzeugklassen:

...

— Herzschrittmacherträger mit zusätzlichen Rhythmusstörungen und Herzinsuffizienzzeichen.

...

Nach Herzschrittmacherimplantation besteht in der Regel für einen Zeitraum von 6 Wochen zeitliche Untauglichkeit für alle Fahrzeugklassen.

...

(5) Harnorgane

...

Während des Dialysebeginns besteht in der Regel für einen Zeitraum von etwa 1 Monat zeitliche Kraftfahruntauglichkeit.

Bei Komplikationen wie Dysäquilibrium bzw. Stoffwechsellabilität oder Anpassungsschwierigkeiten ist die zeitliche Kraftfahruntauglichkeit individuell festzulegen.

...

(6) Stoffwechselerkrankungen und innersekretorische Störungen

1. Beim insulinpflichtigen Diabetes mellitus besteht

   Untauglichkeit für die Fahrzeugklassen C, D und für folgende Fahrertätigkeiten:
   — Transport gefährlicher Güter,
   — Kraftfahrzeuge mit Sondersignalen,
   — Taxifahrer.

   Die Tauglichkeit für die übrigen Berufskraftfahrer einschließlich Fahrlehrer kann bei Fehlen fortgeschrittener diabetischer und anderer Gefäßkomplikationen und bei nachgewiesener Stoffwechselstabilität befürwortet werden. Jährliche Nachuntersuchungen sind erforderlich. Zum privaten Führen von Kraftfahrzeugen besteht die Tauglichkeit unter der Bedingung regelmäßiger Kontrolluntersuchungen.
   Nach der Erstinsulineinstellung besteht für 8 bis 12 Wochen

   Untauglichkeit für alle Fahrzeugklassen.

   Bei schwer einstellbarem stoffwechsellabilem Diabetes mellitus und bei ausgeprägten Folgeerkrankungen, besonders bei fortgeschrittenen Retinopathien, besteht, unabhängig von der Behandlungsart,

   Untauglichkeit für alle Fahrzeugklassen.

   Beim Diabetes mellitus mit erheblichen Leistungsbeeinträchtigungen oder mit Bewußtseinseinschränkungen einhergehende hypo- oder hyperglykämische Stoffwechseldekompensation besteht, unabhängig von der Behandlungsart, bis zur Stabilisierung der Stoffwechsellage mit Rückbildung der Leistungsbeeinträchtigung

   Untauglichkeit für alle Fahrzeugklassen.

2. Unter der Behandlung des Diabetes mellitus mit Diät oder Einstellung auf orale Antidiabetika kann die Tauglichkeit für alle Fahrzeugklassen und Fahrertätigkeiten befürwortet werden, wenn eine kompensierte Stoffwechsellage besteht und keine Komplikationen seitens des Herzkreislaufsystems vorliegen.
   Nach der Ersteinstellung oder Umstellung auf orale Antidiabetika besteht für einen Zeitraum von etwa 8 Wochen

   Untauglichkeit für alle Fahrzeugklassen.

3. Bei Berufskraftfahrern ist der Nachweis eines guten Stoffwechseldauerkompensationsgrades mit Durchführung wiederholter Tagesglykämie- und -glykosuriekontrollen erforderlich.

4. Entscheidend für die Beurteilung der Kraftfahrtauglichkeit ist die Kooperationsbereitschaft und Zuverlässigkeit des Patienten. Jedem diabetischen Kraftfahrer ist

das „Merkblatt für den motorisierten Diabetiker", herausgegeben vom MDV und der Zentralstelle für Diabetes und Stoffwechselkrankheiten, Berlin, oder die „Leitsätze für motorisierte Diabetiker", herausgegeben vom Zentralinstitut für Diabetes „Gerhard Katsch", Karlsburg, auszuhändigen.

...

(7) Erkrankungen des Blutes

...

3. Behandlung mit Antikoagulantien stellt keine generelle Beschränkung der Kraftfahrtauglichkeit dar, sofern sie nicht durch die Grunderkrankung aufgehoben oder eingeschränkt ist.
   Überwachung durch den behandelnden Arzt muß gewährleistet sein.
   Mitführen des Antikoagulantienausweises ist erforderlich.

(8) Transfusionen

1. Nach der Blutspende besteht für den Zeitraum einer Arbeitsschichtlänge

   Untauglichkeit für alle Berufskraftfahrer einschließlich Fahrlehrer.

   Die Tauglichkeit für Personen, die privat ein Kraftfahrzeug führen, muß von den Ärzten für die Blutspendeuntersuchungen in den Einrichtungen des Transfusionsdienstes beurteilt werden.

2. Regelmäßige Blutübertragung und Übertragung von Blutbestandteilen bedingen unabhängig von der Grunderkrankung

   Untauglichkeit für alle Berufskraftfahrer einschließlich Fahrlehrer.

   Für Personen, die privat ein Kraftfahrzeug führen, ist die Tauglichkeit in Abhängigkeit von der Grunderkrankung individuell festzulegen. Es besteht aber nach der Übertragung zeitliche Kraftfahruntauglichkeit für einen Zeitraum von mindestens 24 Stunden.

IV.

Fachgebiet Orthopädie

...

V.

Fachgebiet Neurologie und Psychiatrie

...

(3) Paroxysmale Schmerzzustände (z. B. Migräne, Trigeminus- u. a. Neuralgieattacken, Kausalgien u. a.)
Für die Dauer der schmerzbedingten Befindungsstörungen ist die Kraftfahrtauglichkeit eingeschränkt oder aufgehoben. Der Kraftfahrer ist differenziert zu belehren (medikamentöse Nebenwirkungen u. a.).

...

(4) Anfallserkrankungen mit Bewußtseinsstörungen

...

Bei wiederholtem Auftreten epileptischer Anfälle ohne erkennbare auslösende Ursachen ist das anfallsfreie Sicherheitsintervall von 2 Jahren Grundlage der Entscheidung. Voraussetzungen für eine Befürwortung der Tauglichkeit als Privatkraftfahrer sind:

— Nachweis regelmäßiger Kontrollen durch einen ständig behandelnden Nervenarzt,
— Nachweis von Behandlungs- und präventiver Disziplin,
— Fehlen anderer kraftfahrtauglichkeitseinschränkender Faktoren (medikamentöse Nebenwirkungen, Psychosyndrom u. a.).

...

Beim Nachweis fotoepileptischer Anfälle oder Anfallsfragmente besteht grundsätzlich

Untauglichkeit für alle Fahrzeugklassen.

Im Einzelfall kann unter Medikation (z. B. VALPROIN-SÄURE) und Lichtschutzbrille (Rotfilter) bei nachgewiesener Therapietreue und Besserungsnachweis durch 3 EEG-Kontrollen in monatlichen Abständen wieder Tauglichkeit zum privaten Führen eines Kraftfahrzeuges befürwortet werden, wenn engmaschige Facharztkontrollen erfolgen und ein anfallsfreies Sicherheitsintervall von 3 Monaten nachweisbar ist. Kommt es trotz Medikation zu fotoepileptischen Anfällen oder Anfallsfragmenten, besteht

ständige Untauglichkeit für alle Fahrzeugklassen.

...

8. EEG-Kontrollen sollen bei Privatkraftfahrern über einen Zeitraum von 5 Jahren, bei allen Berufskraftfahrern über einen Zeitraum von 10 Jahren nach Befürwortung der Tauglichkeit durchgeführt werden. Eine Beendigung der Kontrollen setzt Medikationsfreiheit voraus.
Jede entscheidende Veränderung einer laufenden Medikation bedingt vorübergehende Kraftfahruntauglichkeit, bis nach Neueinstellung 3 Monate weitere Anfallsfreiheit nachgewiesen werden kann. Bei fachärztlich geleiteter Reduzierung der Medikation (klinische Anfallsfreiheit) ist unter engmaschigen EEG-Kontrollen individuell zu entscheiden.
Unsicherheiten in der Behandlungs- und präventiven Disziplin und Diskrepanzen zu fremdanamnestischen Erhebungen können die Verlängerung von Sicherheitsintervallen rechtfertigen.
Bei Verdacht auf Wesensveränderungen oder medikamentöse Beeinträchtigung des Leistungsvermögens ist eine verkehrspsychologische Untersuchung zweckmäßig.

...

10. Bei Narkolepsie und Hypersomnie kann bei klinisch und im EEG nachweisbarer Vigilanzstabilisierung bedingte Tauglichkeit als Privatkraftfahrer der Fahrzeugklassen A, B und M (mit territorialer Begrenzung) befürwortet werden, wenn Behandlungsdisziplin gewährleistet ist und keine medikamentösen Nebenwirkungen vorliegen.

(5) Alkohol- und Arzneimittelabhängigkeiten

1. Bei süchtiger Abhängigkeit (s. Abschnitt Arzneimitteltherapie) besteht grundsätzlich
 Untauglichkeit für alle Fahrzeugklassen.

 Davon abweichende individuelle Entscheidungen zum privaten Führen von Kraftfahrzeugen sind nur unter folgenden Voraussetzungen möglich:

 — wenn bei Diagnosestellung süchtiger Abhängigkeit unmittelbare Behandlungswilligkeit vorliegt und die in der Regel stationäre Behandlung nahtlos durchgeführt werden kann,
 — wenn diese Behandlung erfolgreich verlaufen ist und
 — wenn die nachfolgende Fachdispensaire-Betreuung durch konsequente Disziplin des Betreffenden gesichert ist.

2. Bei anhaltenden oder rezidivierenden Formen ebenso wie bei unbeeinflußbaren Suchtkranken besteht bei primären oder sekundären Persönlichkeitsveränderungen
 ständige Untauglichkeit für alle Fahrzeugklassen.

3. Nach Abschluß einer erfolgreichen Behandlung bei süchtiger Abhängigkeit kann unter der Bedingung konsequenter Abstinenz und unter Berücksichtigung aller Lebensumstände die Tauglichkeit für alle Fahrzeugklassen wieder befürwortet werden. Wegen der Rückfallhäufigkeiten ist ein Abstinenznachweis zu erbringen, der für Privatkraftfahrer und für die Klasse T grundsätzlich 1 Jahr und für Berufskraftfahrer aller anderen Fahrzeugklassen grundsätzlich 2 Jahre betragen soll.
 Jede Befürwortung der Kraftfahrtauglichkeit bei diesem Personenkreis ist nur auf der Grundlage einer kontinuierlichen Fachdispensaire-Betreuung möglich.

4. Liegen bei Gewöhnung, Mißbrauch bzw. Sucht oder trotz Abstinenznachweis nach erfolgreich behandelter süchtiger Abhängigkeit verkehrsrelevante Persönlichkeits- und Leistungsstörungen vor, besteht grundsätzlich
 Untauglichkeit für Berufskraftfahrer.

 Die Tauglichkeit für Privatkraftfahrer und für die Fahrzeugklasse T ist individuell zu beurteilen.

...

VI.

Fachgebiet Gynäkologie und Geburtshilfe

(1) Bei Schwangerschaft besteht
Untauglichkeit für alle Berufskraftfahrerinnen.

Untauglichkeit zum privaten Führen von Kraftfahrzeugen besteht dann, wenn Störungen im Schwangerschaftsverlauf das sichere Führen eines Kraftfahrzeuges nicht mehr gewährleisten.

(2) Nach ambulant durchgeführten Narkosen besteht für 24 Stunden

Untauglichkeit für alle Fahrzeugklassen.

...

VII.

Fachgebiet Haut- und Geschlechtskrankheiten

...

VIII.

Fachgebiet Chirurgie

(1) Ambulante operative Eingriffe

1. Nach ambulant durchgeführten Narkosen und Blockaden am Zentralnervensystem besteht für 24 Stunden

   Untauglichkeit für alle Fahrzeugklassen.

2. Nach Leitungsanästhesien besonders im Hals-Kopf-Bereich ist die Tauglichkeit für alle Fahrzeugklassen vom behandelnden Arzt individuell nach Schwere des Falles zu beurteilen.

(2) Bei Krankheiten, die einer operativen Behandlung bedürfen, ist die Kraftfahrtauglichkeit in Abhängigkeit vom Beschwerdekomplex und von der Gefahr akuter Leistungsbeeinträchtigungen individuell für alle Fahrzeugklassen zu beurteilen.

(3) Die Kraftfahrtauglichkeit kann bei postoperativen und posttraumatischen Zuständen während der erforderlichen Nachbehandlung in Folge von Beschwerden und noch bestehenden Funktionsminderungen evtl. mitbedingt durch Schienen- oder Gipsverbände beeinträchtigt sein. Bei bleibenden Funktionseinschränkungen oder Beschwerden ist nach Abschluß der Behandlung eine Stellungnahme zur Kraftfahrtauglichkeit entsprechend § 9 der TauVoK erforderlich.

...

IX.

Fachgebiet Pharmakologie und Toxikologie

(1) Bei der Beurteilung der Kraftfahrtauglichkeit unter Arzneimitteltherapie stehen folgende verkehrsmedizinisch relevanten Leistungsstörungen, die als Arzneimittelhaupt- und/oder -nebenwirkungen auftreten können, im Vordergrund:

— Wahrnehmungsleistungen (Seh- und Hörvermögen),
— vegetative Funktionen (Bewußtseinsstörungen),
— psychomotorische Leistungen (Koordinationsfähigkeit),
— Reaktionsleistungen,
— kognitive Leistungen (Aufmerksamkeit, Konzentrationsfähigkeit),
— Änderung der Persönlichkeitsstruktur (Antriebssteuerung, Kritikfähigkeit, Labilität/Stabilität, Introversion/Extraversion).

Probleme bei der Beurteilung des Grades der Beeinträchtigung der Kraftfahrtauglichkeit durch Arzneimittel eines Patienten ergeben sich aus den großen individuellen Schwankungen der pharmakokinetischen Parameter der Wirkstoffe (resultierend aus der genetisch determinierten Variabilität, den Ernährungsgewohnheiten, der Altersabhängigkeit, der Gravidität sowie den zirkadianen Rhythmen, Erkrankungen und pathologischen Organveränderungen, der Bioverfügbarkeit infolge galenischer Besonderheiten, Arzneimittelkombinationen und möglichen Interferenzen) und der stark wechselnden inter- und intraindividuellen Ansprechbarkeit auf einzelne Wirkstoffe.
(2) Da schematische Zuordnungen und pauschale Richtlinien über die Beeinträchtigung der Kraftfahrtauglichkeit unter Arzneimitteltherapie noch nicht möglich sind, werden nur Arzneimittelgruppen sowie allgemeine Hinweise zur Beurteilung der möglichen Beeinträchtigung der Kraftfahrtauglichkeit angegeben.
Ausschließlich unter stationären Bedingungen angewendete Arzneimittel wurden dabei nicht berücksichtigt.

1. Bei Verordnungen, Applikation und Abgabe

   — von Stoffen und Zubereitungen, welche der 2. Durchführungsbestimmung vom 28. 1. 74 zum Suchtmittelgesetz (GBl. I Nr. 16 S. 157) — Verschreibungs- und Abgabeordnung — unterliegen, besteht für die Dauer der Therapie
   Untauglichkeit für alle Fahrzeugklassen,

   — von Arzneimitteln, die spezifisch in die Reizübertragung des zentralen und vegetativen Nervensystems eingreifen, z. B. Ganglienblocker, Muskelrelaxantien, besteht
   Untauglichkeit für alle Fahrzeugklassen,

   — von Parasympathikolytika als Mydriatika besteht in Abhängigkeit vom Wirkungszeitraum des verwendeten Präparates
   Untauglichkeit für alle Fahrzeugklassen,

   — nach ambulant durchgeführten Narkosen besteht mindestens 24 Stunden
   Untauglichkeit für alle Fahrzeugklassen.

   Arzneimittel der genannten Gruppen sind mit dem Vermerk „Achtung! Fahruntauglichkeit!" gekennzeichnet.[1])
   Der behandelnde Arzt hat den Patienten hierüber nachweisbar zu unterrichten.

2. Läßt sich eine Arzneimittelabhängigkeit (Sucht) nachweisen, die einen Zustand psychischer und/oder physischer Abhängigkeit von einem Wirkstoff darstellt und durch die fortgesetzte Einnahme eines Arzneimittels gekennzeichnet ist, besteht
   Untauglichkeit für alle Fahrzeugklassen.

Es werden folgende Typen der Arzneimittelabhängigkeit unterschieden:

— Morphintyp und seine halbsynthetischen und synthetischen Wirkungsverwandten
(z. B.

Morphin	= Morphium hydrochloricum
Kodein	= Codeinum phosphoricum
Pethidin	= Dolcontral
Methadon	= Depridol)

— Schlafmittel- und Alkoholtyp
Barbitursäuretyp
(Barbiturate
z. B.

Krotylbarbital	= Kalypnon
Phenobarbital	= Lepinal

barbiturathaltige Kombinationspräparate

z. B.	Coffetylin „K“
	Copyrkal
	Dormalon
	Oramon)

Nichtbarbitursäuretyp

(z. B. Didropyridin	= Benedorm
Glutethimid	= Elrodorm
Methaqualon	= Dormutil)

— Tranquilizertyp
(z. B.

Diazepam	= Faustan
Chlordiazepoxid	= Radepur
Meprobamat	= Meprobamat
Medazepam	= Rudotel)

— Analgetikatyp
(Phenacetinhaltige Analgetika, z. B. Spalttabletten)

— Amphetamintyp

(z. B. Methamphetamin	= Pervitin
Amphetaminil	= Aponeuron
Phendimetrazin	= Sedafamem)

— Neuroleptikatyp

(z. B. Chlorpromazin = Propaphenin
Promethazin = Prothazin
Promazin = Sinophenin)

— Halluzinogentyp

(z. B. LSD, Mecalin)

Die klinische Beurteilung ist entsprechend den Festlegungen im Abschnitt Neurologie und Psychiatrie durchzuführen.

(3) Bei ständiger oder gelegentlicher Einnahme eines (Toxikomanie) oder mehrerer (Polytoxikomanie) Arzneimittel ohne medizinische Indikation oder in übermäßiger Dosierung (Abusus/Mißbrauch) ist die Kraftfahrtauglichkeit in Abhängigkeit vom Ausprägungsgrad mit der Bedingung regelmäßiger psychiatrischer Nachuntersuchungen individuell zu beurteilen.

(4) Bei Verordnung, Applikation und Abgabe von

— Hypnotika, Sedativa
— Antihypertensiva, bestimmte Kardiaka
— Psychopharmaka (Neuroleptika, Tranquilizer, Antidepressiva, Lithium)
— Antihistaminika, Antemetika
— Psychotonika, Psychoenergetika, Appetitszügler
— Antiparkinsonmitteln
— Antikonvulsiva
— Mitteln, welche die Funktion der Sinnesorgane beeinträchtigen können
— Arzneimittelkombinationen, die Pharmaka vorgenannter Gruppen als Bestandteil enthalten

kann eine Beeinträchtigung der Kraftfahrtauglichkeit in Abhängigkeit von den verkehrsmedizinisch relevanten Wirkungen und/oder Nebenwirkungen des jeweiligen Arzneimittels, der Höhe seiner Dosierung, der Art und Dauer der Anwendung sowie der Therapiephase bestehen.

Diese Arzneimittel sind mit dem Vermerk „Beeinträchtigt Fahrtauglichkeit" gekennzeichnet.

Der behandelnde Arzt hat den Patienten über die mögliche Beeinträchtigung der Kraftfahrtauglichkeit differenziert zu belehren (Therapiephase, Einnahmeintervall).

(5) Der Arzt hat den Patienten auch dann auf seine beeinträchtigte Kraftfahrtauglichkeit oder zeitliche Kraftfahruntauglichkeit hinzuweisen, wenn die Therapie mit Arzneimitteln durchgeführt wird, die unter Abs. 1 und Abs. 4. nicht genannt sind, z. B.

— wenn nur eine der möglichen Indikationen des Arzneimittels zu einer Beeinträchtigung der Kraftfahrtauglichkeit führen kann, z. B. Lokalanaesthetika nach Injektion zur Infiltrations- und/oder Leitungsanaesthesie im Kopf-Hals-Bereich,

— wenn nur die Applikationsform eine zeitliche Kraftfahruntauglichkeit bedingt, z. B. entspricht die indikationsgerechte Anwendung von Augensalbe einer funktionellen Einäugigkeit (s. Fachgebiet Augenheilkunde).

X.

Fachgebiet Verkehrspsychologie

Teil C

Schlußbestimmung

...

Diese Richtlinie tritt am 1. Juni 1982 in Kraft. Zum gleichen Zeitpunkt treten die Richtlinien vom 10. August 1973 für die ärztliche und psychologische Untersuchung und Beurteilung von Kraftfahrzeugführern (Verf. u. Mitt. MfGe Nr. 18 S. 161) außer Kraft.

[1]) Arzneimittelverzeichnis der DDR, herausgeg. vom Institut für Arzneimittelwesen der DDR, VEB Verlag Volk und Gesundheit, Berlin

Bekanntmachung der Prinzipien zur Erhöhung der Sicherheit älterer Menschen im Straßenverkehr

vom 20. Dezember 1971
(VuM MfGe 1972 Nr. 1 S. 10)
— Auszug —

Nach Zustimmung der zentralen staatlichen Organe und gesellschaftlichen Organisationen werden von der zentralen Arbeitsgruppe „Sicherheit im Straßenverkehr" nachfolgende Prinzipien für die Erhöhung der Sicherheit älterer Menschen im Straßenverkehr empfohlen:

1. Das Ministerium für Gesundheitswesen hat sich bereit erklärt,

   a) die örtlichen Räte, Abt. Gesundheits- und Sozialwesen, darauf zu orientieren, daß sie bei der Durchsetzung der Prinzipien zur Erhöhung der Sicherheit älterer Menschen im Straßenverkehr aktiv mitwirken;

   b) die örtlichen Räte, Abt. Gesundheits- und Sozialwesen, darauf zu orientieren, daß bei der medizinischen Betreuung älterer Bürger auf die spezifischen Erfordernisse ihres Verhaltens, die sich aus altersbedingten Veränderungen der Leistungsfähigkeit ergeben, hingewiesen wird.
   Wird vom untersuchenden Arzt ein Grad der Gesundheitsschädigung festgestellt, der unvereinbar mit dem Besitz der Fahrerlaubnis ist (bzw. Einschränkungen erfordert), ist es notwendig, die Deutsche Volkspolizei zu verständigen;

   c) die örtlichen Räte, Abt. Gesundheits- und Sozialwesen, darauf zu orientieren, daß die im Arzneimittelverzeichnis Nr. 8 veröffentlichte Zusammenstellung von Arzneimitteln, die die Verkehrstüchtigkeit beeinträchtigen können, von den Ärzten bei der Patientenbetreuung beachtet wird. Die Ärzte und das Personal von Apotheken sollten verpflichtet werden, ältere Bürger bei der Verordnung und Verabreichung derartiger Medikamente eindringlich zu belehren und zu beraten;

Richtlinie Nr. 1 zur Anwendung des Arzneimittelgesetzes

vom 1. Juni 1965
(VuM MfGe Nr. 14 S. 119)

i. d. F. der Mitteilung zur Richtlinie für die Prüfung von Arzneimitteln zur Anwendung in der Humanmedizin vom 21. Mai 1976
(VuM MfGe Nr. 7 S. 33)[1])

1. Zu § 7 Abs. 2 des AMG (Arzneimittelbetriebe)

1.1. Betriebe sind nur insoweit als Arzneimittelbetriebe im Sinne des AMG zu betrachten, als sie Stoffe und Zubereitungen (Erzeugnisse) herstellen, zubereiten, be- oder verarbeiten, die Arzneimittel im Sinne des AMG sind.

1.2. Neben den ins Arzneimittelregister einzutragenden Arzneimitteln (§ 2 Abs. 1 des AMG) können in bestimmten Fällen auch andere Erzeugnisse die Voraussetzungen des § 2 des AMG erfüllen und damit unter den Begriff des Arzneimittels fallen. Dabei sind folgende Fälle zu unterscheiden:

1.2.1. Das unter § 2 des AMG fallende Erzeugnis oder eine bestimmte Qualität (z. B. *DAB-Qualität*)[2]) oder Abpackung dieses Erzeugnisses wird in dem Betrieb ausschließlich oder überwiegend zur Weiterverarbeitung als Arzneimittel hergestellt, zubereitet, be- oder verarbeitet oder abgegeben (z. B. Halothan, Chloräthyl):

Das Erzeugnis, die bestimmte Qualität oder die bestimmte Abpackung des Erzeugnisses ist Arzneimittel und der herstellende Betrieb insoweit Arzneimittelbetrieb. Hinsichtlich der personellen und sachlichen Voraussetzungen werden gegebenenfalls Ausnahmeregelungen gemäß § 3 Abs. 6 der 1. DB festgelegt.

1.2.2. Das unter § 2 des AMG fallende Erzeugnis oder eine bestimmte Qualität oder Abpackung dieses Erzeugnisses wird in dem Betrieb überwiegend für andere Zwecke und nur zu einem geringen Teil zur Weiterverarbeitung als Arzneimittel hergestellt (z. B. Saccharose, Kalziumkarbonat, Metalldrähte):

Das Erzeugnis, die bestimmte Qualität oder die bestimmte Abpackung des Erzeugnisses gilt in dem herstellenden Betrieb nicht als Arzneimittel und der herstellende Betrieb nicht als Arzneimittelbetrieb.

In diesem Falle ist jedoch das Erzeugnis, die bestimmte Qualität oder die bestimmte Abpackung des Erzeugnisses vom Eingang im weiterverarbeitenden Arzneimittelbetrieb oder im Versorgungsdepot für Pharmazie und Medizintechnik an als Arzneimittel zu behandeln. Sie unterliegen demnach von dort an der Eingangskontrolle, den Lagerungs- oder sonstigen Behandlungsvorschriften, die für Arzneimittel gelten. Sind besondere Behandlungsvorschriften bereits im herstellenden Betrieb oder auf dem Transport zum weiterverarbeitenden Arzneimittelbetrieb oder zum

Versorgungsdepot für Pharmazie und Medizintechnik zu beachten, muß das gegebenenfalls zwischen dem weiterverarbeitenden Betrieb oder dem Versorgungsdepot mit dem herstellenden Betrieb im Liefervertrag vereinbart werden.

1.3. In den unter der Ziff. 1.2. aufgeführten Fällen entscheidet nach Anhören der *VVB Pharmazeutische Industrie*[4]) das Ministerium für Gesundheitswesen, bei Arzneimitteln zur Anwendung in der Veterinärmedizin gemeinsam mit dem *Landwirtschaftsrat beim Ministerrat*[3]), unter Zugrundelegung der Bestimmungen des § 9 des AMG.

2. Zu § 3 der 1. DB (Personelle Voraussetzungen und TKO)

2.1. Grundsätzlich ist für Tätigkeiten im Sinne des § 3 Absätze 2 bis 4 der 1. DB ein hauptberufliches Arbeitsverhältnis erforderlich. In begründeten Ausnahmefällen, wenn Art und Umfang der Arzneimittelherstellung dies rechtfertigen, kann jedoch auch eine nebenberufliche Tätigkeit anerkannt werden.

2.2. Als für die Herstellung von Arzneimitteln zuständige Technische Kontrollorganisation (§ 3 Abs. 3 der 1. DB) wird angesehen:

2.2.1. Bei einem Betrieb, der ausschließlich Arzneimittel herstellt, zubereitet, be- oder verarbeitet, die Technische Kontrollorganisation (TKO) des Betriebes.

2.2.2. Bei einem Betrieb, der neben Arzneimitteln noch andere Stoffe, Zubereitungen oder Gegenstände herstellt, zubereitet, be- oder verarbeitet, die für den Bereich der Arzneimittelherstellung zuständige Abteilung der Technischen Kontrollorganisation des Betriebes[5]).

3. (aufgehoben)[1])

4. Zu § 11 der 1. DB (Kennzeichnung auf der inneren und der äußeren Umhüllung)

4.1. Als innere Umhüllung werden Behältnisse angesehen, die der unmittelbaren Aufnahme von Arzneimitteln dienen, insbesondere Flaschen, Dosen, Ampullen, Glasröhrchen oder Tuben.
Zur äußeren Umhüllung zählen solche Behältnisse, die die innere Umhüllung umschließen.
Wird ein Arzneimittel nur mit einer Umhüllung in den Verkehr gebracht, sind auf dieser sowohl die für die innere wie auch für die äußere Umhüllung vorgeschriebenen Angaben anzubringen.

4.2. Nicht als Umhüllung gelten nachstehend genannte Verpackungsmaterialien, sofern sie sich innerhalb einer anderen Umhüllung (z. B. Pappschachtel) befinden.

4.2.1. Falzkapseln oder Beutel für die Aufbewahrung von ab- oder ungeteilten Pulvern, Drogenmischungen usw.,

4.2.2. Papiere, Folien (z. B. Aluminiumfolien) usw. sowie Behältnisse aus Glas, Kunststoff oder anderem Material, in die Zäpfchen o. ä. einzeln verpackt werden,

4.2.3. Behältnisse aus Kunststoff oder anderem Material, die außer zur Aufbewahrung auch der Applikation von Arzneimitteln zu dienen bestimmt sind (z. B. spritzfertige Ampullen, Mikroklistiere),

4.2.4. Folien aus Kunststoff, Aluminium oder anderem Material zum Einsiegeln von Dragees, Tabletten oder Zäpfchen.

Werden nach Ziffern 4.2.1. bis 4.2.4. verpackte Arzneimittel als sogenannte Sammel- oder Klinikpackung in den Verkehr gebracht, so daß die Möglichkeit der Abgabe einer einzelnen Abpackungseinheit an einen Verbraucher nicht ausgeschlossen ist, unterliegt jede einzelne Abpackungseinheit den Bestimmungen des § 11 der 1. DB in vollem Umfang.

Für die in den Ziffern 4.2.3. und 4.2.4. angegebenen Verpackungsmaterialien ist zur Sicherung der Kontrolle im Arzneimittelverkehr erforderlich, daß der Name des Arzneimittels (§ 11 Abs. 1 Buchst. a der 1. DB) und die Chargennummer (§ 11 Abs. 1 Buchst. h der 1. DB) auf den Verpackungsmaterialien angegeben wird.

4.3. Die Arzneimittelbetriebe kommen der Forderung des § 11 Abs. 1 Buchst. e der der 1. DB auch dann nach, wenn auf der inneren und äußeren Umhüllung die international nicht schutzfähige Bezeichnung (§ 11 Abs. 2 der 1. DB) mit den geforderten quantitativen Angaben vorhanden ist.

4.4. Als nicht beschränkt haltbar oder wirksam gelten nur Arzneimittel, bei denen nach Ablauf von mehr als drei Jahren[6]) seit Herstellungsdatum die in der jeweiligen Gütevorschrift festgelegten Prüfungen Ergebnisse liefern, die innerhalb der dort zugelassenen Toleranzen liegen. Bei allen übrigen Arzneimitteln ist eine Kennzeichnung nach den Bestimmungen des § 11 Abs. 1 Buchst. g und Abs. 3 Buchst. c der 1. DB anzubringen.

4.5. Als Ampullen im Sinne des § 11 Abs. 6 der 1. DB gelten auch:

4.5.1. Flaschen mit einem Fassungsvermögen unter 10 ml,

4.5.2. Behältnisse aus Glas oder Kunststoff zur Aufnahme von Injektions- oder Infusionsflüssigkeiten (z. B. Rollrandflaschen) mit einem Fassungsvermögen unter 100 ml,

4.5.3. Zylinderampullen.

4.6. Der Aufdruck „Nicht zum Einnehmen“ (§ 11 Abs. 3 Buchst. d der 1. DB) ist auf solchen Arzneimitteln anzubringen, die auf Grund ihrer Arzneiform eine orale Anwendung nicht ausschließen. Dies trifft z. B. zu für Desinfektionsmittel, flüssige Einreibungen, Spülungen für Augen, Nase, Mund usw.

Bei Arzneimitteln, die durch ihre Arzneiform und Verpackung von vornherein als „Nicht zum Einnehmen“ bestimmte Arzneimittel erkennbar sind, kann der Aufdruck „Nicht zum Einnehmen“ entfallen (z. B. Augentropfen in Pipettenflaschen, Verbandmittel, chirurgisches Nahtmaterial).

5. Zu § 20 der 1. DB
(Abgabe von Arzneimitteln an Arzneimittelbetriebe)

Die Abgabe von Arzneimitteln regelt sich ausschließlich nach den Bestimmungen des § 20 der 1. DB. Jede andere Abgabe von Arzneimitteln ist unzulässig. Nicht zulässig ist deshalb auch die Versorgung von Betriebsangehörigen mit Arzneimitteln aus betrieblicher Produktion. Nicht davon berührt werden Maßnahmen zur Soforthilfe bei Auftreten von Verletzungen, Katastrophen o. ä.

6. Zu § 20 Abs. 4 der 1. DB
(Spezialgeschäfte und andere Verkaufsstellen)

6.1. Als Spezialgeschäfte oder andere Verkaufsstellen, die die Voraussetzungen zum Vorrätighalten und zur Abgabe der in § 20 Abs. 4 der 1. DB genannten Stoffe, Zubereitungen oder Gegenstände besitzen, sind in der Regel anzusehen:

6.1.1. Für Verbandmittel:

Drogerien, Dentaldepots, Geschäfte, die medizintechnische oder sanitärhygienische Erzeugnisse bzw. Erzeugnisse des Krankenhausbedarfs führen, sowie entsprechende Verkaufsstände in Warenhäusern;

6.1.2. für chirurgisches Nahtmaterial:

Dentaldepots und Geschäfte, die medizintechnische oder sanitärhygienische Erzeugnisse bzw. Erzeugnisse des Krankenhausbedarfs führen;

6.1.3. für Erzeugnisse für zahnmedizinische oder zahntechnische Zwecke:

Dentaldepots;

6.1.4. für Grob- und Feindesinfektionsmittel:

Dentaldepots, Drogerien sowie entsprechende Verkaufsstände in Warenhäusern;

6.1.5. für Stoffe oder Zubereitungen gemäß Anlage 3 zu § 20 Abs. 4 der 1. DB: Drogerien, die überwiegend Gesundheitspflegemittel (§ 1 der 2. DB) und Erzeugnisse der Haushaltchemie führen, sowie entsprechende Verkaufsstände in Warenhäusern.

7. Zu § 24 der 1. DB (Gebrauchsanweisung)

7.1. Die Gebrauchsanweisung im Sinne des § 24 Abs. 2 der 1. DB kann auch auf einem gesonderten Blatt vermerkt werden. Voraussetzung ist, daß dieses Blatt den Namen des Patienten und des Arzneimittels enthält.

7.2. Ist die Gebrauchsanweisung auf einem gesonderten Blatt enthalten, genügt es, an Stelle der Übertragungen der Gebrauchsanweisung das Blatt fest mit der inneren Umhüllung des rezeptpflichtigen Arzneimittels zu verbinden oder auf der inneren Umhüllung einen entsprechenden Hinweis („nach ärztlicher Anweisung") anzubringen[7]).

8. Zu § 28 Buchst. d der 1. DB Arzneimittelinformation

Als persönlicher Informations- und Erfahrungsaustausch der medizinisch-wissenschaftlichen Abteilungen der Arzneimittelbetriebe gilt auch der Austausch von Schallplatten, Tonbändern oder Filmen.

9. Allgemeines

9.1. Die Bestimmungen der Ziffern 1., 2.1., 2.2., 3.[1]) bis 6. und 8. gelten entsprechend für Stoffe, Zubereitungen oder Gegenstände, die den Arzneimitteln gemäß § 3 des AMG gleichgestellt sind.

9.2. Die Bestimmungen der Ziffern 1., 2.2. und 4. gelten entsprechend für Gesundheitspflegemittel.

[1]) Durch die Mitteilung vom 21. 5. 1976, abgedruckt unter C 05 01 01, wurde Ziff. 3 der RL Nr. 1 mit Wirkung vom 1. 7. 1976 aufgehoben.

[2]) Jetzt: AB-Qualität.

[3]) Jetzt: Ministerium für Land-, Forst- und Nahrungsgüterwirtschaft.

[4]) Jetzt: VEB Pharmazeutisches Kombinat GERMED Dresden.

[5]) S. a. Vereinbarung ASMW/IFAR vom 21. März 1979, abgedruckt unter C 06 04 03.

[6]) Normale Verwendbarkeitsdauer ohne besondere Deklaration: 5 Jahre.

[7]) S. a. Verfügung 5/70 des IFAR vom 27. Januar 1970, abgedruckt unter C 05 09 50.

Tod durch zu hohe Dosis

(HINDERER, H: Medizin aktuell 4. (1978) S. 143)

Der Tatbestand: Ein Patient erhält ein bei der vorliegenden Krankheit indiziertes Pharmakon durch ein Versehen des Arztes in erheblicher Überdosierung injiziert, so daß trotz aller danach eingeleiteten Maßnahmen der Tod des Kranken eintritt.
Auf Grund der nachfolgenden Untersuchung wird festgestellt, daß das fehlerhafte Verhalten dem behandelnden Arzt zuzuschreiben ist, da zwischen der überdosierten Arzneimittelgabe als einer Pflichtverletzung und dem Tod des Patienten Kausalzusammenhang gegeben ist. Wie steht es um die persönliche strafrechtliche Verantwortlichkeit?
Auch bei einer so eindeutig liegenden Situation ist die persönliche strafrechtliche oder analog die disziplinarische Verantwortlichkeit des Arztes nicht vorschnell zu bejahen. Hierzu müßten die Fragen des persönlichen Verschuldens geprüft werden — entsprechend den gesetzlichen Anforderungen, die an den Nachweis der Schuld gestellt werden (z. B. §§ 5, 7, 8 und 10 StGB). Zuweilen ist in einem solchen, wie dem hier beschriebenen Fall die unvoreingenommene Prüfung der subjektiven Voraussetzungen der persönlichen Verantwortlichkeit besonders schwierig. Die objektiven und subjektiven Voraussetzungen bilden eine Einheit, aber beide Kriterien erfordern eine relativ selbständige Untersuchung. Ehe man das Vorliegen einer Fahrlässigkeit bejaht, sind die Entscheidungs- und Tatsituation, die Voraussehbarkeit — die hier besteht —, die vorausgegangene Belastung und besondere Umstände während der Behandlung zu beachten. Man muß die Art des Fehlers, der zur falschen Entscheidung geführt hat, und seine subjektiven Ursachen aufklären und werten, z. B. feststellen, ob der Arzt oberflächlich und gleichgültig gehandelt hat oder ob er in der von ihm geforderten Weise sorgfältig vorgegangen ist. Ein begangener Fehler schließt im Grundsatz ein verantwortungsbewußtes Vorgehen nicht einfach aus.
Mit diesen Erwägungen soll keinesfalls der Eindruck entstehen, als könne man in den meisten Fällen Entschuldigungsgründe finden. Die Verwirklichung der sozialistischen Gesetzlichkeit berücksichtigt jedoch die Rechte des Geschädigten ebenso wie die des Beschuldigten — entsprechend den definierten Kriterien der Verantwortlichkeit. Dies kommt auch in den gesetzlich vorgeschriebenen Formen der Verhandlung zum Ausdruck.
Selbstverständlich ist von den hohen Anforderungen an eine wissenschaftlich und praktisch begründete Entscheidung sowie von hohen ethischen Anforderungen auszugehen, wir sollten jedoch bedenken, daß es doch im Einzelfall den Fehler gibt, der nicht schuldhaft begangen wurde.
Das erfordert von allen zur Entscheidung Zugezogenen ein abgewogenes Denken und Urteilen, wobei ich „Urteilen“ nicht juristisch-technisch verstanden wissen will.

Aber die Einsicht — „das hätte einem guten Arzt auch passieren können“ — darf den begutachtenden Arzt nicht davon abhalten, bei der Aufdeckung der Wahrheit und Zusammenhänge in abgewogener Weise zu helfen. Es ist auch nicht zu akzeptieren, daß Gutachter sich in Anerkennung eigener Unzulänglichkeit dazu bereit finden, die Unzulänglichkeit des Kollegen zu übersehen. Das widerspräche unserer Rechtsauffassung und wäre bei Vorsatz eine Straftat (§ 230 StGB).

Fazit: Auf Grund der wenigen Angaben ist nicht eindeutig zu sagen, ob es sich beim einleitend skizzierten Verhalten um eine Straftat oder auch nur um ein Disziplinarvergehen handelt.

Deshalb sollten wir die Frage nach dem Ergebnis der Erwägungen hier offenlassen. Vielleicht ist das für den einen oder anderen Kollegen unbefriedigend; aber es ist wohl gut zu wissen, daß die Rechtsanwendung so einfach, wie sie sich mancher vielleicht noch vorstellt, nicht ist. Hierin ähneln sich ärztliches Handeln und juristische Beurteilung. Aber trotzdem ist es erforderlich, ohne weiteren Verzug zu überprüfen, wie künftig eine Wiederholung eines solchen Schadens zu verhüten ist. Diese Bemühungen setzen eine juristische Verurteilung des betreffenden Arztes nicht voraus.

Der Minister für Gesundheitswesen der DDR erklärte kürzlich zu diesem Problem u. a.: „... Wir müssen auch in Zukunft kritischer die Frage nach der Vermeidbarkeit des tödlichen Ausgangs einer Krankheit sowie aufgetretener Komplikationen stellen ... Es geht dabei nicht um eine Verurteilung oder Kritik schlechthin, sondern um die Wahrheitsfindung in der Frage, ob wir alles in unseren Kräften Stehende getan haben, um den Krankheitsprozeß zu beherrschen.“ (Dt. Gesundh.-Wesen **32** [1977], Heft 45, S. IV).

Plaste für Bedarfsgegenstände

Der Verkehr mit Plasten für Bedarfsgegenstände wird auf der Grundlage des § 27 Abs. 1 in Verbindung mit § 11 Abs. 1 Ziff. 1 des Lebensmittelgesetzes vom 30. November 1962 (GBl. I S. 111) durch eine Reihe von Anordnungen geregelt. Im Prinzip werden — soweit nicht spezielle Festlegungen im Arzneibuch oder in Gütevorschriften getroffen sind — entsprechende Forderungen an im Arzneimittelwesen eingesetzte Plaste gestellt.
Die Anordnung Nr. 1 über Plaste für Bedarfsgegenstände vom 4. August 1964 (GBl. II Nr. 90 S. 752) enthält auszugsweise folgende grundlegenden Bestimmungen:
Nach § 1 unterliegen dieser Anordnung

1. Plastwerkstoffe, die zu Bedarfsgegenständen gemäß Ziffern 2 und 3 verarbeitet werden sollen,
2. Plastformstoffe, die Bedarfsgegenstände im Sinne des Lebensmittelgesetzes sind und die bei bestimmungsgemäßem oder vorauszusehendem Gebrauch mit Lebensmitteln in Berührung kommen,
3. sonstige Plastformstoffe, die Bedarfsgegenstände im Sinne des Lebensmittelgesetzes sind und vom Minister für Gesundheitswesen benannt werden.

Nach § 2 müssen Plastwerkstoffe und Plastformstoffe den Festlegungen des § 9 des Lebensmittelgesetzes und denen der Anlage 1 (Richtlinien für die gesundheitliche Beurteilung von Bedarfsgegenständen aus Plasten) zur Anordnung Nr. 2 über Plaste für Bedarfsgegenstände vom 20. Juni 1967 (GBl. SDr. Nr. 553) entsprechen.
Können in Ausnahmefällen einzelne Festlegungen der Richtlinien nicht eingehalten werden, so hat der Hersteller eine Ausnahmegenehmigung bei der Staatlichen Hygieneinspektion des MfGe zu beantragen.
Nach § 3 Abs. 1 dürfen Plastwerkstoffe gemäß § 1 Ziff. 1 nur mit Genehmigung des MfGe (Staatliche Hygieneinspektion) in den Verkehr gebracht werden. Der Hersteller hat dem Antrag beizufügen:

1. die Rezeptur einschließlich der Angaben über das Herstellungsverfahren,
2. ein pharmakologisches Gutachten über die gesundheitliche Unbedenklichkeit des Plastwerkstoffes,
3. ein Gutachten der Zentralen lebensmittelhygienischen Untersuchungsstelle Berlin, daß der Plastwerkstoff den Richtlinien über die gesundheitliche Beurteilung von Bedarfsgegenständen aus Plasten entspricht.

Der für die Erstattung des Gutachtens zuständigen Einrichtung sind folgende Unterlagen einzureichen:

1. die Rezeptur einschließlich der Angaben über das Herstellungsverfahren,
2. für die Untersuchung und Beurteilung ausreichende Muster des Plastwerkstoffes in der zur Abgabe an den Weiterverarbeiter gelangenden Beschaffenheit sowie aus diesem Plastwerkstoff hergestellte Bedarfsgegenstände,
3. die Untersuchung und Beurteilung unterstützende Angaben (z. B. Abschriften von Werkanalysen, einschlägige Gutachten, Erfahrungsberichte u. ä.),
4. soweit möglich, Angaben über den vorgesehenen Verwendungszweck des Plastwerkstoffes.

Plastwerkstoffe, die vom MfGe (Staatliche Hygieneinspektion) zur Herstellung von Plastformstoffen zugelassen sind, müssen nach § 5 vom Hersteller des Plastwerkstoffes vor der Abgabe an den Weiterverarbeiter auf den Lieferpapieren oder in sonstiger geeigneter Form wie folgt gekennzeichnet werden:

„Zur Herstellung von Bedarfsgegenständen gemäß den Bestimmungen der Anordnung Nr. 1 vom 4. August 1964 über Plaste für Bedarfsgegenstände (GBl. II S. 752) zugelassen".

Nach § 6 dürfen Plastformstoffe gemäß § 1 Ziff. 2 und 3 nur aus zugelassenen und gekennzeichneten Plastwerkstoffen gefertigt werden.
Nach § 7 dürfen Plastformstoffe nur mit Genehmigung des Bezirks-Hygiene-Institutes in den Verkehr gebracht werden, das in Anlage 2 zur AO Nr. 2 über Plaste für Bedarfsgegenstände vom 20. Juni 1967 (GBl. SDr. 553) in Abhängigkeit vom Plastwerkstoff festgelegt ist.
Dem Antrag auf Genehmigung sind beizufügen:

1. eine Probe des zur Verarbeitung bestimmten Plastwerkstoffes sowie Angaben über Art und Herkunft,
2. Angaben über das Herstellungsverfahren des Plastformstoffes und die bei der Produktion verwendeten Hilfs- und Zusatzstoffe (wie z. B. Formtrennmittel u. ä.),
3. drei Muster in der zur Abgabe an den Verbraucher vorgesehenen Beschaffenheit,
4. Angaben über den Verwendungszweck und die Kennzeichnung des Antragsgegenstandes sowie für den Verbraucher bestimmte Prospekte, Gebrauchsanweisungen u. ä.

§ 9 verpflichtet die Betriebe zur mustergetreuen Fertigung der Plastwerkstoffe bzw. Plastformstoffe. Jede Rezeptur- oder Verfahrensänderung muß dem MfGe (Staatliche Hygieneinspektion) bzw. dem zuständigen Bezirks-Hygiene-Institut unverzüglich mitgeteilt werden.
Die schon erwähnte Anordnung Nr. 2 über Plaste für Bedarfsgegenstände vom 20. Juni 1967 (GBl. SDr. Nr. 553) setzt die ursprünglichen Anlagen 1 bis 3 zur AO Nr. 1 vom 4. August 1964, abgedrückt im GBl. SDr. 499, außer Kraft.

Die „Richtlinien für die gesundheitliche Beurteilung von Bedarfsgegenständen aus Plasten“ (Anlage 1 zur AO Nr. 2 vom 20. Juni 1967 GBl. SDr. 553) enthalten Festlegungen für folgende Positionen:

— Polyvinylchlorid (PVC), hart
— Polyvinylchlorid (PVC), weich
— Polyäthylen
— Polyamid
— Polystyrol
— Polystyrol, schaumfähig
— Polymethacrylat-Formmasse
— Polymethacrylat (Acrylglas)
— Plast- und Elastdispersionen
— Melaminharzpreßmasse
— Zellglas, normal
— Zellglas, lackiert (wetterfest)
— Epoxidharz
— Ungesättigtes Polyesterharz

Zu den einzelnen Positionen sind jeweils genaue Angaben nach folgender Gliederung gemacht:

— Rohstoffe
— Hilfs- und Zusatzstoffe
— — Katalysatoren (quantifiziert)
— — Vorstabilisatoren (quantifiziert)
— — Stabilisatoren und Gleitmittel (quantifiziert)
— — Emulgatoren (quantifiziert)
— — Schutzkolloride (quantifiziert)
— — Physiologisch unbedenkliche optische Aufheller
— — Farbstoffe
— — Füllstoffe
— — sonstige Hilfs- und Zusatzstoffe
— Plastformstoffe
u. a.
— — Viskosität
— — Schmelzpunkt
— — Gehalt an flüchtigen Bestandteilen
— — Fremdstoffabgabe

In Abhängigkeit von der Plastart sind auch Festlegungen getroffen über Weichmacher, Zersetzungsprodukte, Antioxydantien, Gleitmittel, Reaktionsregler, Fällungsmittel, Härter, Verdickungsmittel, Entschäumungsmittel, Lackkomponenten, Phlegmatisierungs-

mittel, Formtrennmittel etc., auf die wegen ihrer Spezifität hier nur hingewiesen werden kann.
In Anlage 2 ist, wie schon erwähnt, die Zuständigkeit der einzelnen Bezirkshygiene-Institute für bestimmte Plastwerkstoffe bzw. daraus hergestellte Plastformstoffe ausgewiesen.
In Anlage 3 sind die Plastformstoffe zu § 1 Ziff. 3 der AO Nr. 1 vom 4. August 1964 (GBl II Nr. 20 S. 752) aufgeführt; es ist lediglich die Position „Windelhöschen" enthalten.
Die Anlage 1 wurde mehrfach erweitert durch

— Anordnung Nr. 3 über Plaste für Bedarfsgegenstände vom 22. April 1968 GBl. II Nr. 46 S. 255 betr. Polystyrol-Misch- und Pfropfpolymerisate und Mischungen von Styrolpolymerisaten mit anderen Polymerisaten,
— Anordnung Nr. 4 über Plaste für Bedarfsgegenstände vom 28. Juli 1970 GBl. II Nr. 69 S. 496 betr. Polypropylen,
— Anordnung Nr. 5 über Plaste für Bedarfsgegenstände vom 13. Juli 1971 GBl. II Nr. 59 S. 514 betr. Polyäthylenglykolterephthalat,
— Anordnung Nr. 6 über Plaste für Bedarfsgegenstände vom 16. Oktober 1972 GBl. II Nr. 65 S. 721 betr. Silikonharze, Verbundfolien, Polytetrafluoräthylen,
— Anordnung Nr. 7 über Plaste für Bedarfsgegenstände vom 15. Juli 1976 GBl. SDr. 553/1 betr. Äthylen-Vinylacetat-Copolymerisat,
— Anordnung Nr. 8 über Plaste für Bedarfsgegenstände vom 20. Dezember 1976 GBl. SDr. 553/2 betr. Polyurethan.

Anlage zur Mitteilung des MfGe über das Anschriftenverzeichnis der Zentralstellen für Standardisierung des MfGe vom 30. März 1981 i. d. F. der Mitt. des ASMW vom 26. Oktober 1981

Schlüssel-Nr.*)	Frühere Fach-bereich-Nr.	Staatsorgan bzw. wirtschafts-leitendes Organ	Sachgebiet	Zum Sachgebiet gehören	Für die Standardisierung und für die Information über ausländische Standards verantwortliche Organe**)	Vertriebsstelle für Fach bereich-Standards***)
1	2	3	4	5	6	7
3300		Ministerium für Gesundheitswesen	Gesundheits- und Sozialwesen		Ministerium für Gesundheitswesen, Hauptabteilung Forschung 1020 Berlin Rathausstraße 3 Tel. 2355875	
339051	183		Arbeitshygiene	Arbeitshygienische Grenzwerte und Meßmethoden zur physiologischen und hygienischen Gestaltung von Arbeitsplätzen, -mitteln und -verfahren sowie Verhaltensregeln für den Umgang mit bestimmten Arbeitsgegenstanden	1 + 2: Zentralinstitut für Arbeitsmedizin der DDR ZFS 1134 Berlin Nöldnerstr. 40/42 Tel. 5509901	SVL

Fortsetzung

Schlüssel-Nr.*)	Frühere Fachbereich-Nr.	Staatsorgan bzw. wirtschaftsleitendes Organ	Sachgebiet	Zum Sachgebiet gehören	Für die Standardisierung und für die Information über ausländische Standards verantwortliche Organe**)	Vertriebsstelle für Fachbereich-Standards***)
1	2	3	4	5	6	7
339052			Arzneimittel und ihnen gleichgestellte Erzeugnisse sowie Gesundheitspflegemittel, Medizinische Laboratoriumsanalytik		1 + 2: Institut für Arzneimittelwesen der DDR ZfS 1120 Berlin Große Seestr. 4 Tel. 3654266	
339053			Kommunalhygiene	Kommunalhygienische Aspekte des Umweltschutzes	1 + 2: Forschungsinstitut für Hygiene und Mikrobiologie ZFS 9933 Bad Elster Heinrich-Heine-Str. 12 Tel. 6234	SVL
339054			Medizinische Diagnostik	ausgewählte Gebiete der medizinischen Prophylaxe, Dia-	1 + 2: Forschungsinstitut für Medizinische	SVL

1	2	3	4	5	6	7
				gnostik, Therapie und Metaphylaxe einschließlich Rehabilitation	Diagnostik ZFS 8080 Dresden Greifswalder Str. 8 Tel. 583145	
339055			Lebensmittel-hygienische Laboratoriums-analytik	Lebensmittel und Bedarfsgegenstände	1 + 2: Zentrale lebens-mittelhygienische Untersuchungsstelle ZFS 1120 Berlin Pistoriusstr. 139 Tel. 5652213	SVL
339056			Technologie der Gesund-heitsbauten	Funktions- und Nutzungstechnologien in Einrichtungen des Gesund-heits- und Sozial-wesens	1 + 2: Institut für Technologie der Gesund-heitsbauten ZFS 1115 Berlin-Buch Wiltbergstr. 50 Tel. 5697841	SVL

*) Gilt nur im Rahmen der Standardisierung

**)
1. Staatliche Standards
2. Ausländ. Standards
1 + 2 staatl. und ausländ. Standards

***) SVL: Standard-versand Leipzig

Anordnung über die Rücklieferung und Wiederverwendung von Verpackungsmitteln aus Wellpappe und Vollpappe

vom 14. Mai 1981
(GBl. I Nr. 20 S. 260)

Zur Sicherung einer kontinuierlichen und stabilen Versorgung der Volkswirtschaft mit Verpackungsmitteln aus Wellpappe und Vollpappe ist eine umfassende Rücklieferung und Wiederverwendung gebrauchter Verpackungen notwendig. Auf der Grundlage der Verordnung vom 13. November 1980 über die Leitung und Planung der Verpackungswirtschaft — Verpackungsverordnung — (GBl. I 1981 Nr. 2 S. 17) und im Einvernehmen mit dem Minister für Handel und Versorgung sowie den Leitern der anderen zuständigen zentralen Staatsorgane wird zur Realisierung dieser Zielstellung folgendes angeordnet:

§ 1 Geltungsbereich

(1) Diese Anordnung gilt für Kombinate, Betriebe, Einrichtungen, Genossenschaften, Handwerksbetriebe sowie andere Gewerbetreibende (nachfolgend Betriebe genannt), soweit in deren Verantwortungsbereich Verpackungsmittel aus Wellpappe und Vollpappe produziert, eingesetzt oder verbraucht werden sowie Aufgaben des Transports und der Rücklieferung durchzuführen sind. Sie gilt ferner für Organe, die den Betrieben übergeordnet sind und bzw. oder die spezifische Aufgaben zur Rücklieferung und Wiederverwendung von Verpackungsmitteln aus Well- und Vollpappe wahrnehmen.
(2) Verpackungsmittel aus Wellpappe und Vollpappe aus der Inlandproduktion und aus Importen im Sinne dieser Anordnung sind Transportverpackungen aus Well- und Vollpappe, einschließlich der dazugehörigen Elemente aus Well- und Vollpappe (nachfolgend Verpackungsmittel genannt). Dazu gehören auch Transportverpackungen, die die Doppelfunktion einer Transport- und Verbraucherverpackung erfüllen, soweit ihre Rücklieferung nach Art und Größe des Verpackungsmittels volkswirtschaftlich vertretbar ist.
(3) Diese Anordnung findet keine Anwendung für Exportlieferungen, Lieferungen im Rahmen der Lieferverordnung[1]) und für Leihverpackungen entsprechend den dafür geltenden Rechtsvorschriften[2]).

Grundsätze

§ 2

(1) Durch die Betriebe und deren übergeordnete Organe ist die Rücklieferung und Wiederverwendung von Verpackungsmitteln als eine volkswirtschaftlich wichtige Aufgabe zur Erhöhung des Ausnutzungsgrades der Rohstoffonds zu leiten, zu planen und zu organisieren.

(2) Im Rahmen der mit dem Volkswirtschaftsplan vorgegebenen staatlichen Fonds ist zu gewährleisten, daß die rückgelieferten wiederverwendungsfähigen Verpackungsmittel gegenüber denen aus der Neuproduktion vorrangig eingesetzt werden. Dabei sind insbesondere die Erzeugnisse, Erzeugnisgruppen, Technologien und Betriebe festzulegen, die verstärkt Verpackungsmittel aus dem mehrmaligen Umlauf zu verwenden haben.
(3) Versender im Sinne dieser Anordnung sind in Fällen wirtschaftsrechtlicher Liefer- und Abnahmebeziehungen insbesondere Produktionsbetriebe, Betriebe des Konsumgütergroßhandels sowie des Produktionsmittelhandels in ihrer Eigenschaft als Versender von Waren. Empfänger im Rahmen dieser Beziehungen sind insbesondere Betriebe des Konsumgütergroß- und -einzelhandels, des Produktionsmittelhandels, andere Handelsbetriebe sowie Betriebe der Industrie und des Bauwesens in ihrer Eigenschaft als Empfänger von Waren.
(4) Als Versender und Empfänger im Sinne dieser Anordnung gelten auch die im § 1 Abs. 1 genannten Betriebe, soweit sie untereinander Liefer- und Abnahmebeziehungen eingehen.
(5) Versender und Empfänger haben in enger Zusammenarbeit zu sichern, daß für alle wiederverwendungsfähigen Verpackungsmittel maximal bzw. mindestens in Höhe der erteilten Auflage, entsprechend MAK-Bilanzen, die Rücklieferung und Wiederverwendung durchgesetzt werden.
(6) Versender und Empfänger haben gemeinsam mit den Herstellern von Verpackungsmitteln durch auftragsgebundene Realisierung von zielgerichteten Maßnahmen des Planes Wissenschaft und Technik, die insbesondere die

a) Erhöhung der Qualität,
b) Verbesserung der Konstruktion,
c) materialökonomisch zweckmäßigste Dimensionierung und
d) Vervollkommnung der Abpacktechnologien

beinhalten, den Anteil der Wiederverwendung und Rücklieferung von Verpackungsmitteln ständig zu erhöhen.

§ 3

(1) Verwender und Empfänger sind verpflichtet, die Verpackungsmittel so zu behandeln, zu lagern und zu transportieren, daß diese vor jedem gebrauchswertmindernden Einfluß geschützt werden.
(2) Verpackungsmittel sind grundsätzlich rücklieferungspflichtig und der Wiederverwendung zuzuführen. Es ist unzulässig, wiederverwendungsfähige Verpackungsmittel den Betrieben des VEB Kombinat Sekundärrohstofferfassung zuzuführen.
(3) Nachweisbar nichtwiederverwendungsfähige Verpackungsmittel sind als Sekundärrohstoff den Betrieben des VEB Kombinat Sekundärrohstofferfassung zuzuführen. Abweichende Regelungen sind gesondert zu vereinbaren.

(4) Verpackungsmittel, deren Zweiteinsatz aus hygienischen[3]) bzw. technologischen Gründen für gleiche oder ähnliche Erzeugnisse nicht möglich ist, sind entsprechend ihrem geeigneten Verwendungszweck als Verpackungsmittel einzusetzen.
(5) Transporte zur Rücklieferung von Verpackungsmitteln für Versorgungsgüter sind vorrangig durchzuführen.

§ 4 Aufgaben des bilanzierenden Organs

(1) Das bilanzierende Organ[4]) hat auf der Grundlage der Bilanzierungsverordnung[5]) zu gewährleisten, daß die Bilanzierung aus Rücklaufaufkommen im Komplex mit dem Primäraufkommen aus Neuproduktion erfolgt und die Fondsbereitstellung von Verpackungsmitteln aus Neuproduktion in Abhängigkeit von der Erfüllung der Auflagen über die Rücklieferung und Wiederverwendung durchgesetzt wird.
(2) Zur Sicherung des versorgungswirksamen Anteils der Rücklieferung und Wiederverwendung sind zur Ausarbeitung der Fünfjahr- und Jahresvolkswirtschaftspläne vom bilanzierenden Organ den Fondsträgern technisch und ökonomisch begründete Vorgaben zu übergeben.
(3) Mit der Festlegung und weiteren Untersetzung der staatlichen Auflagen zur Durchführung der Fünfjahr- und Jahresvolkswirtschaftspläne sind durch das bilanzierende Organ verbindliche Mindestmengen für die Rücklieferung und Wiederverwendung mit den Fondsträgern abzustimmen und zu bestätigen.
(4) In Wahrnehmung der Bilanzverantwortung zur Durchsetzung volkswirtschaftlicher Erfordernisse ist das bilanzierende Organ berechtigt und verpflichtet, von den Kombinaten, die Verpackungsmittel einsetzen, Konzeptionen und Berechnungen für die verstärkte Rücklieferung und Wiederverwendung zu fordern. Dazu sind Überprüfungen durchzuführen bzw. zu veranlassen und auszuwerten.
(5) Die Erfüllung der zur Rücklieferung und Wiederverwendung von Verpackungsmitteln bestätigten Anteile ist ständig zu kontrollieren und durch die Fondsträgerbereiche monatlich abzurechnen. Auf der Grundlage der erreichten Ergebnisse sind entsprechende Bilanzentscheidungen zu treffen.
(6) Ist die Wiederverwendung rückgelieferter Verpackungsmittel wegen Qualitätsminderungen für die automatische Verpackung oder aus hygienischen Gründen nachweisbar im eigenen Betrieb, Fondsträger- oder Versorgungsbereich der Versender nicht möglich, ist durch das bilanzierende Organ in enger Zusammenarbeit mit dem VEB Holzaufbereitung[6]) zu sichern, daß diese Verpackungsmittel unverzüglich geeigneten Zweitanwendern angeboten werden. Bei Verpackungsmitteln, die aus Warenimporten anfallen, ist analog zu verfahren.

§ 5 Vertragsabschluß

(1) Mit dem Abschluß von Wirtschaftsverträgen über Warenlieferungen sind gleichzeitig Vereinbarungen über die Rücklieferung wiedereinsatzfähiger Verpackungsmittel zu treffen.

(2) Die im Wirtschaftsvertrag zu treffenden Vereinbarungen haben mindestens zu enthalten:

a) Anzahl bzw. Umfang der für die Rücklieferung und Wiederverwendung vorgesehenen Verpackungsmittel,
b) Art und Qualität der rückzuliefernden und wiederzuverwendenden Verpackungsmittel entsprechend den vereinbarten Kriterien,
c) terminliche Angaben zur Rücklieferung und Vergütung,
d) Neuwert bzw. Verrechnungsbasis der rückzuliefernden Verpackungsmittel,
e) Transport- und Verpackungsart der rückzuliefernden Verpackungsmittel,
f) Anschrift des Aufbereitungsbetriebes bzw. Zweitanwenders.

(3) Leistungsort für die Rücklieferung ist der Sitz des Versenders. Gegenüber den Einzelhandelsbetrieben sind die Versender abholepflichtig, wenn nichts anderes vereinbart ist. Bei Selbstabholung ist der Leistungsort Sitz des Empfängers.
(4) Zur einheitlichen Regelung wechselseitiger Beziehungen bei der Lieferung und Abnahme wiederverwendungsfähiger Verpackungsmittel sind Koordinierungsvereinbarungen zwischen den zuständigen übergeordneten Organen der Versender und Empfänger abzuschließen.

§ 6 Rücklieferung

(1) Wiederverwendungsfähige Verpackungsmittel sind sortiert, in sauberem Zustand und gebündelt oder in anderen Ladeeinheiten zurückzuliefern bzw. bereitzustellen. Die Versender sind verpflichtet, alle vom Empfänger zurückgelieferten bzw. bereitgestellten Verpackungsmittel entgegenzunehmen und haben, wenn nichts anderes vereinbart, die Kosten für die Rücklieferung zu tragen.
(2) Die Pflicht zur Rücklieferung ist erfüllt, wenn die wiederverwendungsfähigen Verpackungsmittel dem Transportträger ordnungsgemäß übergeben wurden.
(3) Der Versender ist verpflichtet, die tatsächliche Wiederverwendungsfähigkeit der rückgelieferten Verpackungsmittel binnen 3 Arbeitstagen nach Erhalt auf der Grundlage vereinbarter Qualitätskriterien zu prüfen. Wird vom Versender festgestellt, daß die Verpackungsmittel nicht wiederverwendungsfähig sind, hat er dies dem Empfänger binnen 8 Arbeitstagen schriftlich anzuzeigen.
(4) Der Empfänger hat Anspruch auf Vergütung in Höhe des tatsächlich bei der Abnahme der Verpackungsmittel festgestellten Umfangs.
(5) Unterläßt der Versender die Anzeige gemäß Abs. 3 oder wird die Anzeige gemäß Abs. 3 nicht fristgerecht ausgefertigt, so hat der Empfänger Anspruch auf volle Vergütung.

§ 7 Vergütung und materielle Anerkennung

(1) Die Versender haben für jedes als wiederverwendungsfähig anerkannte Verpackungsmittel 50% des Neuwertes an den Empfänger zu zahlen. Der Differenzbetrag in Höhe der restlichen 50% des Neuwertes ist ausschließlich für zusätzliche Aufwendungen bei der Auf-

bereitung der zurückgelieferten Verpackungsmittel sowie zur materiellen Anerkennung der an der Aufbereitung beteiligten Werktätigen zu verwenden. Für jedes zurückgelieferte, aber als nichtwiederverwendungsfähig anerkannte Verpackungsmittel ist dem Empfänger der Sekundärrohstoffaufkaufpreis vom Versender zu vergüten.
(2) Für ausgewählte Verpackungsmittel, die die Doppelfunktion einer Transport- und Verbraucherverpackung haben, ist dem Käufer (Bürger) eine Vergütung von 30% des Neuwertes der Verpackung bei Rückgabe an den Einzelhandel bzw. an den Großhandel bei Kundendirektbelieferung zu zahlen. Die verpackenden Betriebe haben diese Verpackungsmittel als rückführungspflichtig kenntlich zu machen und den Neuwert in Mark darauf auszuweisen.
(3) Sind der Konsumgütergroßhandel, der Produktionsmittelhandel oder andere Handelsbetriebe Versender, so haben sie dem Empfänger bei Übernahme der von diesem zurückgelieferten Verpackungsmittel eine Rückvergütung von mindestens 0,10 M je wiederverwendungsfähiges Verpackungsmittel, einschließlich der dazugehörigen Elemente, zu zahlen. Sofern darüber hinausgehend höhere Rückvergütung notwendig ist, ist diese von den übergeordneten Organen gesondert festzulegen.
(4) Der Konsumgütergroßhandel, der Produktionsmittelhandel und andere Handelsbetriebe haben ihren an der Aufbereitung und Rücklieferung beteiligten Werktätigen eine materielle Anerkennung zu gewähren. Den an der Rücklieferung beteiligten Kraftfahrern und Beifahrern der vorgenannten Bereiche ist insgesamt eine materielle Anerkennung in Höhe von mindestens 0,03 M je Verpackungsmittel zu zahlen. Die materielle Anerkennung erfolgt nur bei ordnungsgemäßer Übernahme und Rücklieferung wiederverwendungsfähiger Verpackungsmittel.
(5) Bei direkter Rücklieferung der Verpackungsmittel durch den Einzelhandelsbetrieb an den Produzenten von Waren ist die Vergütung von 50% des Neuwertes gemäß Abs. 1 durch den Produktionsbetrieb an den Einzelhandelsbetrieb zu entrichten. Die materielle Anerkennung gemäß Abs. 4 hat aus diesem Anteil zu erfolgen.

§ 8 Wirtschaftssanktion

(1) Versender und Empfänger können durch das Staatliche Vertragsgericht zur Zahlung einer Wirtschaftssanktion bis zur Höhe von 100000 M wegen Verstoßes gegen die Materialökonomie gemäß § 17 Abs. 1 Ziff. 2 der Verordnung vom 26. Januar 1978 zur Sicherung der Einheit von Plan und Vertrag bei dem Abschluß und der Erfüllung von Wirtschaftsverträgen (GBl. I Nr. 6 S. 85) verpflichtet werden.
(2) Verstöße gegen die Materialökonomie im Sinne dieser Anordnung liegen vor, wenn die Versender und Empfänger

a) ihrer Vertragsabschlußpflicht gemäß § 5 nicht nachkommen,
b) wiederverwendungsfähige Verpackungsmittel gegen die Prinzipien dieser Anordnung zweckentfremdet einsetzen oder als Sekundärrohstoffe abführen,

c) ihren Verpflichtungen zur Rücklieferung von Verpackungsmitteln bzw. zur vorrangigen Wiederverwendung der zurückgelieferten Verpackungsmittel nicht nachkommen.

(3) Die Wirtschaftssanktion ist zugunsten des Staatshaushaltes zu zahlen. Das Staatliche Vertragsgericht kann festlegen, daß die Wirtschaftssanktion bis zu 50% an den Versender, Empfänger, die VEB Sekundärrohstofferfassung oder den Transportträger gezahlt wird, wenn diese die Pflichtverletzung aufdecken oder an ihrer Aufdeckung mitwirken.

Schlußbestimmungen

§ 9

(1) Die Minister und Leiter anderer zentraler staatlicher Organe sind berechtigt, in ihrem Verantwortungsbereich Einzelheiten zur Durchsetzung dieser Anordnung zu regeln.
(2) Die übergeordneten Organe der Versender und Empfänger sind verpflichtet, regelmäßig Erfahrungsaustausche zu organisieren und die ordnungsgemäße Rücklieferung und Wiederverwendung von Verpackungsmitteln zu kontrollieren.

§ 10

(1) Diese Anordnung tritt am 1. Juli 1981 in Kraft.
(2) Gleichzeitig tritt die Anordnung vom 17. März 1975 über die Rücklieferung wiederverwendungsfähiger Versandverpackungen aus Wellpappe und Vollpappe (GBl. I Nr. 18 S. 328) außer Kraft.

[1]) Z. Z. gilt die Verordnung vom 8. Mai 1972 über Lieferungen und Leistungen an die bewaffneten Organe — Lieferverordnung (LVO) — (GBl. II Nr. 33 S. 363).
[2]) Z. Z. gilt die Anordnung vom 10. Dezember 1974 über den Umlauf von Leihverpackung — Leihverpackungsanordnung — (GBl. I 1975 Nr. 1 S. 7).
[3]) Z. Z. gilt die Anordnung vom 17. März 1977 über die hygienischen Voraussetzungen für die Wiederverwendung von Verpackungsmitteln aus Wellpappe und Vollpappe im Lebensmittelverkehr (GBl. I Nr. 7 S. 58).
[4]) VEB Kombinat Verpackung, 7010 Leipzig, Lessingstraße 22.
[5]) Z. Z. gilt die Verordnung vom 15. November 1979 über die Material-, Ausrüstungs- und Konsumgüterbilanzierung — Bilanzierungsverordnung — (GBl. I 1980 Nr. 1 S. 1).
[6]) Anschrift: 7022 Leipzig, Breitenfelder Straße 22.

Anordnung über den Einsatz von Folien aus Polyäthylen und Polyvinylchlorid-hart — Staatliche Einsatzbestimmung —

vom 10. März 1981
(GBl. I Nr. 11 S. 130)
— Auszug —

Aufgrund der Anordnung vom 3. Dezember 1976 über das Informationssystem für Werkstoffe und ökonomischen Materialeinsatz und den Erlaß staatlicher Einsatzbestimmungen für Rohstoffe und Materialien (GBl. I Nr. 50 S. 565) sowie der Verpackungsverordnung vom 13. November 1980 (GBl. I 1981 Nr. 2 S. 17) wird im Einvernehmen mit den Leitern der zuständigen zentralen Staatsorgane folgendes angeordnet:

§ 1

(1) Der Einsatz von

Polyäthylenfolie niederer Dichte (unbedruckt)	ELN-Nr. 14563121
Polyäthylenfolie hoher Dichte (papierähnlich)	ELN-Nr. 14563111
Säcken aus Polyäthylenfolie (nicht gewebt)	ELN-Nr. 15572300
Polyvinylchlorid-hart-Folie (Dicke bis 1 mm)	ELN-Nr. 14563211

(nachfolgend Plastfolien und -säcke genannt) als Werkstoff, Verpackungswerkstoff und -mittel sowie zum Abdecken und Abdichten ist nur zulässig

— bei vorliegender Notwendigkeit zur Sicherung des Exportes sowie spezieller Lieferungen und Leistungen für die bewaffneten Organe und die Staatsreserve,
— für den Inland- und Produktionsverbrauch gemäß den Anlagen zu dieser Anordnung.

Der Einsatz von Plastfolien und -säcken für andere als die in den Anlagen genannten Einsatzgebiete ist verboten.
(2) Der Einsatz der Plastfolien und -säcke hat vorrangig dort zu erfolgen, wo dies erforderlich ist

— zur Erfüllung der Exportaufgaben,
— zur Versorgung mit hochwertigen Lebensmitteln,
— zur Einhaltung der Hygienevorschriften,
— zur Sicherung des Warenschutzes und der Qualität der Erzeugnisse,

oder wenn dadurch eine wesentliche Steigerung der Arbeitsproduktivität ermöglicht wird. Bei der Verwendung als Verpackungsmittel sind zu sichern:

— die Übereinstimmung in den Abmessungen zwischen Füllgut und Verpackungsmittel einschließlich der Foliendicke,

— ein vertretbares Verhältnis zwischen Verpackungsaufwand und Wert des verpackten Gutes,
— die Vermeidung von Doppelverpackungen,
— die konsequente Einschränkung der Einzelverpackung aus Folie durch Sammelverpackung.

3) Bei der Anmeldung des Bedarfes an Plastfolien und -säcken sind unter Einhaltung der dafür erlassenen Rechtsvorschriften gegenüber dem bilanzbeauftragten Organ folgende Nachweise zu erbringen:

— Übereinstimmung des Materialbedarfes mit dem Produktionsplan,
— Einhaltung von erzeugnisbezogenen Normativen und Kennziffern der Materialökonomie (technisch-ökonomisch begründete Materialverbrauchsnormen).

Zusätzlich sind nachzuweisen:

a) bei Exporterzeugnissen

— die schriftliche Bestätigung des dem Bedarfsträger übergeordneten Organs (Fondsträger);

b) bei speziellen Erzeugnissen und Leistungen für die bewaffneten Organe und die Staatsreserve

— die Technischen Lieferbedingungen (TLB) oder anderen militärischen Gütebestimmungen bzw. Wirtschaftsverträge, aus denen sich ausdrücklich die Notwendigkeit des Einsatzes bestimmter Plastfolien oder -säcke ergibt;

c) bei Erzeugnissen für den Inland- bzw. Produktionsverbrauch

— die technisch-ökonomischen Gründe für den Einsatz von Plastfolien und -säcken entsprechend den im Abs. 2 genannten Grundsätzen,
— die Notwendigkeit der geforderten Foliendicke,
— die Möglichkeit des Wiedereinsatzes von Plastfolien und -säcken sowie der aus Plastfolien hergestellten Erzeugnisse (Mehrfachnutzung),
— die Erreichung eines hohen Verpackungseffektes im Sinne der im Abs. 2 für Verpackungsmittel genannten Grundsätze,
— die Übereinstimmung in den Abmessungen zwischen Füllgut und Verpackungsmittel.

(4) Das bilanzbeauftragte Organ ist verpflichtet, den angemeldeten Bedarf nur dann in die Bilanzen aufnehmen, wenn der Verbraucher die im Abs. 3 geforderten Nachweise vollständig erbracht hat.

(5) Durch die Lieferer hat eine intensive anwendungstechnische Beratung der Anwender von Plastfolien und -säcken zu erfolgen, insbesondere über Folienarten und erforderliche Folienstärke sowie Möglichkeiten der Materialeinsparung und Verwendung von Regeneraten.

§ 2

(1) Die Chemieberatungsstelle ist berechtigt, Ausnahmegenehmigungen für begründete Einsatzgebiete, die nicht in den Anlagen erfaßt sind, zu erteilen.

(2) Anträge auf Erteilung einer Ausnahmegenehmigung sind unter Beachtung des § 12 der Anordnung vom 3. Dezember 1976 über das Informationssystem für Werkstoffe und ökonomischen Materialeinsatz und den Erlaß staatlicher Einsatzbestimmungen für Rohstoffe und Materialien sowie der Verpackungsverordnung vom 13. November 1980 zu stellen.

(3) Diese Anträge sind formlos in 2facher Ausfertigung und mit der Befürwortung durch das übergeordnete Organ (Fondsträger) versehen an die Chemieberatungsstelle einzureichen. Kombinate, die einem Ministerium direkt unterstellt sind, richten ihre Anträge unmittelbar an die Chemieberatungsstelle. Die Anträge müssen folgende Angaben enthalten:

— Foliensorte,
— Folienmenge (t/Jahr) für das vorgesehene Einsatzgebiet,
— die im § 1 Abs. 3 — insbesondere 3b — geforderten Angaben.

(4) Die Chemieberatungsstelle hat den Antragstellern innerhalb von 4 Wochen nach Antragseingang die Entscheidung mitzuteilen. Die Entscheidung ist mit einer Rechtsmittelbelehrung zu versehen.

§ 3

Dieser staatlichen Einsatzbestimmung liegt der derzeitige Stand der technischen Entwicklung in den entsprechenden Industriezweigen zugrunde. Veränderungen der Abpacktechnologien und Neu- und Weiterentwicklungen von zu verpackenden Erzeugnissen, die zu Bedarfsforderungen mit einem Mehrverbrauch von Folie oder Säcken führen, sind mit dem VEB Orbitaplast und, wenn Entscheidungen zu Ausnahmeanträgen im Sinne des § 2 erforderlich sind, zusätzlich mit der Chemieberatungsstelle abzustimmen und zu protokollieren. Der VEB Orbitaplast als bilanzbeauftragtes Organ hat dem Ministerium für Chemische Industrie eine entsprechende Information mit seiner Stellungnahme zu übergeben.

§ 4

Bei Änderungen und Ergänzungen sowie bei Erteilung von Ausnahmegenehmigungen über den Einsatz von Plastfolien und -säcken sind die staatlichen Einsatzbestimmungen über den Einsatz von Verpackungsmitteln aus Plastfolien, faltbaren Schachteln und Zuschnitten aus Karton und Verpackungen aus Wellpappe kaschiert und bedruckt und über den Einsatz von Folie aus Polyvinylchlorid (mit Weichmacher)[1]) zu berücksichtigen.

§ 5

Gegen Festlegungen des bilanzbeauftragten Organs sowie gegen Entscheidungen der Chemieberatungsstelle zu Ausnahmeanträgen gemäß § 2 kann innerhalb von 2 Wochen nach Zugang über den Leiter des übergeordneten Organs (Fondsträger), bei Kombinaten, die einem Ministerium direkt unterstellt sind, unmittelbar schriftlich begründete Beschwerde beim Minister für Chemische Industrie eingelegt werden. Der Minister für Chemische Industrie entscheidet innerhalb von 4 Wochen endgültig. Die Entscheidung über die Beschwerde ist dem Einreicher schriftlich mitzuteilen und zu begründen.

§ 6

Die Chemieberatungsstelle ist berechtigt, unter Beachtung der Rechtsvorschriften über den Geheimnisschutz bei Anwendern von Plastfolien und -säcken Kontrollen über die Einhaltung der vorliegenden staatlichen Einsatzbestimmung und die damit im Zusammenhang getroffenen Entscheidungen und Festlegungen durchzuführen.

§ 7

(1) Das Ministerium für Chemische Industrie ist berechtigt, von den Versorgungsbereichen Konzeptionen über die Sicherung des sparsamen Verbrauchs von Plastfolien und -säcken und dementsprechende Maßnahmen zu fordern.
(2) Vom Ministerium für Chemische Industrie können für bestimmte Anwendungsgebiete von Plastfolien und -säcken spezielle Einsatzrichtlinien erlassen werden.
(3) Zur Sicherung gesamtstaatlicher Belange ist der Minister für Chemische Industrie berechtigt, Sonderregelungen festzulegen.

§ 8

(1) Diese Anordnung tritt mit ihrer Veröffentlichung in Kraft.
(2) Gleichzeitig tritt die Anordnung vom 15. Dezember 1978 über den Einsatz von Folien aus Polyäthylen und Polyvinylchlorid-hart — Staatliche Einsatzbestimmung — (GBl. I 1979 Nr. 2 S. 20) außer Kraft.
(3) Soweit bereits Wirtschaftsverträge abgeschlossen wurden, gelten die Festlegungen dieser Anordnung für alle ab 4 Wochen nach dem Inkrafttreten dieser Anordnung zu erbringenden Lieferungen und Leistungen. Die Wirtschaftsverträge sind dementsprechend zu ändern bzw. aufzuheben.

[1]) Z. Z. gelten die Anordnung vom 31. Mai 1978 über den Einsatz von Verpackungsmitteln aus Plastfolien, faltbaren Schachteln und Zuschnitten aus Karton und Verpackungen aus Wellpappe, kaschiert und bedruckt — Staatliche Einsatzbestimmung — (GBl. I Nr. 16 S. 187) und die Anordnung vom 21. Januar 1981 über den Einsatz von Folie aus Polyvinylchlorid (mit Weichmacher) — Staatliche Einsatzbestimmung — (GBl. I Nr. 8 S. 89).

Anlage 1
zu vorstehender Anordnung

Einsatz von Polyäthylenfolie niederer Dichte, ELN-Nr. 14563121, und Säcken, ELN-Nr. 15572300

1. **Lebensmittelindustrie, Land- und Nahrungsgüterwirtschaft**

   ...

2. **Chemische Industrie**

   ...
   Verpackung von pharmazeutischen und medizinischen Erzeugnissen und Geräten
   ...

3. **Elektroindustrie**

   Verpackung von medizinisch-röntgentechnischen und -elektrotechnischen Erzeugnissen sowie Erzeugnissen der Kerntechnik
   Verpackung von elektrischen und elektronischen Geräten zur Messung elektrischer und magnetischer Größen
   ...

4. **Bauwesen**

   ...

5. **Allgemeiner Maschinen-, Landmaschinen- und Fahrzeugbau**

   ...
   Verpackung von Transfusions-, Infusions- und Dialysegeräten
   Verpackung von Plasterzeugnissen für die Medizintechnik

6. **Sonstiges**

   ...
   Artikel des Gesundheitswesens und der Damenhygiene und ihre Verpackung

Anlage 2
zu vorstehender Anordnung

Einsatz von Polyäthylenfolie hoher Dichte (papierähnlich), ELN-Nr. 14563111

1. **Chemische Industrie**

   ...

2. Elektroindustrie

...

3. Sonstiges

...
Folien für medizinische Zwecke
Folien zur Herstellung von Säcken, Beuteln, Einschlägen und Einwicklern
Verpackung von Wegwerfwindeln

Anlage 3

zu vorstehender Anordnung

Einsatz von PVC-hart-Folie, ELN-Nr. 14563211

1. Lebensmittelindustrie, Land- und Nahrungsgüterwirtschaft

...

2. Textilindustrie

...

3. Chemische Industrie

Verpackung von pharmazeutischen und medizinischen Erzeugnissen
Schutzfolien für Wundpflaster
...

4. Elektroindustrie/Elektronik

...

5. Bauwesen

...

6. Sonstiges

Laborgeräte und Möbel
...
Deckel und Verschlüsse für pharmazeutische Erzeugnisse und Haushaltchemikalien
...

Anordnung über den Einsatz von Folie aus Polyvinylchlorid (mit Weichmacher) — Staatliche Einsatzbestimmung —

vom 21. Januar 1981
(GBl. I Nr. 8 S. 89)
— Auszug —

Aufgrund der Anordnung vom 3. Dezember 1976 über das Informationssystem für Werkstoffe und ökonomischen Materialeinsatz und den Erlaß staatlicher Einsatzbestimmungen für Rohstoffe und Materialien (GBl. I Nr. 50 S. 565) sowie der Verordnung vom 13. November 1980 über die Leitung und Planung der Verpackungswirtschaft — Verpackungsverordnung — (GBl. I 1981 Nr. 2 S. 17) wird im Einvernehmen mit den Leitern der zuständigen zentralen Staatsorgane folgendes angeordnet:

§ 1

(1) Der Einsatz von Folien aus Polyvinylchlorid (mit Weichmacher) ELN-Nr. 14563231 (nachfolgend PVC-Weichfolie genannt) als Werkstoff, Verpackungswerkstoff und -mittel ist nur zulässig

— für Exporterzeugnisse,
— für den Inland- und Produktionsverbrauch für Erzeugnisse gemäß der Anlage,

wenn mit dem Bedarfsnachweis als Grundlage für die Festlegung der staatlichen Fonds nach volkswirtschaftlicher Rang- und Reihenfolge gegenüber dem bilanzbeauftragten Organ die Nachweise gemäß Abs. 5 erbracht werden.

(2) Der Einsatz von PVC-Weichfolie für andere als die in der Anlage genannten Einsatzgebiete ist verboten.

(3) Der Einsatz der PVC-Weichfolie hat vorrangig zu erfolgen:

— zur Erfüllung der Exportaufgaben,
— zur Sicherung des unbedingt erforderlichen Warenschutzes und der Qualität der Erzeugnisse,
— unter Beachtung der staatlichen Einsatzbestimmungen für Folien aus Polyäthylen, für PVC-Hartfolien sowie für Beutel, Einschläge und Einwickler aus Polyäthylen oder Polypropylen.

(4) Bei Verwendung als Verpackungsmittel ist außerdem zu sichern:

— die Übereinstimmung in den Abmessungen zwischen Füllgut und Verpackungsmittel einschließlich der Foliendicke,
— die Erreichung eines hohen Verpackungseffektes mit dem Ziel der Erhaltung des Gebrauchswertes und der Qualität der Erzeugnisse,

— ein vertretbares Verhältnis zwischen Verpackungsaufwand und Wert des verpackten Gutes.

(5) Einzureichen sind im Rahmen der verbraucherseitigen Bedarfsplanung:

— der Bedarfsnachweis entsprechend den planmethodischen Bestimmungen,
— der Ausweis des Einsatzes von PVC-Weichfolie für Exporterzeugnisse und die technisch-ökonomisch begründeten Materialverbrauchsnormen für die benötigte PVC-Weichfolienmenge,
— der vorgesehene Einsatz und die Höhe des Bedarfs an PVC-Weichfolie bei Erzeugnissen für den Inland- bzw. Produktionsverbrauch entsprechend den genannten Grundsätzen im Abs. 3 auf der Grundlage des bestätigten Produktionsplanes und der technisch-ökonomisch begründeten Materialverbrauchsnorm.

(6) Das bilanzbeauftragte Organ[1]) ist verpflichtet, den angemeldeten Bedarf nur dann in die Bilanz aufzunehmen, wenn der Verbraucher die im Abs. 1 geforderten Nachweise vollständig erbracht hat.

§ 2

(1) Das bilanzbeauftragte Organ ist berechtigt, zeitlich begrenzte Ausnahmegenehmigungen für begründete Einsatzgebiete, die nicht in der Anlage erfaßt sind, zu erteilen.
(2) Anträge auf Erteilung einer Ausnahmegenehmigung sind unter Beachtung des § 12 der Anordnung vom 3. Dezember 1976 über das Informationssystem für Werkstoffe und ökonomischen Materialeinsatz und den Erlaß staatlicher Einsatzbestimmungen für Rohstoffe und Materialien zu stellen. Sie sind formlos in zweifacher Ausfertigung vom Fondsträger an das bilanzbeauftragte Organ einzureichen. Der Antrag muß folgende Angaben enthalten:

— Folienart,
— Folienmenge (t/Jahr) und das vorgesehene Einsatzgebiet,
— den im § 1 Abs. 5 geforderten Nachweis.

(3) Das bilanzbeauftragte Organ hat den Antragstellern innerhalb von 1 Monat nach Eingang des Antrages die Entscheidung mitzuteilen.
(4) Gegen Entscheidungen des bilanzbeauftragten Organs zu Ausnahmeanträgen kann innerhalb von 2 Wochen nach Zugang über den Leiter des übergeordneten Organs eine schriftlich begründete Beschwerde beim Minister für Leichtindustrie eingelegt werden. Der Minister für Leichtindustrie entscheidet innerhalb von 4 Wochen endgültig. Die Entscheidung ist dem Einreicher schriftlich mitzuteilen und zu begründen.

§ 3

(1) Bei Neu- und Weiterentwicklungen von Erzeugnissen aus PVC-Weichfolie bzw. bei vorgesehener erstmaliger Verwendung ist das bilanzbeauftragte Organ vom übergeordneten Organ des Verbrauchers unter Beachtung der Einhaltung der staatlichen Einsatz-

bestimmungen zu informieren. Nach Abstimmung und Protokollierung ist die Information mit entsprechender Stellungnahme durch das bilanzbeauftragte Organ dem Ministerium für Leichtindustrie zu übergeben. Das Ministerium für Leichtindustrie entscheidet über die Zulässigkeit des Einsatzes binnen 1 Monats endgültig.
(2) Durch die Lieferer hat eine intensive anwendungstechnische Beratung der Anwender bzw. Verbraucher von PVC-Weichfolie zu erfolgen, insbesondere über die Folienart und Foliendicke sowie die Möglichkeiten der Materialeinsparung.

§ 4

(1) Diese Anordnung tritt mit ihrer Veröffentlichung in Kraft.
(2) Diese Anordnung gilt auch für abgeschlossene Wirtschaftsverträge, die nach dem Inkrafttreten zu erfüllen sind. Soweit diese Wirtschaftsverträge den Bestimmungen dieser Anordnung widersprechen, sind sie zu ändern oder aufzuheben.

Anlage

zu vorstehender Anordnung

Einsatzgebiete für die Verwendung von Folie aus Polyvinylchlorid (mit Weichmacher)

...

2. Aufblasfolie

   für

   ...

   — Plastbandagen für die Erste Hilfe

   — Babywickelliege

3. Physiologisch unbedenkliche Folie

   für

   — medizinische Zwecke

   — Windelhosen

   ...

9. Verpackungsfolie

   für

   ...

   — chemische Produkte

   — Säcke

   ...

10. Sonstige Folie

für

...

— Kronenkorkeneinlagen

...

— Arbeitsschutz- und Regenbekleidung sowie Haushaltsschürzen

— Spermabehälter

...

— Schuhüberzüge im medizinischen Bereich

...

— Infusionsflaschenaufhänger

[1]) Bilanzbeauftragtes Organ ist der VEB Kombinat Kunstleder und Pelzverarbeitung, 7000 Leipzig, Am Brühl 42/50.

Gesetz über das Veterinärwesen[7])

vom 20. Juni 1962
(GBl. I Nr. 5 S. 55)

i. d. F. des Anpassungsgesetzes vom 11. Juni 1968
(GBl. I Nr. 11 S. 242; Ber. GBl. II Nr. 103 S. 827)
— Auszug —

Pflichten und Rechte der Tierärzte

§ 10 (Auszug)

(1) Zur Ausübung des tierärztlichen Berufes sind nur Personen berechtigt, die im Besitz der Approbation als Tierarzt sind. Die Approbationsordnung für Tierärzte legt der *Minister für Landwirtschaft, Erfassung und Forstwirtschaft* fest[1]).
(2) Für die Tätigkeit als Fachtierarzt ist eine entsprechende Anerkennung Voraussetzung. Die Fachtierarztordnung legt der *Minister für Landwirtschaft, Erfassung und Forstwirtschaft* fest[1])[2]).

§ 13

(1) Die Tierärzte sind innerhalb ihrer Arbeitsbereiche berechtigt und verpflichtet, in den Tierbeständen, insbesondere den Zucht- und Nutztierbeständen der sozialistischen Landwirtschaftsbetriebe, die erforderlichen prophylaktischen und therapeutischen Maßnahmen anzuweisen, die Tierhalter zu beraten und die Durchführung der Maßnahmen zu kontrollieren.
(2) Die Leiter der veterinärmedizinischen Fachorgane und die von ihnen besonders beauftragten Tierärzte haben das Recht, den Leitern von Betrieben und Einrichtungen ihres Aufgabenbereiches schriftliche Weisungen auf dem Gebiet der Veterinärhygiene zu erteilen, wenn drohende Mängel, welche die Gesundheit von Menschen und Tieren sowie die Erfüllung des Volkswirtschaftsplanes gefährden können, festgestellt worden sind. Bei Nichtbefolgung der Weisungen sind durch die örtlichen staatlichen Organe die erforderlichen Maßnahmen zu ihrer Durchsetzung einzuleiten.

Pflichten und Rechte der Tierhalter

§ 14

Die sozialistischen Landwirtschaftsbetriebe und alle anderen Tierhalter bzw. die von ihnen mit der Betreuung von Tieren beauftragten Personen haben die Grundsätze über die Haltung, Fütterung und Pflege der Tiere zu beachten. Sie sind verpflichtet, die Tiere vor vorsätzlichen oder fahrlässigen Schädigungen aller Art zu schützen.

§ 15

Die im § 14 genannten Tierhalter bzw. Personen sind verpflichtet:

a) in enger Zusammenarbeit mit den Tierärzten für die Durchführung prophylaktischer Maßnahmen zur Verhütung von Krankheiten der Tiere zu sorgen;
b) bei auftretenden Krankheits- und Todesfällen in den Tierbeständen den zuständigen Tierarzt in Kenntnis zu setzen, erforderlichenfalls tierärztliche Hilfe in Anspruch zu nehmen und die Anweisungen der Tierärzte zu befolgen;
c) bei allen tierärztlichen Verrichtungen für die erforderliche Hilfeleistung zu sorgen.

§ 16

Jeder Tierhalter hat das Recht, bei allen die Haltung von Tieren betreffenden Fragen und bei Erkrankungen von Tieren Hilfe der zuständigen veterinärmedizinischen Einrichtungen und Dienste in Anspruch zu nehmen.

Vorbeugender Gesundheitsschutz

§ 17

Die Räte der Bezirke, Kreise und Gemeinden sind verpflichtet, die planmäßige koordinierte Aufklärungsarbeit unter der Bevölkerung, insbesondere der Landbevölkerung, über den vorbeugenden Gesundheitsschutz vor Krankheiten, die vom Tier auf den Menschen übertragbar sind, sowie vor Tierkrankheiten zu organisieren und zu fördern.

§ 18

Die veterinärmedizinischen Fachorgane der Räte der Bezirke und Kreise leiten und organisieren die regelmäßige tierärztliche Untersuchung und Gesundheitsüberwachung der Zucht- und Nutztierbestände durch die Tiergesundheitsdienste, die Überwachung des Fortpflanzungsgeschehens sowie die veterinärhygienische Überwachung der künstlichen Besamung.

§ 19

(1) Die zentralen und örtlichen Organe sowie die Institutionen der Landwirtschaft und des Bauwesens sind verpflichtet, bei der Ausarbeitung von Typenprojekten und anderen Projekten die Richtlinien des *Ministeriums für Landwirtschaft, Erfassung und Forstwirtschaft*[3]) zu berücksichtigen; bei der Ausarbeitung von Typenprojekten sind außerdem das zentrale veterinärmedizinische Fachorgan, bei anderen Projekten die zuständigen örtlichen veterinärmedizinischen Fachorgane heranzuziehen. Das betrifft insbesondere folgende Projekte:

a) Tierunterkünfte aller Art;
b) Errichtung und Ausstattung von Einrichtungen, Um- und Neubauten, die der Unter-

bringung von und dem Verkehr mit lebenden Tieren, der Gewinnung, Be- und Verarbeitung und der Lagerung und dem Transport von Lebensmitteln tierischer Herkunft und anderer von Tieren stammender Produkte dienen;
c) Besamungs- und Deckstationen;
d) Bauten des Tierkörperbeseitigungs- und -verwertungswesens;
e) Projekte zur Behandlung der in den unter a) bis d) genannten Einrichtungen anfallenden Abwässer.

(2) Die zentralen und örtlichen staatlichen Organe sowie die Institutionen der Landwirtschaft und des Bauwesens sind verpflichtet, für die Vorplanung der in Abs. 1 genannten Bauten außer anderen gesetzlich vorgeschriebenen Zustimmungen die Zustimmung des Leiters des zuständigen veterinärmedizinischen Fachorgans einzuholen und ihn zur Beteiligung an der Bauabnahme rechtzeitig aufzufordern.
(3) Von der Industrie entwickelte Baustoffe, Konservierungsmittel, Farbstoffe, Schädlingsbekämpfungsmittel und andere Materialien, soweit sie mit Tieren und Futtermitteln in Berührung kommen können, sowie Mischfuttermittel sind der Prüfung und Unschädlichkeit für Tiere durch die zuständigen veterinärmedizinischen Einrichtungen zu unterziehen. Verfahrensrechtliche Bestimmungen erläßt der *Minister für Landwirtschaft, Erfassung und Forstwirtschaft*[1]).

Maßnahmen bei besonderen Gefahren für die Tierbestände

§ 20

Die zentralen und örtlichen staatlichen Organe sind in dem ihnen übertragenen Aufgabenbereich verantwortlich, daß zum Schutz gegen die Gefährdung der Gesundheit der Tierbestände durch Seuchen und andere von außen her einwirkende Gefahren planmäßige und wirksame vorbeugende Maßnahmen durchgeführt werden.

§ 21

(1) Zum Schutz gegen die Gefährdung der Gesundheit der Tierbestände durch eine oder mehrere der im § 20 genannten Gefahren sind auf Vorschlag der Leiter der veterinärmedizinischen Fachorgane folgende Maßnahmen durch die zentralen bzw. örtlichen staatlichen Organe soweit als erforderlich anzuweisen:

a) Absonderung und Bewachung der Tiere;
b) Beschränkung des Tierverkehrs;
c) Beschränkung des Personenverkehrs;
d) Beschränkung der Benutzung, des Transports oder der Verwertung von lebenden oder toten Tieren oder der von ihnen stammenden Erzeugnisse;
e) Nutzungsbeschränkung oder Vernichtung von Gegenständen, die geeignet sind, Tiere zu gefährden;

f) Durchführung von bestimmten diagnostischen und sonstigen Verfahren;
g) Tötung von Tieren.

(2) Bei Vorliegen eines Notstandes sind die Leiter der veterinärmedizinischen Fachorgane berechtigt, notwendige Sofortmaßnahmen im Sinne des Abs. 1 anzuweisen, und verpflichtet, unverzüglich davon die zuständigen zentralen bzw. örtlichen staatlichen Organe zu unterrichten und ihnen entsprechende wirksame Maßnahmen vorzuschlagen.

Veterinärhygienische Verkehrsüberwachung[7])

§ 23

(1) Das *Ministerium für Landwirtschaft, Erfassung und Forstwirtschaft*[3]) und die ihm nachgeordneten veterinärmedizinischen Einrichtungen und Dienste kontrollieren die Einhaltung der veterinärgesetzlichen Bestimmungen beim Transport

a) von lebenden und toten Tieren;
b) von Lebensmitteln, Erzeugnissen und Rohstoffen tierischer Herkunft;
c) von Gegenständen, die Träger von Tiere gefährdenden Ansteckungsstoffen sein können.

(2) Sie bedienen sich dazu des veterinärhygienischen Verkehrsüberwachungsdienstes und anderer zuständiger veterinärmedizinischer Einrichtungen und Dienste. Erforderliche Maßnahmen haben sie im Einvernehmen mit den Handels- und Transportorganen festzulegen und ihre Durchführung zu überwachen.
(3) Sind in den Fällen des Abs. 1 Menschen gefährdet, sind die zuständigen Organe des Gesundheitswesens einzuschalten.

Bereitstellung von Arzneimitteln, Seren und Impfstoffen sowie von Instrumenten und Geräten für die Anwendung auf dem Gebiet der Veterinärmedizin

§ 24

(1) Der *Volkswirtschaftsrat*[4]) ist für die Anleitung und Organisierung der Produktion und der Qualitätsprüfung sowie für die Planung und Bereitstellung von Arzneimitteln, Instrumenten und Geräten für die Anwendung auf dem Gebiet der Veterinärmedizin in Zusammenarbeit mit dem *Ministerium für Landwirtschaft, Erfassung und Forstwirtschaft*[3]) verantwortlich.
(2) Das *Ministerium für Landwirtschaft, Erfassung und Forstwirtschaft*[3]) ist für die Produktion, Qualitätsprüfung, Standardisierung und Bereitstellung von Seren und Impfstoffen für die Anwendung auf dem Gebiet der Veterinärmedizin verantwortlich.

§ 25

(1) Die Erteilung der Herstellungserlaubnis, die Zulassung, die Registrierung, die Abgabe, die Prüfung und Kontrolle von Arzneimitteln und von Seren und Impfstoffen für die An-

wendung auf dem Gebiet der Veterinärmedizin erfolgt nach den entsprechenden gesetzlichen Bestimmungen[5]).

(2) Die Zulassung der im Abs. 1 genannten Erzeugnisse erfolgt nach Anhören des Gutachterausschusses[6]) für Arzneimittel für die Anwendung auf dem Gebiet der Veterinärmedizin, dessen Mitglieder durch den *Minister für Landwirtschaft, Erfassung und Forstwirtschaft*[1]) benannt werden.

§ 26

(1) Die Versorgung von Einrichtungen und Diensten des Veterinärwesens mit Arzneimitteln, Instrumenten und Geräten für die Anwendung auf dem Gebiet der Veterinärmedizin obliegt den zuständigen Versorgungsorganen entsprechend den für sie geltenden Bestimmungen.

(2) Die tierärztlichen Leiter der Einrichtungen und Dienste des Veterinärwesens haben die für ihre Tätigkeit notwendigen Arzneimittel, Seren und Impfstoffe ständig vorrätig zu halten und nach Bedarf abzugeben.

(3) Durch approbierte Tierärzte können innerhalb der Einrichtungen und Dienste des Veterinärwesens Arzneien selbst hergestellt, aufbewahrt und abgegeben werden, sofern die Voraussetzungen zum Betrieb einer nicht öffentlichen tierärztlichen Apotheke gegeben sind. Die Kontrolle, dieser Apotheken regelt der *Minister für Landwirtschaft, Erfassung und Forstwirtschaft*[1]) gemeinsam mit dem Minister für Gesundheitswesen.

[1]) Jetzt: Minister für Land-, Forst- und Nahrungsgüterwirtschaft.

[2]) AO vom 3. 7. 1974 über die Approbation als Tierarzt (GBl. I Nr. 35 S. 336).

[3]) Jetzt: Ministerium für Land-, Forst- und Nahrungsgüterwirtschaft.

[4]) Jetzt: Das jeweils zuständige Industrieministerium.

[5]) Das sind jetzt das Arzneimittelgesetz und seine Durchführungsbestimmungen (abgedruckt unter C 01 01 ff.).

[6]) Der Gutachterausschuß ist identisch mit der Sektion Veterinärmedizin des Zentralen Gutachterausschusses für Arzneimittelverkehr (§ 23 AMG, abgedruckt unter C 01 01).

[7]) S. a. Anordnung über das Statut der Veterinärhygiene-Inspektionen. Vom 29. Mai 1967 (GBl. II Nr. 57 S. 369).

Verordnung über die Produktion von industriellen Futtermitteln, den Verkehr mit Futtermitteln und die Verwaltung des Staatlichen Futtermittelfonds — Futtermittelverordnung —

vom 22. Oktober 1964
(GBl. II Nr. 118 S. 927)

i. d. F. der Zweiten Verordnung vom 26. Juli 1966
(GBl. II Nr. 90 S. 579)

und der Anpassungsverordnung vom 13. Juni 1968
(GBl. II Nr. 62 S. 363; Ber GBl. II Nr. 103 S. 827)
— Auszug —

§ 1 (Auszug) Begriffsbestimmung

(1) Futtermittel entsprechend dieser Verordnung sind Einzelfuttermittel, Mischfuttermittel, Wirkstoffmischungen und Mineralstoffmischungen, die in den Verkehr gebracht werden.

§ 5 Begriffsbestimmung
Qualitätsanforderungen

(1) Der *Landwirtschaftsrat der Deutschen Demokratischen Republik*[1]) arbeitet Staatliche Standards aus und legt Normen und Rahmenrezepturen für Mischfuttermittel, Wirkstoffmischungen und Mineralstoffmischungen in Abstimmung mit dem *Staatlichen Komitee*[2]) fest. Das *Staatliche Komitee*[2]) legt auf dieser Grundlage in Abstimmung mit dem *Landwirtschaftsrat der Deutschen Demokratischen Republik*[1]) entsprechend der jeweiligen Rohstofflage Rezepturen für Mischfuttermittel fest.
(2) Mischfuttermittel, Wirkstoffmischungen und Mineralstoffmischungen dürfen nur nach Staatlichen Standards oder nach den gemäß Abs. 1 festgelegten Normen, Rahmenrezepturen und Rezepturen hergestellt werden.
(3) Das Ministerium für Gesundheitswesen arbeitet Staatliche Standards aus und legt Rahmenrezepturen für Futtermittel fest, die für Versuchstiere bestimmt sind.

[1]) Jetzt: Ministerium für Land-, Forst- und Nahrungsgüterwirtschaft.
[2]) Gemeint war das damalige Staatliche Komitee für Erfassung und Aufkauf landwirtschaftlicher Erzeugnisse, das jetzt in das Ministerium für Land-, Forst- und Nahrungsgüterwirtschaft eingegliedert ist.

Erste Durchführungsbestimmung zur Futtermittelverordnung

vom 31. Dezember 1964
(GBl. II 1965 Nr. 10 S. 56)
— Auszug —

§ 1

Zu § 1 der Verordnung:

(1) Futtermittel im Sinne der Verordnung sind organische oder anorganische (mineralische) Stoffe und Mischungen solcher Stoffe, die der Verfütterung an Tiere dienen sollen.
(2) Überwiegen in der Mischung die organischen Futterstoffe, so ist die Mischung als Mischfuttermittel[1]), überwiegen die anorganischen Bestandteile, so ist die Mischung als Mineralstoffmischung anzusehen.
(3) Wirkstoffmischungen sind organische und anorganische Futterstoffe mit hohem Gehalt an Wirkstoffen, wie Antibiotika, Vitaminen, Fermenten u. a.
(4) Futtergemische sind Futterstoffe, die vorwiegend aus betriebseigenen Rohstoffen in Mischanlagen der sozialistischen Landwirtschaftsbetriebe nach eigenen Rezepturen hergestellt werden und dem Eigenverbrauch dienen. Sie sind nicht Bestandteile des Volkswirtschaftsplanes und dürfen nicht in den Verkehr gebracht werden.

[1]) S. a.

Verfügung über hygienisch-toxikologische Qualitätssicherungsmaßnahmen für industrielle Mischfuttermittel und deren Rohstoffe

vom 8. Januar 1975
(VuM MLFN Nr. 3 S. 27)

u. a. mit Festlegungen zu Grenzwerten und Untersuchungsintervallen sowie Untersuchungszuständigkeiten für Mineralstoffmischungen (Fluorgehalt), Getreide (Pflanzenschutzmittel, Pilzbefall), Fischmehl (Salmonellen), Tierkörpermehl (Salmonellen), Blutmehl (Salmonellen), Extraktionsschrote (giftige Pflanzensamen, Pflanzenschutzmittel, Pilzbefall), Erdnußextraktionsschrot und Baumwollsaatexpeller (Aflatoxingehalt, Salmonellen), Sojaextraktionsschrot und pflanzliche Eiweißkonzentratfuttermittel (Salmonellen), Futterhefe (Salmonellen), Trockengrünfutter (Pflanzenschutzmittel), Zuckerrübenschnitzel u. ä. (Pilzbefall), Antibiotikakonzentrate (Salmonellen). Für Aflatoxin und ausgewählte toxische Substanzen sind folgende Festlegungen getroffen:

Aflatoxin-B-Toleranzen (Höchstgehalte) in Fertigfuttermitteln (Originalsubstanz)

Schweine über 70 kg	0,4 ppm
Schweine 35—70 kg	0,1 ppm
Sauen und Eber	0,2 ppm
Zuchtbullen	0,2 ppm
Mastrinder	0,4 ppm

Jungrinder	0,2 ppm
Milchkühe	0,1 ppm
Schafe	0,5 ppm
Legehennen	0,15 ppm
Broiler	0,08 ppm

Frei von Aflatoxin müssen Starterfuttermittel für Geflügel sowie Futtermittel für Enten und Puten, für Schweine bis 35 kg LM und Kälber (bis 17. Lebenswoche) sein.

Grenzwerte (Höchstwerte) bei toxischen Substanzen zur Einführung in die Qualitätssicherungsmaßnahmen

Salze

Natriumchlorid nach TGL 21820 Körnung 2
Spurenelementsalze: Kein Rückstand auf dem 1-mm-Sieb

NaCl

in Mischfuttermitteln entsprechend „Qualitätsanforderungen für industrielle Mischfuttermittel, Wirk- und Mineralstoffmischung"
im Fischmehl entsprechend Standard
TGL 4811 — Fischmehl —
max. 5,0%
im Mischfutter als NaCl vorliegend und als Cl bestimmt.

Fluor

im Futterphosphat entsprechend Standard
TGL 26062 — Kalziumphosphat
defluoriert —
max. 0,35%

Nitrat

NO_3	0,5 g je kg Frischmasse der Gesamtration für Rinder
HCN	150 mg/kg
NH_3	0,25% Untersuchung sollte in Eiweißfuttermitteln und
Gehalt an freien NH_3	in Eiweißkonzentrat erfolgen
Rizinussamen und/oder Rizinussamenschalen in Extraktionsschroten	0,005%

Verordnung zum Schutze der Tierbestände vor Tierseuchen, Parasitosen und anderen besonderen Gefahren — Tierseuchenverordnung —

vom 11. August 1971
(GBl. II Nr. 64 S. 557)
— Auszug —

I.

Geltungsbereich

§ 1

(1) Diese Verordnung regelt die Rechte und Pflichten bei der Durchsetzung der Maßnahmen zum Schutze der Tierbestände vor Tierseuchen, Parasitosen und anderen besonderen Gefahren und die sich daraus ergebenden Aufgaben

a) der ... Produktionsgenossenschaften, Betriebe, Einrichtungen ... und der Bürger,
   - die auf dem Staatsgebiet der Deutschen Demokratischen Republik ständig oder zeitweise Tiere im Sinne dieser Verordnung halten, nutzen, handeln, transportieren oder sonst mit Tieren Umgang haben oder mit ihnen in Berührung kommen,
   - die tierische Erzeugnisse und Rohstoffe gewinnen, be- und verarbeiten, lagern oder vorrätig halten, in den Verkehr bringen oder transportieren,
   - die in die Durchführung von Seuchenverhütungs- und Bekämpfungsmaßnahmen einbezogen werden,

b) der Staats- und Wirtschaftsorgane bei der Leitung, Planung, Organisation und Kontrolle.

§ 2

(1) In den Produktionsgenossenschaften, Betrieben und Einrichtungen sind die vorbeugenden Maßnahmen[1]) zur Verhütung und Bekämpfung von Tierseuchen, Parasitosen und anderen besonderen Gefahren für die Tierbestände Bestandteil des veterinärhygienischen Sicherungssystems und bilden die Grundlage für entsprechende Maßnahmen in der Leitung, Planung, Technologie und Kontrolle der Produktion.

(2) Die Leiter der Staats- und Wirtschaftsorgane, die Vorstände der Produktionsgenossenschaften und die Leiter der Betriebe und Einrichtungen haben alle Voraussetzungen für die Verhütung und Bekämpfung von Tierseuchen, Parasitosen und anderen besonderen Gefahren für die Tierbestände zu schaffen und die dazu notwendigen finanziellen, materiellen und personellen Aufwendungen zur Sicherung der Einheit von Produktion und Tierhygiene zu planen.

IV.

Meldepflicht und Sofortmaßnahmen beim Auftreten von Tierseuchen, Parasitosen und anderen besonderen Gefahren für die Tierbestände

§ 8

(1) Zeigen sich an lebenden oder toten Tieren, Schlachttieren, an tierischen Erzeugnissen oder Rohstoffen Erscheinungen und Veränderungen, die auf das Vorliegen von Tierseuchen, Parasitosen und anderen besonderen Gefahren für die Tierbestände hinweisen, oder besteht der Verdacht auf deren Vorliegen bei Tieren auf Grund von schnell um sich greifenden Leistungsminderungen, Abweichungen vom Normalverhalten, Fehlgeburten, Erkrankungen oder Todesfällen, so sind diese Erscheinungen oder der Verdacht unverzüglich dem für den derzeitigen Standort zuständigen Tierarzt, Kreistierarzt oder dessen Vertreter zu melden.

(2) Bei Verdacht auf Kontamination oder Inkorporation radioaktiver Stoffe in oder an Tieren, tierischen Produkten oder Futtermitteln sowie Tränk- und Trinkwasser im Rahmen außergewöhnlicher Ereignisse ist zusätzlich die *Staatliche Zentrale für Strahlenschutz*[2]) der Deutschen Demokratischen Republik — Strahlenschutzbereitschaft — davon in Kenntnis zu setzen.

§ 9

(1) Zur unverzüglichen Meldung entsprechend § 8 sind verpflichtet:

- die Tierhalter,
- Personen, die mit der Aufsicht, Pflege, Betreuung und Wartung von Tieren beauftragt sind,
- Personen, die mit dem Transport, der Schlachtung sowie der Verarbeitung von Tieren beauftragt sind,
- Personen, die Tiere fangen und erlegen,
- Personen, die tierische Erzeugnisse und Rohstoffe be- und verarbeiten,
- Beschäftigte der Tierkörperbeseitigungsanstalten,
- Personen, die beruflich Verrichtungen in Tierbeständen oder an Tieren vornehmen,
- alle Bürger, die verdächtige Erscheinungen wahrnehmen oder davon Kenntnis erhalten

(2) Ist die unverzügliche Meldung an den zuständigen Tierarzt, Kreistierarzt oder dessen Vertreter nicht durchführbar, so ist die Meldung an andere staatliche Organe zu erstatten, die verpflichtet sind, die Meldung unverzüglich an den Kreistierarzt weiterzuleiten. Bei Transporten auf dem Schienenweg ist über die nächste Dienststelle der Deutschen Reichsbahn der zuständige Direktionstierarzt des Veterinärhygienischen Verkehrsüberwachungsdienstes zu verständigen. Bei Seetransporten ist über die nächste Dienststelle des schifffahrttreibenden Betriebes der Direktionstierarzt für den Seeverkehr und die Hafenwirtschaft und in der Binnenschiffahrt der zuständige Tierarzt des Veterinärhygienischen Verkehrsüberwachungsdienstes zu informieren.

(3) Dem zuständigen Tierarzt oder Kreistierarzt sind alle Beobachtungen und Feststellungen über den Verlauf der Erkrankung mitzuteilen, alle zur Feststellung notwendigen Hinweise und Hinweismaterialien zur Ermittlung der Einschleppung und möglichen Weiterverschleppung zur Verfügung zu stellen und alle für die Diagnosesicherung erforderlichen Tiere zur Untersuchung vorzustellen.

§ 10

(1) Bis zum Eintreffen des zuständigen Tierarztes oder Kreistierarztes

— dürfen Personen die Stallungen oder sonstige Standorte der Tiere weder verlassen noch betreten,
— sind von den Vorständen der Produktionsgenossenschaften und Leitern der Betriebe und Einrichtungen nach dem Seuchenalarmplan zwischenzeitliche Maßnahmen einzuleiten, die eine Verschleppung des Ansteckungsstoffes ausschließen,
— dürfen kranke, ansteckungsverdächtige und noch gesund erscheinende empfängliche und gefährdete Tiere, die mit kranken oder ansteckungsverdächtigen Tieren in Berührung gekommen sind oder sein können, nicht von ihrem derzeitigen Standort entfernt werden.

(2) Wenn zweifelsfrei das Verbleiben für die Tiere zu erheblichen Verlusten führen kann (z. B. vergiftete Weiden), ist eine Ortsveränderung nur soweit gestattet, als sie zur Abwendung der unmittelbaren Bedrohung notwendig ist.
(3) Erzeugnisse und Rohstoffe von kranken oder verdächtigen Tieren sowie Gegenstände, die damit in Berührung gekommen sind, dürfen bis zum Eintreffen des zuständigen Tierarztes oder Kreistierarztes und dessen Entscheidung über ihre Freigabe, Maßregelung oder sonstige Verwendung nicht in den Verkehr gebracht werden.
(4) Sind die Anzeichen oder der Verdacht auf Tierseuchen, Parasitosen oder andere besondere Gefahren für die Tierbestände bei der Schlachtung, Tötung oder Zerlegung eines Tieres festgestellt worden, so sind bis zum Eintreffen des Tierarztes oder Kreistierarztes die für die Feststellung einer Tierseuche, Parasitose oder anderen besonderen Gefahr notwendigen Tierkörper einschließlich sämtlicher Organe oder Organteile und Tierkörperteile weder zu entfernen noch zu verändern oder zu vernichten. Sie sind so aufzubewahren, daß eine Weiterverbreitung oder Verschleppung der Krankheit mit Sicherheit verhindert wird.

VII[5])

§ 13 Finanzierung

(1) Die Produktionsgenossenschaften, Betriebe und Einrichtungen sowie die Bürger tragen — sofern nicht im einzelnen anders geregelt — die Kosten für
— alle veterinärmedizinisch erforderlichen Maßnahmen zur Verhütung von Tierseuchen,

Parasitosen und anderen besonderen Gefahren für die Tierbestände einschließlich ihrer materiellen Sicherung,
— Schutzimpfungen,
— Maßnahmen, die aus eigenverschuldetem Auftreten sowie dem Verdacht auf Tierseuchen, Parasitosen und andere besondere Gefahren für die Tierbestände und deren Auswirkungen notwendig werden, auch gegenüber Dritten,
— Ausfälle im Betriebsergebnis oder Einkommen durch Auswirkungen oder durch Maßnahmen, die sich aus der Feststellung des Auftretens von oder des Verdachtes auf Tierseuchen, Parasitosen und andere besondere Gefahren für die Tierbestände ergeben, soweit nicht Anspruch auf Entschädigung nach den bestehenden versicherungsrechtlichen Regelungen gegeben ist.

(2) Aus dem Staatshaushalt werden die Kosten getragen für
— diagnostische Untersuchungen und Verfahren zur Feststellung oder zum Ausschluß von Tierseuchen, Parasitosen und anderen besonderen Gefahren für die Tierbestände,
— angewiesene Ringimpfungen und zusätzliche Desinfektionsmaßnahmen,
— delegierte Kader, die Maßnahmen zur Verhütung und Bekämpfung von Tierseuchen, Parasitosen und anderen besonderen Gefahren für die Tierbestände durchzuführen haben,
— Lohnausgleichszahlungen an den verauslagenden Betrieb für Bürger, die von Quarantäne und Sperrmaßnahmen betroffen werden, sofern diese Bürger nicht in Produktionsgenossenschaften, Betrieben und Einrichtungen tätig sind oder selbst Tiere halten, bei denen eine Tierseuche, Parasitose oder andere besondere Gefahr für die Tierbestände oder der Verdacht darauf staatlich festgestellt wurde,
— zusätzliche Desinfektionsmaßnahmen, die in Schlachtbetrieben nach Seuchen- oder Sperrviehschlachtungen notwendig werden, sowie für Überstunden aus Seuchen- und Sperrviehschlachtungen und den danach erforderlichen zusätzlichen Desinfektionsmaßnahmen,
— den zusätzlichen Aufwand bei der Kühlung, Lagerung und Verarbeitung von verkehrsbeschränktem Fleisch und Tierkörperteilen.

(3) Darüber hinausgehende Regelungen über die Erstattung der Kosten für die Verhütung und Bekämpfung von Tierseuchen, Parasitosen und anderen besonderen Gefahren für die Tierbestände trifft der *Vorsitzende des Rates für landwirtschaftliche Produktion und Nahrungsgüterwirtschaft der Deutschen Demokratischen Republik*[4]) im Einvernehmen mit dem Minister der Finanzen.

VIII.

§ 14 Zwangsweise Durchsetzung von Maßnahmen

Wird eine auf Grund von Rechtsvorschriften angeordnete Maßnahme des Leiters des zuständigen veterinärmedizinischen Fachorgans nicht durchgeführt, behindert oder verzögert oder eine Rechtspflicht zum Schutze der Tierbestände nicht erfüllt, so kann die Durchführung der notwendigen Maßnahmen vom zuständigen Leiter des veterinärmedizinischen Fachorgans zwangsweise durchgesetzt werden. Die dadurch entstehenden Kosten hat der Zuwiderhandelnde zu tragen.

...

X[5])

Schlußbestimmungen

§ 17

Durchführungsbestimmungen zu dieser Verordnung erläßt der *Vorsitzende des Rates für landwirtschaftliche Produktion und Nahrungsgüterwirtschaft*[4]) der Deutschen Demokratischen Republik im Einvernehmen mit den Leitern der zuständigen zentralen staatlichen Organe.

§ 18

(1) Diese Verordnung tritt am 1. September 1971 in Kraft.

(2) Mit Wirkung vom 1. September 1971 sind nicht mehr anzuwenden:

a) alle vor dem 8. Mai 1945 erlassenen Rechtsvorschriften zur Verhütung und Bekämpfung von Tierseuchen,

b) alle von den ehemaligen Ländern auf dem Territorium der Deutschen Demokratischen Republik erlassenen Rechtsvorschriften zur Verhütung und Bekämpfung von Tierseuchen.

[1]) Im nicht abgedruckten Abschnitt III im einzelnen festgelegt.

[2]) Jetzt: Staatliches Amt für Atomsicherheit und Strahlenschutz der DDR.

[3]) Die Abschnitte V (Tierseuchennachrichtenwesen) und VI (Tierseuchenkommissionen) sind nicht abgedruckt.

[4]) Jetzt: Minister für Land-, Forst- und Nahrungsgüterwirtschaft.

[5]) Nicht abgedruckt sind die Strafbestimmungen.

Erste Durchführungsbestimmung zur Tierseuchenverordnung

vom 11. August 1971
(GBl. II Nr. 64 S. 561)
— Auszug —

Auf Grund des § 17 der Tierseuchenverordnung vom 11. August 1971 (GBl. II S. 557) wird im Einvernehmen mit den Leitern der zuständigen zentralen staatlichen Organe folgendes bestimmt:

I.

§ 1 Aufgaben, Rechte und Pflichten der veterinärmedizinischen Fachkräfte

(1) Alle veterinärmedizinischen Fachkräfte (insbesondere Tierärzte, Veterinäringenieure und Veterinärtechniker) sind unabhängig von ihrer Unterstellung verpflichtet, im Rahmen ihres Aufgabengebietes ständig zur Sicherung der Produktion, eines hohen Gebrauchswertes der Produkte und des Schutzes der menschlichen Gesundheit die erforderlichen und angewiesenen Maßnahmen zur Verhütung und Bekämpfung von Tierseuchen, Parasitosen und anderen besonderen Gefahren für die Tierbestände planmäßig durchzusetzen.
(2) Von allen veterinärmedizinischen Fachkräften sind die Bürger ständig über das Verhalten zum Schutze der Tierbestände vor Tierseuchen, Parasitosen und anderen besonderen Gefahren aufzuklären.

II.

Aufgaben der veterinärmedizinischen Fachorgane[1])

...

III.

Meldung und Ermittlung von Tierseuchen, Parasitosen und anderen besonderen Gefahren für die Tierbestände

§ 6

(1) Erhalten veterinärmedizinische Fachkräfte des Veterinärwesens Kenntnis von Erscheinungen oder dem Verdacht der Wirkung einer Tierseuche, einer in Rechtsvorschriften besonders bezeichneten Parasitose oder einer besonderen Gefahr für die Tierbestände, so haben sie dem zuständigen Kreistierarzt unverzüglich Meldung zu erstatten und die notwendigen Sofortmaßnahmen zu veranlassen.

(2) Der Kreistierarzt oder ein von ihm besonders beauftragter Tierarzt des staatlichen Veterinärwesens hat unverzüglich Art, Stand und Ursache einer Tierseuche, Parasitose oder anderen besonderen Gefahr für die Tierbestände zu ermitteln und alle zur Sicherung der schnellen Diagnose erforderlichen Maßnahmen durchzuführen.
(3) Der Kreistierarzt kann bei Anlegen eines strengen Maßstabes besondere Feststellungsverfahren oder die Tötung und Zerlegung von Tieren anweisen, wenn über das Vorliegen von Tierseuchen, Parasitosen und anderen besonderen Gefahren für die Tierbestände anders nicht Gewißheit erlangt werden kann. Die veterinärmedizinischen Untersuchungseinrichtungen sind erforderlichenfalls in die Diagnosestellung einzubeziehen und haben ohne Verzögerung daran mitzuwirken. ...

§ 7

(1) Der Kreistierarzt hat das Vorliegen oder den begründeten Verdacht einer Tierseuche, einer in Rechtsvorschriften besonders bezeichneten Parasitose oder einer anderen besonderen Gefahr für die Tierbestände staatlich festzustellen.
(2) Bei Feststellung des Vorliegens von oder des Verdachtes auf Tierseuchen, Parasitosen und anderen besonderen Gefahren für die Tierbestände, deren Verhütung und Bekämpfung nicht durch andere Rechtsvorschriften geregelt ist, ist — soweit erforderlich — nach § 21 des Gesetzes vom 20. Juni 1962 über das Veterinärwesen (GBl. I S. 55) zu verfahren.
(3) Die staatliche Feststellung sowie die angewiesenen Maßnahmen sind den Vorsitzenden der betroffenen Produktionsgenossenschaften, den Leitern der betroffenen Betriebe und Einrichtungen, den Tierhaltern sowie dem zuständigen Rat der Gemeinde, der Stadt oder des Stadtbezirkes unverzüglich schriftlich mitzuteilen, in dringenden Fällen kann dies vorläufig mündlich erfolgen.
(4) Der Kreistierarzt hat unverzüglich Ermittlungen und Verfolgungsuntersuchungen über Ursachen und Gründe des Auftretens einer Tierseuche, Parasitose oder anderen besonderen Gefahr für die Tierbestände sowie der möglichen Weiterverschleppung in andere Produktionsgenossenschaften, Betriebe und Einrichtungen sowie Tierhaltungen anzustellen.
(5) Werden durch die Leiter der veterinärmedizinischen Fachorgane Maßnahmen für erforderlich gehalten, die zu Beschränkungen auf Straßen führen, ist die Erlaubnis dazu bei dem Leiter der zuständigen Dienststelle der Deutschen Volkspolizei einzuholen.
...

IV.

§ 12 Erlöschen von Tierseuchen, Parasitosen und anderen besonderen Gefahren für die Tierbestände

Das Erlöschen einer Tierseuche, Parasitose oder anderen besonderen Gefahr für die Tierbestände ist durch den Kreistierarzt staatlich festzustellen. ...
Die angewiesenen Maßnahmen sind aufzuheben. Die Aufhebung ist vom Kreistierarzt den Vorsitzenden der betroffenen Produktionsgenossenschaften, den Leitern der Betriebe

und Einrichtungen und den Tierhaltern sowie dem zuständigen Rat der Gemeinde, der Stadt oder des Stadtbezirkes, den Kreistierärzten der benachbarten oder sonst betroffenen Kreise sowie dem Bezirkstierarzt schriftlich mitzuteilen. Bei Nichtbestätigung eines Verdachtes ist entsprechend zu verfahren.

V.

Begriffsbestimmungen

§ 13

Im Sinne der Tierseuchenverordnung gelten folgende Begriffsbestimmungen:

1. Tiere sind:
   - Haustiere einschließlich Bienen,
   - Tiere in zoologischen Gärten, Tierparks, Tiergärten, Heimattiergärten und Wildparks, Tiergärten, Heimattiergärten und Wildparks, Zirkusunternehmen und Schaustellungen,
   - Wildtiere einschließlich der im menschlichen Gewahrsam gehaltenen Tiere,
   - Fische, soweit sie für die menschliche Ernährung bestimmt, zur Verarbeitung als Futtermittel oder zur Zucht und zum Besatz in fischereimäßig genutzten Binnen- und Küstengewässern vorgesehen sind.

   Tieren gleichgestellt sind Bruteier sowie Sperma und Eizellen von Tieren.
2. Schlachttiere sind Tiere, die sich in Schlachtbetrieben oder auf dem Transport zu Schlachtbetrieben befinden.

§ 14

(1) Tierseuchen sind durch Bakterien, Viren, Protozoen oder Pilze hervorgerufene, auf Tiere oder auf Menschen übertragbare Krankheiten bei Tieren.

(2) Parasitosen sind durch Parasiten hervorgerufene Erkrankungen bei Tieren, die die Gesundheit und die Leistung der Tiere sowie die Verwertung der von Tieren stammenden Rohstoffe beeinträchtigen oder eine Gefahr für die menschliche Gesundheit darstellen.

(3) Andere besondere Gefahren für die Tierbestände sind solche, die keine Tierseuchen oder Parasitosen sind, aber gleichfalls eine vollkommene oder teilweise dauernde oder zeitweilige unvorhergesehene Einschränkung der Leistung oder des Gebrauchs der Tiere hervorrufen oder die Verwertung von Erzeugnissen und Rohstoffen tierischer Herkunft einschränken oder unmöglich machen oder eine zeitweilige oder ständige Gefahr für Menschen und Tiere bilden.

§ 15

(1) Krankheitsverdächtige Tiere sind Tiere, an denen sich Erscheinungen zeigen, die die Wirkung von Tierseuchen, Parasitosen oder anderen besonderen Gefahren für die Tierbestände vermuten lassen.

(2) Ansteckungsverdächtige Tiere sind Tiere, bei denen zu vermuten ist, daß sie Erreger von Tierseuchen, Parasitosen oder Stoffe mit besonderen Gefahren für die Gesundheit der Tiere und Menschen aufgenommen haben oder damit kontaminiert sein können.
(3) Empfängliche Tiere sind solche Tiere, die auf natürlichem Wege Erreger von Tierseuchen oder Parasitosen oder Stoffe mit besonderen Gefahren für die Tierbestände aufnehmen und daran erkranken können.
(4) Gefährdete Tiere sind solche Tiere, die sich in Gebieten befinden, in denen Tierseuchen, Parasitosen und andere besondere Gefahren für die Tierbestände herrschen oder die davon bedroht werden. Es wird unterschieden zwischen Gebieten mit ständiger Gefährdung und Gebieten mit zeitweiliger Gefährdung.

§ 16

(1) Tierische Erzeugnisse sind:

— für die menschliche Ernährung vorgesehen:
Fleisch, Knochen, Organe, Fett, Blut und Därme warmblütiger Tiere einschließlich Wild, Geflügel, Fische, Krusten- und Weichtiere und deren Zubereitungen, Eier und daraus hergestellte Erzeugnisse, Milch und Milcherzeugnisse, Bienenhonig,
— zur Verfütterung an Tiere vorgesehen:
Fleisch, Organe, Fett, Fleisch-, Tierkörper-, Blut-, Knochen- und Fischmehle, Milch und Milcherzeugnisse sowie Mischfutter, das eines oder mehrere der vorstehend genannten Erzeugnisse enthält.

(2) Tierische Rohstoffe sind Häute, Felle, Wolle, Borsten, andere Tierhaare, Federn, Hörner, Hornschuhe, zur technischen Verwertung bestimmte Knochen, Fette, Organe sowie Teile und Zerkleinerungsprodukte dieser Rohstoffe.

§ 17

Träger von Ansteckungsstoffen mit besonderen Gefahren zur Verbreitung von Tierseuchen, Parasitosen und anderen besonderen Gefahren für die Tierbestände können sein:

— Menschen,
— lebende oder tote Tiere, abortierte Früchte oder Nachgeburten oder deren Teile, tierische Ausscheidungen, Jauche, Gülle und Dung,
— Kulturen und sonstiges Material von Tierseuchenerregern,
— Heu und Stroh für landwirtschaftliche und technische Zwecke,
— gebrauchte Bienenwohnungen,
— Gerätschaften, die zur Haltung, Pflege und Nutzung von Tieren verwendet werden,

— Transportmittel, Tierunterkünfte oder Teile von ihnen, Verpackungsmaterial sowie Säcke und Planen, in denen Erzeugnisse und Rohstoffe tierischer Herkunft befördert oder mit denen sie abgedeckt wurden,
— Futtermittel, Wasser und Luft, soweit sie schädigende Stoffe gemäß § 14 enthalten.

VI.

§ 18 Schlußbestimmung

Diese Durchführungsbestimmung tritt am 1. September 1971 in Kraft.

[1]) Nicht abgedruckt.

Zweite Durchführungsbestimmung zur Tierseuchenverordnung

vom 3. August 1973
(GBl. I Nr. 45 S. 476)
— Auszug —

Auf Grund der §§ 6, 11 und 17 der Tierseuchenverordnung vom 11. August 1971 (GBl. II Nr. 64 S. 557) wird im Einvernehmen mit den Leitern der zuständigen zentralen Staatsorgane folgendes bestimmt:

§ 1

Diese Durchführungsbestimmung gilt für die im § 1 Abs. 1 Buchst. a der Tierseuchenverordnung genannten Produktionsgenossenschaften, Betriebe und Einrichtungen und die Bürger.

§ 2

(1) Zum Schutze der Tierbestände vor Tierseuchen, Parasitosen und anderen besonderen Gefahren ist durch die Vorstände der Produktionsgenossenschaften und die Leiter der Betriebe und Einrichtungen in Zusammenarbeit mit den zuständigen Tierärzten entsprechend den konkreten Bedingungen in den Arbeits- und Tierhygieneordnungen für die Objekte der Tierproduktion insbesondere zu regeln:

a) Sicherung der Objekte der Tierproduktion sowie Kontrolle der Zugänge und Zufahrten (Objekte der Tierproduktion mit mehr als 1000 Großvieheinheiten sowie alle Anlagen der industriemäßigen Tierproduktion müssen eine Seuchenschleuse für Personen, Tiere, Geräte und Fahrzeuge besitzen),
b) Beschränkungen des Personenverkehrs auf in den Objekten der Tierproduktion unmittelbar Tätige oder die sich gemäß § 3 Abs. 3 der Ersten Durchführungsbestimmung vom 11. August 1971 zur Tierseuchenverordnung (GBl. II Nr. 64 S. 561) zur Ausbildung in diesen Objekten aufhalten,
c) Besucherordnung,
d) seuchenhygienische Absicherung des Wirtschaftsverkehrs,
e) Verfahren der Beseitigung anfallender Abprodukte (Gülle, Jauche, Dung, Abwässer, Nachgeburten, Kadaver u. a.) unter Beachtung hygienischer Erfordernisse und landeskultureller Belange.

(2) Für wissenschaftliche Einrichtungen, Impfstoffproduktionsstätten, Institute und Betriebe, von denen eine besondere Gefährdung für die Verbreitung von Tierseuchen und anderen besonderen Gefahren für die Tierbestände ausgehen kann, sind durch die Bezirkstierärzte zusätzliche Maßnahmen festzulegen.

(3) Besichtigungen der Objekte der Tierproduktion durch Besucher oder Besucherdelegationen bedürfen, soweit dem nicht andere Festlegungen entgegenstehen, der ausdrücklichen Genehmigung durch den zuständigen Kreistierarzt bzw. durch den Bezirkstierarzt bei solchen Objekten und Anlagen, die nach § 4 der Ersten Durchführungsbestimmung zur Tierseuchenverordnung direkt der Anleitung und Kontrolle der Bezirkstierärzte unterstehen.

§ 3

Neu einzustallende Tiere dürfen nur mit Zustimmung des verantwortlichen Tierarztes in die Objekte der Tierproduktion eingestallt werden und sind vor der Einstallung in getrennten Unterkünften in Einzel-, Gruppen- oder Bestandsquarantäne zu nehmen. Einstallungen ohne Quarantäne bedürfen der Zustimmung des Bezirkstierarztes; soweit bestimmte Produktionstechnologien dies zum Inhalt haben, ist nur eine einmalige Zustimmung erforderlich.

§ 4

(1) Produktionsgenossenschaften, Betriebe und Einrichtungen, die Tiere verkaufen, kaufen oder tauschen, haben über Herkunft und Verbleib dieser Tiere einen Nachweis zu führen. Diese Nachweise sind mindestens 2 Jahre nach der letzten Eintragung aufzubewahren.
(2) Produktionsgenossenschaften, Betriebe, Einrichtungen und Züchter dürfen Rinder, Schweine, Schafe, Pferde, Hunde, Papageien und Sittiche nur gekennzeichnet (Kennzeichen, Nummern) an andere abgeben.
...

§ 7

(1) Zur Durchsetzung von Bekämpfungsmaßnahmen sind entsprechend dem Charakter der Ansteckungsfähigkeit und der Ausbreitungstendenz besonderer Gefahren Seuchenobjekte, Sperr- und Schutzzonen zu bestimmen, die unter Beachtung epizootologischer, ökonomischer und anderer Gesichtspunkte festzulegen sind. Die Maßnahmen in den Seuchenobjekten, Sperr- und Schutzzonen sind durch den Kreistierarzt gesondert schriftlich anzuweisen und zu erläutern.
(2) Zur Erhöhung der Wirksamkeit der Bekämpfung von Tierseuchen, Parasitosen und anderen besonderen Gefahren für die Tierbestände können kranke, krankheitsverdächtige sowie ansteckungsverdächtige Tiere aus mehreren Seuchenobjekten unter strenger seuchenhygienischer Absicherung in einem Seuchenobjekt konzentriert werden.

§ 8

(1) Bürgern, die in Seuchenobjekten wohnen, arbeiten oder unmittelbaren Kontakt zu den gesperrten Tierbeständen haben, kann bei bestimmten, vorwiegend hochkontagiösen Seuchen das Verlassen des Seuchenobjektes untersagt werden.

(2) Bei Vorliegen von gefährlichen Tierseuchen und anderen besonderen Gefahren für die Tierbestände können anmelde- und erlaubnispflichtige Veranstaltungen in der Sperrzone untersagt werden. Für nicht anmeldepflichtige Veranstaltungen werden nach Abschluß der Ringimpfung und Umgebungsuntersuchung Sonderregelungen getroffen.

...

§ 11

(1) Die Überwachung der Maßnahmen zur Verhütung und Bekämpfung von übertragbaren Fischkrankheiten obliegt ausschließlich den Bezirkstierärzten, die für die Oberfischmeisterbereiche zuständig sind, in Zusammenarbeit mit den Oberfischmeistern.
(2) Die Bezirkstierärzte haben die rezeptpflichtigen Arzneimittel zur Verhütung und Bekämpfung von Fischkrankheiten freizugeben und deren Einsatz zu überwachen.

§ 12

Zum Schutz besonders gefährdeter Gebiete oder des gesamten Staatsgebietes der DDR vor Tierseuchen werden durch das Ministerium für Land-, Forst- und Nahrungsgüterwirtschaft ständig oder vorübergehend bestimmte diagnostische und immunprophylaktische Maßnahmen angewiesen. Die dadurch anfallenden Kosten tragen die Produktionsgenossenschaften, Betriebe und Einrichtungen sowie die Bürger.

§ 13

(1) Seuchenschlachtungen im Sinne des § 9 der Ersten Durchführungsbestimmung zur Tierseuchenverordnung sind solche Schlachtungen, die nach staatlicher Feststellung bestimmter Seuchen unbedingt die planmäßige und organisierte Ausschlachtung des im Seuchenobjekt vorhandenen Tierbestandes erfordern.
(2) Krankschlachtungen und diagnostische Schlachtungen von Tieren zur Feststellung der Todesursache, der Erkrankung oder zum Ausschluß einer besonderen Gefahr für die Tierbestände gelten nicht als Seuchenschlachtungen.
(3) Sofern in Seuchenobjekten Krankschlachtungen notwendig werden, ist über den Leiter des Veterinärwesens die Zustimmung des Ministers für Land-, Forst- und Nahrungsgüterwirtschaft einzuholen.
(4) Tierseuchen, Parasitosen und andere besondere Gefahren für die Tierbestände, bei denen Seuchen- oder Krankschlachtungen sowie die Verwertung der Tiere untersagt sind, werden durch das Ministerium für Land-, Forst- und Nahrungsgüterwirtschaft den veterinärmedizinischen Fachorganen bekanntgegeben.

§ 14

(1) Der Transport der Schlachttiere vom Seuchenobjekt zum Schlachthof sowie der Transport der Tierkadaver und der Schlachtabfälle zur Tierkörperbeseitigungsanstalt hat mit seuchendichten Fahrzeugen und auf dem kürzesten Wege zu erfolgen.

(2) Beim Verlassen des Seuchenobjektes und der Sperrzone sind die Transportfahrzeuge äußerlich zu desinfizieren. Nach Entladung auf dem Schlachthof oder in der Tierkörperbeseitigungsanstalt sind die Transportfahrzeuge innen und außen gründlich zu reinigen und zu desinfizieren.
(3) Während des Transportes ist durch die am Transport beteiligten Personen jeder Kontakt mit anderen Tieren oder Personen zu vermeiden.
(4) Beim Umgang mit Schlachttieren und Tierkadavern in Seuchenobjekten und bei deren Transport zum Schlachthof bzw. zur Tierkörperbeseitigungsanstalt haben die beteiligten Personen Arbeitsschutzkleidung zu tragen. Beim Verlassen des Seuchenobjektes und der Sperrzone haben diese Personen sich und ihre Arbeitsschutzkleidung zu desinfizieren.

§ 15

(1) Der Transport der Schlachttiere mit der Eisenbahn ist für Sperrvieh nur zulässig, wenn der Bestimmungsbahnhof ohne Umladen und ohne Aufenthalt erreicht werden kann. Für den Transport vom Seuchenobjekt zur Verladestelle und von der Verladestelle zum Schlachthof gelten die Festlegungen des § 14. Verlade- und Entladestellen sind unmittelbar im Anschluß an die Benutzung gründlich zu reinigen und zu desinfizieren.
(2) Die für den Transport vorgesehenen Eisenbahnwagen sind mit der Aufschrift „Sperrvieh/Seuchengefahr“ zu kennzeichnen. Ein gleicher Vermerk ist auf dem Frachtbrief anzubringen.
(3) Die für den Transport benutzten Eisenbahnwagen sind auf der Entladestelle vom Empfänger unverzüglich zu reinigen und zu desinfizieren.
(4) Alle bei den Sperrviehtransporten sowie Sperrviehschlachtungen benutzten Transportmittel, Räume und Geräte sind im Anschluß unverzüglich einer gründlichen Reinigung und Desinfektion zu unterziehen.
...

§ 18

(1) Zur Verhütung und Bekämpfung von Tierseuchen, Parasitosen und anderen besonderen Gefahren für die Tierbestände erläßt der Leiter des Veterinärwesens des Ministeriums für Land-, Forst- und Nahrungsgüterwirtschaft auf der Grundlage der jeweils neuesten wissenschaftlichen Erkenntnisse Weisungen.
(2) Alle Verhütungs- und Bekämpfungsmaßnahmen sind auf der Grundlage dieser Weisungen durchzuführen.

Dritte Durchführungsbestimmung zur Tierseuchenverordnung — Verhütung und Bekämpfung von Bienenseuchen, Parasitosen und Vergiftungen der Honigbienen —

vom 8. Juni 1978
(GBl. I Nr. 18 S. 226)
— Auszug —

Auf Grund des § 17 der Tierseuchenverordnung vom 11. August 1971 (GBl. II Nr. 64 S. 557) wird im Einvernehmen mit den Leitern der zuständigen zentralen Staatsorgane und dem Zentralvorstand des Verbandes der Kleingärtner, Siedler und Kleintierzüchter (nachfolgend VKSK genannt) folgendes bestimmt:

IV.

Finanzierung

§ 10

(1) Die Bienenzuchtbetriebe/Imker tragen, sofern im einzelnen nicht anders geregelt, die Kosten für

— alle erforderlichen Maßnahmen zur Verhütung von Bienenseuchen, Parasitosen und Vergiftungen der Honigbienen einschließlich der materiellen Sicherung dieser Maßnahmen,

— die Kontrolle, Durchführung und Überwachung von Bekämpfungsmaßnahmen bei Bienenseuchen und Parasitosen,

— Medikamente und Desinfektionsmaßnahmen, die zur Bekämpfung von Bienenseuchen und Parasitosen eingesetzt werden,

...

(2) Aus dem Staatshaushalt werden die Kosten getragen für

— diagnostische Untersuchungen und Verfahren zur Feststellung oder zum Ausschluß von Milbenseuche, Faulbrut und anderen Bienenkrankheiten, außer Untersuchungen im Verkehr mit Bienen (Verkauf, Tausch, Wanderung, Beschickung von Belegstellen und anderes), sofern sie durch den Leiter des Veterinärwesens des Ministeriums für Land-, Forst- und Nahrungsgüterwirtschaft angewiesen wurden,

— Medikamente für die Behandlung gegen Milbenseuche und Faulbrut, sofern die Behandlung durch den Bezirks- bzw. Kreistierarzt angewiesen wurde.

V.

Schlußbestimmungen

§ 11

(1) Diese Durchführungsbestimmung tritt am 15. Juli 1978 in Kraft.

Anordnung über die Schlachttier- und Fleischuntersuchung — Fleischuntersuchungsanordnung —

vom 5. November 1971
(GBl. II Nr. 75 S. 644)

i. d. F. der Anordnung Nr. 2 vom 14. Juni 1976
GBl. I Nr. 24 S. 345
— Auszug —[1])

I.

Allgemeine Bestimmungen

§ 1

(1) Rinder, Schweine, Schafe, Ziegen (außer Ziegenlämmer bis 3 Monate) und Einhufer unterliegen vor und nach der Schlachtung einer Untersuchung (Schlachttier- und Fleischuntersuchung) durch Fachkräfte des Veterinärwesens.

...

§ 2

(1) Fleisch im Sinne dieser Anordnung sind Teile von geschlachteten Tieren gemäß § 1 Abs. 1.

...

§ 6 Schlachttieruntersuchung

(1) Durch die Schlachttieruntersuchung ist festzustellen, ob

— Erscheinungen einer Krankheit oder Störungen des Allgemeinbefindens vorliegen, die von Einfluß auf die Genußtauglichkeit des Fleisches sein können,
— eine Tierseuche oder der Verdacht einer Tierseuche vorliegt,
— das Tier erhitzt, stark aufgeregt oder auffällig ermüdet ist.

(2) Werden bei der Schlachttieruntersuchung Erscheinungen gemäß Abs. 1 nicht festgestellt, ist die Schlachtung zu gestatten.

(3) Werden bei der Schlachttieruntersuchung Erscheinungen einer Krankheit oder Störungen des Allgemeinbefindens festgestellt, entscheidet der Tierarzt über die Schlachtung und legt die erforderlichen Maßnahmen fest. Liegen Angaben oder der Verdacht darüber vor, daß Medikamente oder Futtermittel verabreicht wurden, die eine nachteilige Beeinflussung des Fleisches verursachen können, oder daß Vergiftungen mit chemischen oder biologischen Substanzen, äußere Kontaminationen oder Inkorporationen mit Radionukliden bestehen, ist die Schlachttieruntersuchung ausschließlich Tierärzten vorbehalten.

(4) Die THD sind befugt, von den Erzeuger- bzw. Lieferbetrieben im Rahmen der Vertragsbeziehungen der VEB Fleischkombinate bzw. von den zuständigen Einrichtungen

des Veterinärwesens Angaben über die Ergebnisse der veterinärmedizinischen Produktionskontrolle, insbesondere den Gesundheitsstatus des Tierbestandes sowie Behandlung mit Medikamenten oder anderen chemischen oder biologischen Substanzen, die einen Einfluß auf die Fleischqualität bzw. gesundheitliche Unbedenklichkeit haben können, zu verlangen. Der Leiter des Veterinärwesens regelt Einzelheiten der Informationsübermittlung entsprechend den Erfordernissen und wissenschaftlichen Erkenntnissen.
(5) Die Schlachtung darf nicht erfolgen, wenn ... Tierseuchen ...
oder der Verdacht (solcher) Seuchen festgestellt werden.
(6) Bei Tieren, die erhitzt, stark aufgeregt oder auffällig ermüdet sind, hat der Untersucher einen Aufschub der Schlachtung bis zur Erholung zu veranlassen.
(7) Tiere, bei denen Erscheinungen gemäß Abs. 3 festgestellt werden, sind mit einem tierärztlichen Zeugnis einem Sanitätsschlachtbetrieb zur Schlachtung zuzuführen.

Fleischuntersuchung

§ 7

(1) Unmittelbar nach der Ausschlachtung, jedoch vor der Zerlegung des Tieres, ist die Fleischuntersuchung durchzuführen. Eine Verwechslung der Tierkörper und Organe ist auszuschließen.
(2) Vor beendeter Fleischuntersuchung dürfen Teile eines geschlachteten Tieres weder entfernt noch einer weiteren Behandlung unterzogen werden. Schweine dürfen vor der Untersuchung gebrüht und/oder enthäutet werden.

§ 8

(1) Der Fleischuntersuchung sind zu unterziehen:

- das Blut,
- der Kopf, die Zunge, die Schlundkopf- und Kehlgangslymphknoten, die Mandeln und die Maul- und Rachenschleimhaut,
- die Lunge, die Luftröhre sowie die Lymphknoten an der Lungenwurzel und im Mittelfell,
- der Herzbeutel und das Herz,
- das Zwerchfell,
- die Leber, die Lymphknoten an der Leberpforte und die Gallenblase,
- der Magen, der Darmkanal, das Gekröse, die Gekröselymphknoten und das Netz,
- die Milz,
- die Nieren sowie im Verdachtsfall die Nierenlymphknoten,
- die Harnblase,
- die weiblichen Geschlechtsorgane,

— das Euter und die Euterlymphknoten,
— die Muskulatur, das Fett- und Bindegewebe, die Knochen, insbesondere die gespaltenen Wirbel- und Beckenknochen, das Brustbein, die Gelenke, die Sehnenscheiden, das Brust- und Bauchfell sowie im Verdachtsfall Körperlymphknoten.

(2) Im Verdachtsfall ist die Fleischuntersuchung auch auf andere im Abs. 1 nicht genannte Körperteile auszudehnen.
(3) Liegen krankhafte Veränderungen oder der Verdacht krankhafter Veränderungen vor, deren Erkennung weitergehende Untersuchungen erforderlich machen, so sind nach Lage des Falles erforderliche Hilfsuntersuchungen vorzunehmen. Bei Einwirkungen durch chemische Stoffe bzw. bei Vorliegen eines solchen Verdachtes sind die Organe des Gesundheitswesens in die Untersuchung einzubeziehen. Liegen äußere Kontaminationen oder Inkorporationen mit Radionukliden oder der Verdacht auf äußere Kontaminationen der Inkorporationen mit Radionukliden vor, ist die *Staatliche Zentrale für Strahlenschutz der Deutschen Demokratischen Republik*[2]) zu benachrichtigen.
(4) Der Leiter des Veterinärwesens legt Art und Weise des Untersuchungsganges bei der Fleischuntersuchung sowie der Einleitung und Durchführung von Hilfsuntersuchungen fest.

Grundsätze für die Beurteilung des Fleisches

§ 11

(1) Das Fleisch ist für die menschliche Ernährung entsprechend dem Untersuchungsergebnis als

— tauglich
— tauglich nach Behandlung
— minderwertig
— minderwertig nach Behandlung
— untauglich

zu beurteilen.
(2) Als tauglich beurteiltes Fleisch kann uneingeschränkt in den Verkehr gebracht werden.
(3) Fleisch, das als tauglich nach Behandlung, minderwertig oder minderwertig nach Behandlung beurteilt wurde, ist unter veterinärhygienischer Überwachung in den Verkehr zu bringen.
(4) Fleisch, das als untauglich beurteilt wurde, ist zu beschlagnahmen und darf nicht als Lebensmittel in den Verkehr gebracht werden.

§ 12

(1) Als untauglich ist der ganze Tierkörper zu beurteilen, wenn festgestellt werden:
...

16. chemische und biologische Substanzen oder Radionuklide im Fleisch in einer Konzentration, die geeignet ist, die menschliche Gesundheit zu beeinträchtigen oder zu schädigen.

...

§ 15

Als untauglich sind die veränderten Teile des Tierkörpers zu beurteilen, wenn festgelegt werden:

...

8. Verunreinigungen durch chemische und biologische Substanzen oder Radionuklide in einer Konzentration, die geeignet ist, die menschliche Gesundheit zu beeinträchtigen oder zu schädigen,

...

§ 27 Besondere Regelungen

Der Leiter des Veterinärwesens regelt die besonderen Bedingungen und Verfahren

...

— bei der Gewinnung von Rohstoffen zur Herstellung von therapeutischen Präparaten

und erläßt Ergänzungen und zu befristende Ausnahmen zu dieser Anordnung im Einvernehmen mit den zuständigen zentralen staatlichen Organen.

[1]) Die umfangreiche Anordnung ist im wesentlichen nur in den Teilen wiedergegeben, die sich auf solche Untersuchungen beziehen, die in Zusammenhang mit der Anwendung von Arzneimitteln u. ä. an Tieren stehen.

[2]) Jetzt: Staatliches Amt für Atomsicherheit und Strahlenschutz der DDR.

Anweisung über die Aufgaben und die Tätigkeit des Referenzlaboratoriums für Staphylokokken

vom 28. Januar 1981
(VuM MfGe Nr. 2 S. 17)

Im Einvernehmen mit dem Minister für Hoch- und Fachschulwesen wird angewiesen:

1.

(1) Das Referenzlaboratorium für Staphylokokken (nachstehend Referenzlaboratorium genannt) ist ein Arbeitsbereich des Instituts für Experimentelle Epidemiologie Wernigerode.
(2) Die fachliche, personelle und materielle Planung des Referenzlaboratoriums wird im Rahmen des Volkswirtschafts- und Haushaltsplanes des Instituts für Experimentelle Epidemiologie Wernigerode vorgenommen. Der Direktor des Instituts für Experimentelle Epidemiologie Wernigerode ist dem Minister für Gesundheitswesen für die Durchführung der dem Referenzlaboratorium zugewiesenen Aufgaben verantwortlich.

2.

(1) Das Referenzlaboratorium überwacht im Auftrag des Ministeriums für Gesundheitswesen Vorkommen und Ausbreitung von Staphylokokkeninfektionen einschließlich der Lebensmittelvergiftungen durch Staphylococcus aureus in der Deutschen Demokratischen Republik (Überwachungsprogramm) und empfiehlt dem Ministerium für Gesundheitswesen auf Grund der epidemiologischen Analysen und Prognosen Maßnahmen zur Verhütung und Bekämpfung der Staphylokokkeninfektionen.
(2) Es arbeitet eng mit den entsprechenden wissenschaftlichen Gremien und zur Bestimmung der Enterotoxinbildung mit dem Institut für Infektionskrankheiten im Kindesalter des Städtischen Klinikums Berlin-Buch zusammen.
(3) Es koordiniert die interdisziplinäre Zusammenarbeit mit den entsprechenden Einrichtungen der Veterinärmedizin.

3.

(1) Das Referenzlaboratorium führt die fachliche Beratung und Anleitung der mikrobiologischen Laboratorien im Bereich des staatlichen Gesundheitswesens und des Ministeriums für Hoch- und Fachschulwesen bezüglich der Staphylokokkendiagnostik durch. Es ist federführend bei der Erarbeitung von Richtlinien für die Staphylokokkendiagnostik

sowie — in Zusammenarbeit mit dem Institut für Arzneimittelwesen der DDR — bei der Erarbeitung von Standardmethoden für entsprechende diagnostische Laboratoriumsuntersuchungen.
(2) Zur Absicherung der Diagnostik kooperiert es mit dem Staatlichen Kontrollinstitut für Seren und Impfstoffe, dem Staatlichen Institut für Immunpräparate und Nährmedien, dem Institut für Infektionskrankheiten im Kindesalter des Städtischen Klinikums Berlin-Buch sowie den zuständigen Versorgungsorganen und nimmt im Einvernehmen mit dem Institut für Arzneimittelwesen der DDR Einfluß auf die Planung, Herstellung und den Import von Diagnostika und Chemotherapeutika.
(3) Es unterhält eine Stammsammlung und gibt auf Anforderung Stämme aus der Stammsammlung ab. Es identifiziert und differenziert eingesandte Stämme.

4.

(1) Das Referenzlaboratorium erstattet jährlich der Staatlichen Hygieneinspektion des Ministeriums für Gesundheitswesen einen Bericht über die epidemiologische Lage. Über besondere epidemiologische Situationen orientiert es das Ministerium für Gesundheitswesen anhand der vorliegenden Materialien.
(2) Es ist berechtigt, nach Abstimmung mit dem Ministerium für Gesundheitswesen, von den Bezirks-Hygieneinspektionen und -instituten, den mikrobiologischen Laboratorien aus dem Bereich des Ministeriums für Hoch- und Fachschulwesen und anderen Einrichtungen des Gesundheitswesens Informationen einzuholen und Staphylokokkenstämme anzufordern.
(3) Alle Staphylococcus aureus-Stämme, die im Zusammenhang mit Todesfällen und Lebensmittelvergiftungen isoliert wurden, werden im Referenzlaboratorium typisiert.

5.

(1) Das Referenzlaboratorium arbeitet im Rahmen der bestehenden Gesundheitsabkommen und gemäß den vom Ministerium für Gesundheitswesen festgelegten Aufgaben mit entsprechenden Einrichtungen anderer, insbesondere sozialistischer Staaten und internationalen Referenzlaboratorien zusammen.
(2) Es wertet die internationale wissenschaftliche Literatur auf dem Gebiet der Staphylokokken aus.

6.

Diese Anweisung tritt mit ihrer Veröffentlichung in Kraft.

Anweisung über die Bildung und die Aufgaben des Referenzlaboratoriums für den Nachweis von Präzipitinen bei allergischen Alveolitiden

vom 9. März 1981
(VuM MfGe Nr. 4 S. 67)

I

1. Das Forschungsinstitut für Lungenkrankheiten und Tuberkulose in Berlin-Buch erhält zusätzlich zu seinen Aufgaben in der Forschung und Betreuung die Stellung eines Referenzlaboratoriums für den Nachweis von Präzipitinen bei allergischen Alveolitiden (nachstehend Referenzlaboratorium genannt).
Die erforderlichen Untersuchungen werden in der Abteilung klinische Immunologie und Allergologie des Forschungsinstitutes für Lungenkrankheiten und Tuberkulose durchgeführt.
2. Die fachliche, personelle, finanzielle und materielle Planung des Referenzlaboratoriums ist Bestandteil des Volkswirtschafts- und Haushaltsplanes des Forschungsinstitutes für Lungenkrankheiten und Tuberkulose, Berlin-Buch.

II

Das Referenzlaboratorium

— erarbeitet methodische Grundlagen und verbessert ständig diagnostische Verfahren zum Nachweis präzipitierender Antikörper gegen organische Stäube,
— bearbeitet Untersuchungsmaterialien von Patienten mit Verdacht auf das Vorliegen einer allergischen Alveolitis aus allen Bezirken der DDR. Bei Verdacht auf das Vorliegen einer Berufskrankheit informiert das Referenzlaboratorium den Einsender über eine eventuell notwendige Berufskrankheit-Verdachtsmeldung,
— berät andere immunologische Untersuchungsstellen auf dem Gebiet der Antikörperbestimmung bei Verdacht auf das Vorliegen einer allergischen Alveolitis, leitet andere Untersuchungsstellen in methodischen Fragen an und sichert die Qualitätskontrolle,
— erfaßt die Erkrankungen durch allergische Alveolitis auf dem Territorium der DDR auf der Basis von Erkrankungsmeldungen aus den Fachkrankenhäusern für Lungenkrankheiten und Tuberkulose, den Poliklinischen Abteilungen für Lungenkrankheiten und Tuberkulose (PALT) sowie anderen Gesundheitseinrichtungen und analysiert die Morbiditätsentwicklung. Alle arbeitsmedizinischen Fragen werden mit dem Zentralinstitut für Arbeitsmedizin der DDR abgestimmt,
— bearbeitet Standardisierungsaufgaben auf dem Gebiet der Gewinnung von Antigenen, die zum Nachweis von präzipitierenden Antikörpern bei der allergischen Alveolitis

geeignet sind. Diese Antigene für die Anwendung am Patienten werden nach der Richtlinie „Herstellung von Allergenzubereitungen in Einrichtungen des Gesundheitswesens" (Zbl. Pharm. 115 (1976), 383) hergestellt,

— wertet die nationale und internationale Literatur auf dem Gebiete der allergischen Alveolitis und verwandter Erkrankungen aus und sichert eine geeignete Form der Dokumentation.

III

1. Das Referenzlaboratorium arbeitet eng mit den Fachkrankenhäusern für Lungenkrankheiten und Tuberkulose, den PALT, dem Zentralinstitut für Arbeitsmedizin der DDR und den medizinisch-wissenschaftlichen Gesellschaften, insbesondere der Gesellschaft für Bronchopneumonologie und Tuberkulose der DDR sowie der Gesellschaft für klinische und experimentelle Immunologie der DDR zusammen. Bei der Erarbeitung von Standardmethoden für die Labordiagnostik und der Kontrolle der Qualität ihrer Durchführung (Qualitätskontrolle) arbeitet es mit dem Institut für Arzneimittelwesen der DDR zusammen.
2. Das Referenzlaboratorium arbeitet im Rahmen der bestehenden Gesundheitsabkommen und den vom Ministerium für Gesundheitswesen festgelegten Aufgaben mit entsprechenden Untersuchungsstellen anderer, insbesondere sozialistischer Länder zusammen.
3. Zur Erfüllung ihrer Aufgaben ist das Referenzlaboratorium berechtigt, mit anderen medizinischen und wissenschaftlichen Einrichtungen Vereinbarungen zu speziellen Teilaufgaben abzuschließen.
4. Diese Anweisung tritt mit der Veröffentlichung in Kraft.

Anordnung über die Schutzimpfungen im Kindes- und Jugendalter

vom 28. Juli 1980
(GBl. I Nr. 26 S. 258)

Zur Durchführung von Schutzimpfungen auf der Grundlage der §§ 21 und 22 des Gesetzes vom 20. Dezember 1965 zur Verhütung und Bekämpfung übertragbarer Krankheiten beim Menschen (GBl. I 1966 Nr. 3 S. 29) sowie der Zweiten Durchführungsbestimmung vom 27. Februar 1975 zum Gesetz zur Verhütung und Bekämpfung übertragbarer Krankheiten beim Menschen — Schutzimpfungen und andere Schutzanwendungen — (GBl. I Nr. 21 S. 353) wird folgendes angeordnet:

Allgemeine Festlegungen

§ 1

Die Schutzimpfungen gegen

— Tuberkulose (BCG-Schutzimpfung)[1])
— Poliomyelitis
— Diphtherie/Pertussis/Tetanus (nachfolgend Dreifachschutzimpfung genannt)
— Diphtherie/Tetanus (nachfolgend Zweifachschutzimpfung genannt)
— Tetanus und
— Masern

sind Pflichtschutzimpfungen. Sie sind zu den im Impfkalender (Anlage) angegebenen Terminen durchzuführen.

§ 2

Schutzimpfungen, die zu den im Impfkalender jeweils angegebenen Terminen nicht durchgeführt werden können, sind unter Beachtung der medizinischen Indikation und der Gegenindikation sobald als möglich nachzuholen.

§ 3

Die Leiter aller geburtshilflichen bzw. pädiatrischen Einrichtungen haben zu sichern, daß über Krankheitszustände (auch perinatale Risikofaktoren) bei Kindern, die für die Impfindikation von Bedeutung sind, im Sozialversicherungs- und Impfausweis für Kinder und

Jugendliche[2]) bzw. im Impfausweis und in der Dokumentation für die ambulante prophylaktische Betreuung von Kindern und Jugendlichen[3]) eine Eintragung erfolgt. Die Eintragung ist mit Unterschrift und Namensstempel vorzunehmen.

§ 4

Der Impfende ist verpflichtet, über die Festlegungen dieser Anordnung hinaus die von ihm auf Grund seiner Ausbildung und Erfahrung für erforderlich gehaltenen Gesichtspunkte bei der Beurteilung der Impffähigkeit zu berücksichtigen. Im Zweifelsfall ist nicht zu impfen bzw. die Schutzimpfung bis zur Beratung mit dem zuständigen Kreishygienearzt oder auf dessen Empfehlung mit einem anderen sachverständigen Arzt zu verschieben.

§ 5

Bei zeitweiliger Zurückstellung von der Schutzimpfung sind der Grund und der Zeitraum, bei dauernder Befreiung der Grund im Sozialversicherungs- und Impfausweis für Kinder und Jugendliche bzw. im Impfausweis einzutragen und mit Unterschrift und Namensstempel des beurteilenden Arztes zu bestätigen. Zusätzlich ist die Eintragung in der Dokumentation für die ambulante prophylaktische Betreuung von Kindern und Jugendlichen vorzunehmen. Bei einer zeitweiligen Zurückstellung von mehr als 6 Monaten sowie einer dauernden Befreiung von der Schutzimpfung hat der beurteilende Arzt innerhalb 1 Monats der zuständigen Kreis-Hygieneinspektion die Personalien des Impfpflichtigen, die Art der Schutzimpfung, den Zeitraum der Zurückstellung und die Begründung formlos mitzuteilen.

Gegenindikationen und Abstände zwischen Schutzimpfungen

§ 6 Allgemeine Festlegungen über Abstände zwischen Schutzimpfungen

(1) Werden Schutzimpfungen entsprechend § 2 zu einem anderen als im Impfkalender angegebenen Termin durchgeführt, sind bei der Gestaltung der Abstände zwischen Schutzimpfungen folgende allgemeine Grundsätze zu beachten:

1. Zwischen der Applikation von Lebendimpfstoffen sollte ein Abstand von mindestens 4 Wochen eingehalten werden; dieser kann entfallen, wenn die Poliomyelitis- und die BCG-Schutzimpfung oder die Poliomyelitis- und die Masernschutzimpfung gleichzeitig durchgeführt werden.
2. Bei der Applikation von inaktivierten bzw. Toxoidimpfstoffen muß weder ein Abstand untereinander noch zu anderen Impfungen eingehalten werden.

(2) Ist kein Abstand erforderlich, sollte in der Regel synchron geimpft werden, d. h. zum gleichen Zeitpunkt an verschiedenen Körperstellen.
(3) Für die Dauer der Tollwutimpfbehandlung sowie in einem sich anschließenden Zeitraum von 4 Wochen sind andere Schutzimpfungen grundsätzlich auszusetzen.

§ 7 Festlegungen über Gegenindikationen der Poliomyelitis-, Dreifach-, Zweifach-, Tetanus- (allgemeine Tetanusprophylaxe) und Masernschutzimpfung

(1) Von der Poliomyelitis-, Dreifach-, Zweifach-, Tetanus- (allgemeine Tetanusprophylaxe) und Masernschutzimpfung sind zeitweilig zurückzustellen:

1. Impfpflichtige mit akuten fieberhaften Erkrankungen. Die Schutzimpfung ist frühestens 2 Wochen (in Abhängigkeit vom Verlauf der Erkrankung und der Rekonvaleszenz) nach der Entfieberung vorzunehmen. Die Untersuchung hinsichtlich der wieder eingetretenen Impffähigkeit hat bei Kleinkindern, die die Dreifach-, Zweifach- oder Masernschutzimpfung erhalten sollen, sorgfältig die Möglichkeit latenter entzündlicher Erkrankungen (z. B. des Ohres, des Atemtraktes) zu berücksichtigen.
2. Impfpflichtige in der Rekonvaleszenz nach schweren Erkrankungen. Die Schutzimpfung ist frühestens 3 Monate nach der Genesung vorzunehmen. Diese Festlegung gilt nicht für die Schutzimpfung gegen Poliomyelitis. Bei der Durchführung einer Tetanusschutzimpfung im Rahmen der allgemeinen Tetanusprophylaxe ist in Abhängigkeit von der Erkrankung eine zeitlich befristete Zurückstellung zu erwägen.
3. Impfpflichtige, die verdächtig sind, mit einer Infektionskrankheit angesteckt zu sein, bis zur Beendigung der Inkubationszeit. In Kindereinrichtungen gilt die Regelsperrzeit[4]). Die Festlegung gilt nicht für die Schutzimpfungen gegen Poliomyelitis und Tetanus.
4. Impfpflichtige bei örtlicher epidemischer Häufung von Infektionskrankheiten, insbesondere Virusinfektionen.
   Die Sperrzeit für die Schutzimpfung und deren Aufhebung wird durch den Leiter der Kreis-Hygieneinspektion in Abstimmung mit dem Leiter der Bezirks-Hygieneinspektion bekanntgegeben. Diese Festlegung gilt nicht für die Schutzimpfung gegen Tetanus.

(2) Ergibt die Anamnese eines Impfpflichtigen das Auftreten vorausgegangener postvakzinaler allergischer Reaktionen nach einer speziellen Schutzimpfung, so ist eine weitere derartige Schutzimpfung bis zur Beratung mit einem vom zuständigen Kreishygienearzt benannten sachverständigen Arzt zu verschieben.
(3) Bei vorausgegangenen postvakzinalen allergischen Reaktionen nach der Dreifach- und Zweifachschutzimpfung ist die Indikation zur Tetanusschutzimpfung zu stellen.
(4) Bei Impfpflichtigen mit schweren chronischen Erkrankungen, insbesondere des Herz-Kreislauf-Systems und der Nieren, ist bei der Beurteilung der Impffähigkeit für die Dreifach-, Zweifach- und Masernschutzimpfung die mögliche Impfgefährdung gegenüber dem Nutzen der Schutzimpfung abzuwägen.

§ 8 Poliomyelitisschutzimpfung

(1) Von der Poliomyelitisschutzimpfung sind, über die Festlegung des § 7 hinaus, zeitweilig zurückzustellen:

1. Impfpflichtige, die an akuten Durchfällen leiden. Die Schutzimpfung ist frühestens 2 Wochen nach der Genesung durchzuführen.
2. Impfpflichtige mit temporären Immunmangelzuständen sowie unter immunsuppressiver, Steroid-, Bestrahlungs- oder stoffwechselhemmender Therapie stehende Impfpflichtige. Die Schutzimpfung ist nach Genesung bzw. Beendigung der Therapie nach einem vom behandelnden Arzt festzulegenden Abstand vorzunehmen.

(2) Von der Poliomyelitisschutzimpfung sind dauernd zu befreien:

1. Impfpflichtige mit malignen Erkrankungen und Immunmangelzuständen;
2. Impfpflichtige mit vorausgegangenen Impfkomplikationen des Zentralnervensystems.

(3) Zeitliche Abstände vor bzw. nach der Poliomyelitisschutzimpfung zu anderen Schutzimpfungen entfallen.

§ 9 Dreifachschutzimpfung

(1) Von der Dreifachschutzimpfung sind, über die Festlegungen des § 7 hinaus, zeitweilig zurückzustellen:

1. Impfpflichtige mit eitrigen Erkrankungen der Haut. Die Schutzimpfung ist frühestens 4 Wochen nach vollständiger Ausheilung und bei intakter Haut vorzunehmen.
2. Impfpflichtige mit anderen eitrigen Erkrankungen (z. B. Otitis media purulenta, Osteomyelitis, eiternde Fisteln). Die Schutzimpfung ist frühestens 3 Monate nach der Genesung vorzunehmen.
3. Impfpflichtige mit manifesten allergischen Krankheitserscheinungen. Die Schutzimpfung ist frühestens 4 Wochen nach der Genesung vorzunehmen.

(2) Von der Dreifachschutzimpfung sind dauernd zu befreien:

1. Impfpflichtige mit einer manifesten Schädigung des Zentralnervensystems, wie Fehlbildungen sowie Mikro- und Hydrozephalus, Speicher- und Stoffwechselerkrankungen mit Beteiligung des Zentralnervensystems, neurologische Ausfälle bzw. Paresen des Zentralnervensystems, neurologische und/oder psychische Entwicklungsstörungen schweren Grades.
2. Impfpflichtige nach akuten zentralnervösen Erkrankungen, wie entzündlichen Erkrankungen des Hirns/Rückenmarks und seiner Häute, Impfkomplikationen des Zentralnervensystems, Zustand nach Hirnoperation, Schädel-Hirn-Trauma mit Bewußtlosigkeit, Impfpflichtige mit Epilepsie, Fieberkrämpfen und anderen Gelegenheitskrämpfen.

3. Impfpflichtige, die auf Grund des Vorliegens von perinatalen Risikofaktoren (Faktoren mit potentieller Krankheitsprävalenz, wie Hypoxie, Geburtstrauma, Azidose, Hyperosmolarität, Hyperbilirubinaemie, Prämaturität, Hypo- und Hypertrophie, Unterkühlung) ein erhöhtes Impfrisiko aufweisen.

Bei dauernd von der Dreifachschutzimpfung Befreiten ist die Indikation zur Zweifachschutzimpfung, in Abhängigkeit von den für diese Impfung geltenden Gegenindikationen, zu stellen.

(3) Für die Abstände zwischen den einzelnen Schutzimpfungen gilt folgendes:

1. Vor bzw. nach einer Dreifachschutzimpfung ist im allgemeinen ein Zeitraum von 4 Wochen zu anderen Schutzimpfungen einzuhalten.
2. Die Dreifachschutzimpfung soll frühestens 2 Monate nach einer BCG-Schutzimpfung vorgenommen werden.
3. Eine notwendige Tollwutschutzimpfung ist wegen der bestehenden Lebensgefahr ohne Rücksicht auf eine vorausgegangene Dreifachschutzimpfung durchzuführen.
4. Die Dreifachschutzimpfung kann gleichzeitig mit der Schutzimpfung gegen Masern oder gegen Poliomyelitis vorgenommen werden.

§ 10 Zweifachschutzimpfung

(1) Von der Zweifachschutzimpfung sind, über die Festlegungen des § 7 hinaus, zeitweilig zurückzustellen:

1. Impfpflichtige mit eitrigen Erkrankungen der Haut. Die Schutzimpfung ist frühestens 4 Wochen nach vollständiger Ausheilung und bei intakter Haut vorzunehmen.
2. Impfpflichtige mit anderen eitrigen Erkrankungen (z. B. Otitis media purulenta, Osteomyelitis, eiternde Fisteln). Die Schutzimpfung ist frühestens 3 Monate nach der Genesung vorzunehmen.
3. Impfpflichtige mit manifesten allergischen Krankheitserscheinungen. Die Schutzimpfung ist frühestens 4 Wochen nach der Genesung vorzunehmen.
4. Impfpflichtige nach akuten zentralnervösen Erkrankungen, wie entzündliche Erkrankungen des Hirns/Rückenmarks und seiner Häute, Zustand nach Hirnoperation, Schädel-Hirn-Trauma mit Bewußtlosigkeit. Die Schutzimpfung ist frühestens 6 Monate nach der Genesung und fachärztlichen Nachuntersuchung vorzunehmen.
5. Impfpflichtige mit Epilepsie, Fieber- und anderen Gelegenheitskrämpfen. Die Schutzimpfung ist frühestens nach 6monatiger Anfallsfreiheit und fachärztlicher Nachuntersuchung vorzunehmen.

(2) Von der Zweifachschutzimpfung sind dauernd zu befreien:

1. Impfpflichtige nach vorausgegangenen Impfkomplikationen des Zentralnervensystems.

2. Impfpflichtige, bei denen eine nach Abs. 1 durchgeführte fachärztliche Nachuntersuchung die Indikation zur Schutzimpfung verneint.

Bei dauernd von der Zweifachschutzimpfung Befreiten ist die Indikation zur Tetanusschutzimpfung, in Abhängigkeit von den für diese Schutzimpfung geltenden Gegenindikationen, zu stellen.
(3) Für die Abstände vor bzw. nach einer Zweifachschutzimpfung gelten die für die Dreifachschutzimpfung im § 9 Abs. 3 getroffenen Festlegungen.

§ 11 Tetanusschutzimpfung

(1) Bei der allgemeinen Tetanusprophylaxe sind die im § 7 festgelegten Gegenindikationen zu beachten. Die Tetanusprophylaxe im Verletzungsfall ist auch bei Vorliegen von Gegenindikationen durchzuführen.
(2) Zeitliche Abstände vor bzw. nach der Tetanusschutzimpfung (allgemeine Tetanusprophylaxe und Tetanusprophylaxe im Verletzungsfall) zu anderen Schutzimpfungen entfallen.

§ 12 Masernschutzimpfung

(1) Von der Masernschutzimpfung sind zeitweilig zurückzustellen:

1. Impfpflichtige nach akuten zentralnervösen Erkrankungen, wie entzündliche Erkrankungen des Hirns/Rückenmarks und seiner Häute, Zustand nach Hirnoperation, Schädel-Hirn-Trauma mit Bewußtlosigkeit. Die Schutzimpfung ist frühestens 2 Jahre nach der Genesung und fachärztlichen Nachuntersuchung vorzunehmen.
2. Impfpflichtige nach einfachen Fieberkrämpfen und Gelegenheitskrämpfen. Die Schutzimpfung ist frühestens nach dem vollendeten 3. Lebensjahr vorzunehmen.
3. Impfpflichtige, die auf Grund des Vorliegens von perinatalen Risikofaktoren (Faktoren mit potentieller Krankheitsprävalenz wie Hypoxie, Geburtstrauma, Azidose, Hyperosmolarität, Hyperbilirubinaemie, Prämaturität, Hypo- und Hypertrophie, Unterkühlung) ein erhöhtes Impfrisiko aufweisen. Die Schutzimpfung ist frühestens nach dem vollendeten 14. Lebensmonat und nach fachärztlicher Nachuntersuchung vorzunehmen.
4. Impfpflichtige mit temporären Immunmangelzuständen bzw. unter immunsuppressi ver, Steroid-, Bestrahlungs- und stoffwechselhemmender Therapie stehende Impfpflichtige. Die Schutzimpfung ist nach Genesung bzw. Beendigung der Therapie nach einem vom behandelnden Arzt festzustellenden Abstand vorzunehmen.

(2) Von der Masernschutzimpfung sind dauernd zu befreien:

1. Impfpflichtige mit einer manifesten Schädigung des Zentralnervensystems, wie Fehlbildungen sowie Mikro- und Hydrozephalus, Speicher- und Stoffwechselerkrankungen mit Beteiligung des Zentralnervensystems, neurologische Ausfälle bzw. Paresen des

Zentralnervensystems, neurologische und/oder psychische Entwicklungsstörungen schweren Grades.
2. Impfpflichtige nach vorausgegangenen Impfkomplikationen des Zentralnervensystems.
3. Impfpflichtige mit Epilepsien und komplizierten Fieberkrämpfen (bei Vorliegen eines oder mehrerer der folgenden Kriterien: Auftreten vor dem 6. Lebensmonat oder nach dem vollendeten 4. Lebensjahr, Krampfdauer über 30 Minuten, Wiederholung des Krampfes während des gleichen Infektes bzw. nach über 3 Rezidiven bei verschiedenen Infekten, lokaler Anfallscharakter, familiäre Anfallsbelastung, Anhaltspunkte für eine zerebrale Vorschädigung, anhaltende pathologische EEG-Befunde nach der postkonvulsiven Phase).
4. Impfpflichtige, bei denen die nach Abs. 1 durchgeführte fachärztliche Nachuntersuchung die Indikation zur Schutzimpfung verneint.
5. Impfpflichtige mit malignen Erkrankungen und Immunmangelzuständen.

(3) Für die Abstände zwischen den einzelnen Schutzimpfungen gilt folgendes:

1. Vor bzw. nach der Masernschutzimpfung ist im allgemeinen ein Zeitraum von 4 Wochen zu anderen Impfungen einzuhalten.
2. Die Masernschutzimpfung soll frühestens 2 Monate nach einer BCG-Schutzimpfung vorgenommen werden.
3. Eine notwendige Tollwutschutzimpfung ist wegen der bestehenden Lebensgefahr ohne Rücksicht auf eine vorangegangene Masernschutzimpfung durchzuführen.
4. Die Schutzimpfungen gegen Masern und gegen Poliomyelitis bzw. gegen Masern und gegen Diphtherie-Pertussis-Tetanus können gleichzeitig vorgenommen werden.

(4) Bei einer akuten Masernexposition von Kindern mit im Abs. 2 genannten Gegenindikationen ist mit dem Leiter der Bezirks-Hygieneinspektion über die Impfindikation zu beraten. Die geringere Gefährdung durch die Impfung ist gegen die höhere Gefährdung durch die Infektion mit dem Wildvirus abzuwägen. Der Leiter der Bezirks-Hygieneinspektion ist berechtigt, im Interesse des Gefährdeten die Impferlaubnis zu erteilen.

Spezielle Festlegungen für einzelne Schutzimpfungen

§ 13

Die Schutzimpfung gegen Poliomyelitis wird in der Zeit vom 10. Januar bis 30. April im Kalenderjahr durchgeführt.

§ 14

(1) Der Masernschutzimpfung werden Kinder zu dem im Impfkalender angegebenen Termin unterzogen, die noch nicht an Masern erkrankt waren. Bei unklaren anamnestischen Angaben ist die Masernschutzimpfung vorzunehmen.

(2) Die Masernschutzimpfung kann bei epidemiologischer Notwendigkeit bis zum vollendeten 16. Lebensjahr durchgeführt und wiederholt werden.

Schlußbestimmungen

§ 15

Der Leiter der Bezirks-Hygieneinspektion kann im begründeten Einzelfall Ausnahmen von den in den §§ 6 bis 14 enthaltenen Regelungen genehmigen. Über den Einzelfall hinausgehende Ausnahmen sind vom Direktor der Hauptabteilung Hygiene und Staatliche Hygieneinspektion des Ministeriums für Gesundheitswesen zu genehmigen.

§ 16

(1) Diese Anordnung tritt mit ihrer Veröffentlichung in Kraft.
(2) Gleichzeitig treten außer Kraft:

— die Anordnung vom 25. Mai 1964 über die Schutzimpfung der Kinder und Jugendlichen gegen Diphtherie, Wundstarrkrampf und Keuchhusten (GBl. II Nr. 62 S. 577),
— die Anordnung vom 6. November 1967 zur Verhütung der Kinderlähmung (GBl. II Nr. 109 S. 758),
— die Anordnung vom 31. März 1970 über die Schutzimpfung der Kinder gegen Masern (GBl. II Nr. 33 S. 240),
— die Anordnung vom 14. November 1978 über die Termine für die Durchführung von Schutzimpfungen — Impfkalender — (GBl. I Nr. 40 S. 437).

Anlage

zu vorstehender Anordnung

Impfkalender

Lebensalter	Art der Schutzimpfung
in der 1. Lebenswoche	Tuberkuloseschutzimpfung
ab vollendetem 2. Lebensmonat	Schluckimpfung gegen Poliomyelitis 3mal in Abständen von 4 Wochen gegen die 3 einzelnen Typen
im 3. Lebensmonat	1. Schutzimpfung gegen Diphtherie-Pertussis-Tetanus
im 4. Lebensmonat	2. Schutzimpfung gegen Diphtherie-Pertussis-Tetanus
im 5. Lebensmonat	3. Schutzimpfung gegen Diphtherie-Pertussis-Tetanus
ab 9. Lebensmonat	Schutzimpfung gegen Masern

Lebensalter	Art der Schutzimpfung
im 2. Lebensjahr	Schluckimpfung gegen Poliomyelitis mit trivalentem Impfstoff
im 3. Lebensjahr	4. Schutzimpfung gegen Diphtherie-Pertussis-Tetanus
im 8. Lebensjahr	Schluckimpfung gegen Poliomyelitis mit trivalentem Impfstoff
im 8. Lebensjahr	Schutzimpfung gegen Diphtherie-Tetanus
im 16. Lebensjahr	Schutzimpfung gegen Tetanus
im 10. Schuljahr und Berufsschüler, die im Kalenderjahr das 16. Lebensjahr vollenden	Tuberkuloseschutzimpfung (BCG-Schutzimpfung) nach Prüfung der Tuberkulose-Allergie

[1]) Diese Anordnung wird für die Tuberkulose-Schutzimpfung durch die Festlegungen der Dreizehnten Durchführungsbestimmung vom 2. Juni 1975 (GBl. I Nr. 28 S. 524) in der Fassung der Sechzehnten Durchführungsbestimmung vom 10. August 1979 zur Verordnung zur Verhütung und Bekämpfung der Tuberkulose (GBl. I Nr. 29 S. 279) ergänzt.

[2]) Z. Z. gilt Vordruck Soz. 044 VV Freiberg; die Seite 28 ist zu verwenden.

[3]) Z. Z. gilt Vordruck 7230 VV Freiberg.

[4]) Z. Z. gelten: Anordnung vom 13. Januar 1970 zur Verhütung und Bekämpfung übertragbarer Krankheiten in Einrichtungen zur Betreuung von Kindern (GBl. II Nr. 10 S. 49) und
Anordnung Nr. 2 vom 1. März 1979 zur Verhütung und Bekämpfung übertragbarer Krankheiten in Einrichtungen zur Betreuung von Kindern (GBl. I Nr. 8 S. 75).

Anweisung zur Tuberkulose-Schutzimpfung

vom 9. März 1981
(VuM MfGe Nr. 4 S. 64)

Für die Durchführung von Impfungen und Testungen nach der Dreizehnten Durchführungsbestimmung vom 2. Juni 1975 und der Sechzehnten Durchführungsbestimmung vom 10. August 1979 zur Verordnung zur Verhütung und Bekämpfung der Tuberkulose (GBl. I, Nr. 28/1975, S. 524 und GBl. I, Nr. 29/1979, S. 279) (nachfolgend 13. DB bzw. 16. DB genannt) wird angewiesen:

Zu § 3 der 13. DB in der Fassung des § 1 der 16. DB

1. Die Tuberkulose-Schutzimpfung als Erst- oder Wiederimpfung bei Personen im Alter bis zu 20 Jahren ist in der Regel direkt ohne vorangehende Tuberkulintestung durchzuführen.

2. Die Tuberkulintestung zur Feststellung der Tuberkuloseallergie vor der BCG-Impfung ist bei Personen gemäß § 2 der 13. DB, Absatz 1, Buchstaben f, g, h, i, weiterhin durchzuführen.

3. Tuberkulose-Schutzimpfung mit BCG-Impfstoff

3.1. Für die BCG-Impfung wird der BCG-Impfstoff des Zentralinstituts für Mikrobiologie und experimentelle Therapie der Akademie der Wissenschaften der DDR, Jena, verwendet. Jede Ampulle BCG-Impfstoff enthält 2 mg lyophilisiertes Bakterienmaterial des BCG-Stammes, welches zur Herstellung des injizierbaren Impfstoffes mit 2 ml der dazugehörigen isotonischen Natriumchlorid-Injektionslösung zu suspendieren ist.

3.2. Bei der BCG-Impfung werden jeweils 0,1 ml BCG-Impfstoff streng intrakutan injiziert. Die Größe der dabei erzielten Hautquaddel soll einen Durchmesser von 7 mm haben.
Neugeborene sind innerhalb der ersten 7 Tage nach der Geburt zu impfen und erhalten, wie auch Säuglinge bis zu 6 Monaten, an der Außenseite des linken Oberarmes (oberes hinteres Drittel, jedoch nicht Schulter- oder Rückenbereich) nebeneinander zweimal 0,1 ml des Impfstoffes beim gleichen Impftermin. Der Abstand zwischen den beiden Injektionsstellen soll 2 cm betragen[1]).

3.3. BCG-Impfungen werden bei Kleinkindern und Schulkindern im 1. Schuljahr an der Außenseite des linken Oberschenkels (oberes Drittel), bei älteren Schulkindern und allen sonstigen Impflingen bevorzugt an der Außenseite des linken Oberarmes, auf Wunsch auch an der Außenseite des linken Oberschenkels, vorgenommen.

4. Testungen im Rahmen der Tuberkulose-Schutzimpfungen

4.1. Erforderliche Testungen im Rahmen der BCG-Impfung sind grundsätzlich mit Tuberkulin (PPO) „Dessau" 2 TE/0,1 ml durchzuführen.

4.2. Die Testung wird an der Beugeseite des linken Unterarmes (oberes Drittel) vorgenommen[1]).

4.3. Die Hautreaktion auf Tuberkulin wird in der Regel am 3. Tag, frühestens jedoch am 2. Tag nach der Injektion, abgelesen. Die entstandene Infiltration (tastbare Induration) ist zu messen. Dabei wird der größte Durchmesser quer zur Längsachse des Unterarmes in Millimeter ermittelt. Das Ergebnis ist auf der Impfkarte und im Impfausweis oder im Ausweis für Arbeits- und Sozialversicherung bzw. Versicherungsausweis einzutragen.

4.4. Die BCG-Impfung soll vorgenommen werden, wenn der Durchmesser der Infiltration nach der Tuberkulintestung weniger als 6 mm beträgt (negative Tuberkulinreaktion).

5. Technische Einzelheiten der Testung und Impfung

5.1. Der BCG-Impfstoff mit den dazugehörigen Ampullen der isotonischen Natriumchlorid-Injektionslösung sowie das Tuberkulin sind nur bis zum angegebenen Verfallstermin zu verwenden. Sie sind im Kühlschrank bei +2 bis +5 °C aufzubewahren. Die Resuspension des Impfstoffes erfolgt in der Impfstoffampulle mit der dazugehörigen isotonischen Natriumchlorid-Injektionslösung durch vorsichtiges Schwenken unter Vermeidung von Luftblasenbildung. Der injektionsfertige Impfstoff oder jede geöffnete Ampulle des Tuberkulins sind am gleichen Tag zu verbrauchen. Angebrochene Ampullen dürfen nicht von einem Impflokal zu einem anderen transportiert werden. Das gleiche gilt für angebrochene Rollrandflaschen.

5.2. Spritzen und Kanülen

Für die Impfung sowie für die Testung sind 1 ml-Spritzen und möglichst Kanülen Nr. 20 zu verwenden.

Die sterilisierten Spritzen und Kanülen sind nur für jeweils eine Injektion zu verwenden und vor jedem erneuten Gebrauch wieder vorschriftsmäßig zu sterilisieren.

Zu beachten sind dabei die Anordnung vom 6. Juni 1979 über die Sterilisation auf dem Gebiet der Humanmedizin (GBl. I Nr. 18 S. 159) sowie das 2. AB-DDR/1975 (XV).

5.3. Hautreinigung vor Impfung und Testung

Für die Reinigung der Injektionsstelle ist ein alkoholisches Desinfektionsmittel zu verwenden. Mit einem Zellstoff- oder Mulltupfer, der mit Äthanol 70%ig oder Optal bzw. n-Propanol 40—50%ig getränkt wurde, wird die vorgesehene Hautstelle einmal kräftig in einer Richtung abgerieben. Die Injektionsstelle muß weitgehend trocken sein. Eine abgetrocknete Injektionsstelle für Impfung und Testung ist auch bei Verwendung von Arugeen-Spray oder Wofasteril 0,5%ig (vorgeschriebene Einwirkungszeiten sind zu beachten) einzuhalten. Andere Mittel zur Hautreinigung, wie Sepso-Tinktur, Benzin oder Äther, sind ungeeignet.

6. Fortbildung der BCG-Impfschwestern und Impffürsorgerinnen sowie Standardisierung des Testverfahrens

Da die Ablesung von Testergebnissen generell, d. h. auch außerhalb von Impfterminen zu epidemiologischen Zwecken, für den einzelnen Ableser erfahrungsgemäß schwierig ist und subjektiv bedingten Schwankungen unterliegen kann, haben die Leiter der Bezirksstellen für Lungenkrankheiten und Tuberkulose (BLT) im Einvernehmen mit den Leitern der Poliklinischen Abteilungen für Lungenkrankheiten und Tuberkulose (PALT) für regelmäßige, mindestens alle 3 Jahre stattfindende Fortbildungsveranstaltungen für die Impfschwestern und anderen mit BCG-Impfungen bzw. Tuberkulin-Testungen betrauten Mitarbeiter zu sorgen. Dabei sind die intrakutane Injektionstechnik, die Sterilisation und Desinfektion sowie die Korrelierung der Ablesetechnik besonders zu berücksichtigen. Die weitere Gültigkeit der Impferlaubnis ist von der erfolgreichen Teilnahme an diesen Fortbildungsveranstaltungen abhängig zu machen.

7. Organisatorische Sicherstellung

Der Leiter der PALT hat im Auftrag des Kreisarztes dafür zu sorgen, daß die Durchführung der Tuberkulose-Schutzimpfungen gesichert ist (s. auch § 1 der 13. DB). Bei der Sicherstellung der hygienischen Voraussetzungen für die Impfung durch den Kreisarzt sind die Mindestforderungen für Impfräume (Vademekum für Impfärzte 6. Auflage, Kap. 1.6.4.) zu beachten.

Zu § 11 der 13. DB

8. Gesundheitsschäden, vorübergehende Beeinträchtigung des Gesundheitszustandes im Zusammenhang mit der Durchführung von Impfungen und Testungen

8.1. Die Geimpften sind aufzufordern, sich bei auftretenden gesundheitlichen Störungen durch atypische Impfreaktionen oder durch abnormale Testreaktionen unverzüglich bei der PALT oder bei der BCG-Impfstelle vorzustellen oder über die eingetretene Beeinträchtigung des Gesundheitszustandes durch Impfung oder Testung Mitteilung zu machen.

8.1.1. Der typische Verlauf einer Tuberkulose-Schutzimpfung ist durch die Bildung eines Primärkomplexes (einschließlich einer leichten Schwellung der regionären Lymphknoten) charakterisiert. An der Injektionsstelle entsteht ein typisches Impfknötchen, welches eine oberflächliche, nässende Läsion aufweisen kann oder es entwickelt sich ein kleines Ulcus. Der Durchmesser der typischen Impfreaktion (Knötchen, Läsion, Ulcus) überschreitet 12 mm meist nicht und erreicht in seltenen Fällen 15—19 mm. Die spontane Abheilung erfolgt in der Regel innerhalb von 2 bis 6 Wochen.

8.1.2. Als atypische Verlaufsform einer Tuberkulose-Schutzimpfung sind folgende Veränderungen zu betrachten:

a) Ulcera mit einem Durchmesser von 20 mm und mehr bzw. bei Neugeborenen von 10 mm und mehr sowie von mehr als 6 Wochen Dauer;
b) Abszeßbildung an der Impfstelle;
c) eitrige einschmelzende oder fistelnde Lymphknotenentzündung;
d) Impflupus, sekundäre Autoinokulation;
e) hypertrophierende Impfnarben, Keloidbildung;
f) unspezifische abnorme Lokalreaktion, wie Sekundärinfektion, Exantheme;
g) Komplikationen mit Allgemeinerscheinungen, vorwiegend bei Personen mit Immundefekten infolge Dissemination des BCG im Organismus mit Herdbildungen im Knochen (BCG-Osteitis), an der Haut, in der Lunge, in der Milz, in der Leber. Untersuchungen zum Erregernachweis sind einzuleiten.

Komplikationen oder abnorme Lokalreaktionen (Abschn. 8.1.2., a—g) der Tuberkulose-Schutzimpfung sind in der DDR sehr selten. Eine abnorme Lokalreaktion (a—f) ist meist als eine vorübergehende Beeinträchtigung des Gesundheitszustandes zu werten. Komplikationen (g) können als Gesundheitsschaden im Sinne der gültigen Rechtsvorschriften[2]) aufgefaßt und behandelt werden. Im Einzelfall kann die Zuordnung einer abnormen Lokalreaktion als Gesundheitsschaden oder einer Komplikation als vorübergehende Beeinträchtigung des Gesundheitszustandes gerechtfertigt sein.

8.2. Nimmt ein behandelnder oder hinzugezogener Arzt einen Zusammenhang zwischen einer Erkrankung bzw. einer Beeinträchtigung des Gesundheitszustandes und der Impfung oder der Testung an oder kann er den Zusammenhang nicht ausschließen, ist die zuständige PALT sofort zu benachrichtigen. Der Leiter der PALT oder der behandelnde Arzt hat erforderlichenfalls die Einweisung des Erkrankten in eine von der BLT benannte stationäre Einrichtung zu veranlassen, und zwar unter besonderem Hinweis auf die vorausgegangene Impfung oder Testung.

8.3. Während des stationären Aufenthaltes ist die Klärung eines möglichen Zusammenhanges mit der Impfung oder der Testung mit größter Sorgfalt anzustreben. Bei lokalen Impfreaktionen (Impfknötchen, Ulcus, wenig ausgedehnte nicht suppurierende Lymphadenitis) sind chirurgische Maßnahmen in der Regel nicht angezeigt. Bei anderen Fällen exzidiertes Material oder Punktate sind unbedingt einer histologischen und einer bakteriologischen Untersuchung (mit Artbestimmung der Bakterien) zu unterziehen.

8.4. Bei Beendigung des stationären Aufenthaltes hat der Leiter der Einrichtung im Krankenblatt zu vermerken, ob der vermutete Zusammenhang zwischen der Erkrankung und der Impfung bzw. Testung durch die Untersuchung bestätigt wurde oder nicht. Das Ergebnis ist außerdem dem Leiter der PALT des Kreises mitzuteilen, in dem der Kranke seinen Wohnsitz hat.

8.5. Der Leiter der zuständigen PALT teilt das Ergebnis seiner Ermittlungen unter Benutzung des Vordruckes 8729 des VV Freiberg der Kreis-Hygieneinspektion und dem Leiter der BLT mit.

8.6. Atypische Reaktionen nach Impfung oder Testung und im Zusammenhang mit der Impfung oder Testung auftretende gesundheitliche Störungen und deren Verlauf sind auf der Impfkarteikarte zu vermerken. Sie sind darüber hinaus formlos und unabhängig von der Meldung als entschädigungspflichtiger Impfschaden dem Forschungsinstitut für Lungenkrankheiten und Tuberkulose, 1115 Berlin-Buch, Abt. Organisation und Methodologie, zu melden.

9. Diese Anweisung tritt am 15. März 1981 in Kraft. Gleichzeitig tritt die Anweisung vom 2. Juni 1975 zur Tuberkulose-Schutzimpfung (Verf. u. Mitt. Nr. 12 S. 78) außer Kraft.

[1]) Darstellung der Impftechnik und der Tuberkulintestung s. „Vademekum für Impfärzte" 6. Auflage.

[2]) Zur Zeit gilt das Gesetz zur Verhütung und Bekämpfung übertragbarer Krankheiten beim Menschen vom 3. 12. 1982 (GBl. I Nr. 40 S. 631); zum Abdruck vorgesehen in der 12. Lieferung unter B 06 31.

Methodische Hinweise für die Jahresplanung im staatlichen, örtlich geleiteten Apothekenwesen für den Fünfjahrplanzeitraum 1981 bis 1985

Gliederung:

Die vorliegenden methodischen Hinweise beinhalten die Grundsätze zur einheitlichen Durchführung der Planung von Aufgaben und Kennziffern für das staatliche, örtlich geleitete Apothekenwesen im Rahmen der konkreten territorialen Organisationsform des Apothekenwesens.
Die Hinweise zum Ablauf der Planung unter Tz. 3 gehen davon aus, daß das Apothekenwesen des Bezirkes in Pharmazeutischen Zentren organisiert ist, die direkt einer Bezirksdirektion des Apothekenwesens unterstehen. Hinweise zum Ablauf der Planung für davon abweichende Organisationsformen sind Gegenstand der Tz. 4.
Die Planung von Kennziffern, die im Zusammenhang mit der Koordinierung von Bedarfsermittlung und Planung für ausgewählte Erzeugnisse stehen, wird in den vorliegenden methodischen Hinweisen nicht berücksichtigt. Dazu ist insbesondere die

> „Methodische Richtlinie zur Planung des materiell-technischen Bedarfs an ausgewählten Erzeugnissen bzw. Erzeugnisgruppen für das Gesundheits- und Sozialwesen der DDR"[1])

anzuwenden.

1. Grundlagen der Planung

Die in den

„Ergänzenden methodischen Hinweisen für die Ausarbeitung und Einreichung des Fünfjahrplanes und der Jahresvolkswirtschaftspläne 1981—1985 der Räte der Bezirke, Abteilung Gesundheits- und Sozialwesen an das Ministerium für Gesundheitswesen“

aufgeführten „Grundlagen zur Ausarbeitung der Planentwürfe“ gelten grundsätzlich auch für die Planung im Apothekenwesen.
Hinsichtlich der

„Anordnung über die Ordnung der Planung der Volkswirtschaft der DDR 1981—1985 vom 28. November 1979“[2])

sind insbesondere zu beachten:

— Teil A:	Grundsätze der Planungsordnung
— Teil G, S. 5—14:	Planung des Gesundheits- und Sozialwesens spezifische Planinformationen Planung der Arbeitskräfte und des Lohnfonds
— Teil K, S. 75:	Planung der Entwicklung der Arbeits- und Lebensbedingungen
— Teil L, S. 35—39:	Planung der Vorbereitung und Durchführung der Investitionen
S. 45—49:	Übersicht über die Einreichung der Vordrucke für Investitionen
S. 58:	Festlegung zur Anwendung der Vordrucke
— Teil N, S. 7—15:	Planung des gesellschaftlichen Arbeitsvermögens
S. 15—16:	Planung des Arbeitseinkommens

Hinsichtlich der inhaltlichen Grundlagen sind insbesondere zu beachten:

— Orientierungen des Ministeriums für Gesundheitswesen zur Aufgabenstellung des Apothekenwesens bis 1985 (siehe auch Tz. 5.1.)
— spezifische Aufgabenstellungen des Apothekenwesens für die einzelnen Planjahre

2. Gliederung des Jahresplanes

Der Jahresplan ist

— für das Apothekenwesen jedes Bezirkes durch die Bezirksdirektion des Apothekenwesens (nachstehend Bezirksdirektion) bzw. das Pharmazeutische Zentrum des Bezirkes
— für die Bezirksdirektion bzw. das Pharmazeutische Zentrum des Bezirkes als Einrichtung durch den Direktor der Bezirksdirektion bzw. den Bezirksapotheker[3])

— für jedes Pharmazeutische Zentrum bzw. das Apothekenwesen des Kreises durch den Direktor des Pharmazeutischen Zentrums bzw. den Kreisapotheker

zu erarbeiten.
Der Jahresplan gliedert sich in

— die verbale Planbegründung
— die komplexe ökonomische und spezifische Planinformation
— den Finanzplan
— die Begründung der Abweichungen von den Staatlichen Auflagen bzw. Aufgaben.

2.1. Verbale Planbegründung

Die verbale Planbegründung beinhaltet die Aufgaben zur

— Entwicklung der Versorgungsleistungen und zur
— Entwicklung des Apothekenwesens.

Die Aufgaben zur **Entwicklung der Versorgungsleistungen** beinhalten die Zielstellungen zur materiell-medizinischen Versorgung einschließlich der Bestandshaltung für das Pharmazeutische Zentrum/das Apothekenwesen des Kreises bzw. für das Apothekenwesen des Bezirkes.
Die Zielstellungen zur materiell-medizinischen Versorgung präzisieren die spezifischen Aufgabenstellungen für das Apothekenwesen zur Sicherung bzw. Qualifizierung der Versorgung mit Arzneimitteln und anderen für das Gesundheitswesen spezifischen Erzeugnissen sowie ausgewählten unspezifischen Erzeugnissen entsprechend den zentralen Orientierungen (siehe auch Tz. 5.1.). Dabei sind die konkreten territorialen Bedingungen zu berücksichtigen. Wichtige abgrenzbare Aufgaben sind einzelne Struktureinheiten zuzuordnen.
Bei der Erarbeitung der Aufgabenstellungen sind vor allem folgende Schwerpunkte zu berücksichtigen:

— Entwicklung des Umfangs der Versorgungsaufgabe für Arzneimittel und den Arzneimitteln gleichgestellte Erzeugnisse
— Entwicklung des Umfangs der Versorgungsaufgabe für medizintechnische Erzeugnisse sowie ausgewählte unspezifische Erzeugnisse
— Mitwirkung beim zweckmäßigen Einsatz der verfügbaren Fonds spezifischer Erzeugnisse, insbesondere im Zusammenwirken mit dem ärztlichen Bereich
— Organisation einer zweckmäßigen Bedarfsermittlung und Planung im Zusammenwirken mit dem Großhandel und dem ärztlichen Bereich
— Gestaltung einer zweckmäßigen Organisation der Versorgung, insbesondere im Zusammenwirken mit dem Großhandel
— Sicherung einer optimalen Bestands- und Vorratshaltung in den Einrichtungen des Apothekenwesens (siehe auch Tz. 5.2.)

— Durchführung von Kontrollaufgaben zur Sicherung des Arzneimittelverkehrs
— Sicherung der Einsatzbereitschaft der „speziellen materiellen Reserven“.

Die aus diesen Schwerpunkten resultierenden und verbal zu formulierenden Aufgabenstellungen sind durch ausgewählte quantitative Aussagen (z. B. Erlöse[4]), Anzahl der Rezepte, Umfang der Herstellungsleistungen, Entwicklung der Umschlagszahl usw.) zu untersetzen.
Die Aufgaben zur **Entwicklung des Apothekenwesens** beinhalten die Zielstellungen zur Entwicklung der personellen, materiellen und finanziellen Fonds des Pharmazeutischen Zentrums/ des Apothekenwesens des Kreises bzw. des Apothekenwesens des Bezirkes.
Bei der Erarbeitung der Aufgabenstellungen sind vor allem folgende Schwerpunkte zu berücksichtigen:

— sozialistische Rationalisierung
(Organisation des Apothekenwesens, Zentralisierung, Profilierung, Standardisierung, wissenschaftliche Arbeitsorganisation)
— Zusammenarbeit mit anderen Einrichtungen des Apothekenwesens
— Arbeits- und Lebensbedingungen
(materielle Arbeitsbedingungen, Versorgung der Mitarbeiter, gesundheitliche Betreuung, Ferien- und Erholungswesen, Kinderbetreuung, Veteranenbetreuung)
— Arbeitskräfte
(Entwicklung der Qualifikationsstruktur, Sicherung des zweckmäßigen Einsatzes der verfügbaren Kader)
— Aus- und Weiterbildung
(Hochschulkader, Fachschulkader, Facharbeiter)
— Investitionen und Werterhaltung
(Entwicklung der materiellen Voraussetzungen, insbesondere der Bausubstanz und Ausstattung)
— Jugendarbeit, MMM-Bewegung und Neuererwesen.

Die aus diesen Schwerpunkten resultierenden und verbal zu formulierenden Aufgabenstellungen sind durch ausgewählte Kennziffern zu untersetzen (z. B. Arbeitskräfte gesamt[5]), Investitionen gesamt, Werterhaltung und Reparaturen gesamt, pharmazeutische Arbeitsplätze).

2.2. Komplexe ökonomische und spezifische Planinformation

Die **komplexe ökonomische Planinformation** ist für das Pharmazeutische Zentrum/das Apothekenwesen des Kreises bzw. für das Apothekenwesen des Bezirkes auf der Grundlage des Vordrucks PV 0504 zu erarbeiten. Sie beinhaltet folgende Kennziffern:

	Kennziffern-Nr.
— Grundmittel	
Anfangsbestand Bruttowert der Grundmittel	0305
Endbestand Bruttowert der Grundmittel	0301
Ausrüstungen von 0301	0302
Zugänge gesamt	0312
Aktivierung eigener Investitionen v. 0312	0304[6])
Abgänge gesamt vom Bruttowert	0307
Endbestand Nettowert der Grundmittel	0310
Durchschnittsbestand Bruttowert der Grundmittel	0316
— Investitionen	
Investitionen (materielles Volumen)	0401
Bau von 0401	0402
Ausrüstungen von 0401	0403
Aktivierungspflichtig von 0401	0407
Erneuerung von 0401	0471
Erweiterung von 0401	0472
Neubau von 0401	0473
Endbestand an unvollendeten Investitionen	0408
Finanzbedarf für Investitionen	0417
Beteiligung an der gemeinsamen Finanzierung einer Investition von 0417	0416
Abschlagszahlungen des Planjahres von 0417	0420
— Finanzierungsquellen zu 0417	
Mittel aus dem Staatshaushalt für Investitionen lt. gesetzl. Bestimmungen	0427
— Arbeitskräfte und Löhne	
Anzahl der Arbeiter und Angestellten (Pers.) im Jahresdurchschnitt (o. Lehrlinge)	0903
Anzahl der Arbeiter und Angestellten (VbE) im Jahresdurchschnitt (o. Lehrlinge)	0901
Hochschulkader insgesamt im Jahresdurchschnitt (Pers.)	0902
Fachschulkader insgesamt im Jahresdurchschnitt (Pers.)	0907
Aufnahme von Schulabgängern in die Berufsausbildung ohne Abitur	0920
Auslernende Lehrlinge aus Berufsausbildung ohne Abitur	0925
Lohnfonds	0905
Lohnfonds in sich selbst finanz. Einrichtungen von 0905	0908[7])

	Kennziffer-Nr.
— Beziehungen zum Staatshaushalt	
Einnahmen d. Staatshaushaltes insgesamt	0151[8])
Ausgaben d. Staatshaushaltes insgesamt (ohne Investitionen)	0152[9])

Die **spezifische Planinformation** ist für das Pharmazeutische Zentrum/das Apothekenwesen des Kreises bzw. für das Apothekenwesen des Bezirkes auf der Grundlage der Planungsordnung, Teil G, S. 12ff. zu erarbeiten. Sie beinhaltet folgende Kennziffern:

— Neuschaffung von pharmazeutischen Arbeitsplätzen
— Anzahl der pharmazeutischen Arbeitsplätze am Jahresende
— Fachpersonal gesamt

davon Beschäftigte mit Hochschulabschluß
darunter Apotheker
Beschäftigte mit Fachschulabschluß
darunter Pharmazieingenieure/Apothekenassistenten
Beschäftigte mit Facharbeiterabschluß
darunter Apothekenfacharbeiter

— Personal ohne Berufsausbildung
— Aufnahme von Schulabgängern in die Berufsausbildung

2.3. Finanzplan

Im Finanzplan (s. a. Tz. 5.3.) werden die Kennziffern zur Realisierung der Entwicklung der Versorgungsleistung und des Apothekenwesens sowie zum Haushalt für das Pharmazeutische Zentrum/das Apothekenwesen des Kreises bzw. für das Apothekenwesen des Bezirkes zusammenfassend geplant. Dazu ist der Vordruck 9640 zu verwenden.

2.4. Begründung der Abweichungen der staatlichen Auflagen bzw. Aufgaben

Entsprechend der Planungsordnung sind die Abweichungen

— des voraussichtlichen Ist des Basisjahres von der staatlichen Auflage des Basisjahres sowie
— des Planentwurfs von der staatlichen Aufgabe des zu planenden Jahres

verbal zu begründen.

3. Ablauf der Planung bei bezirklich geleitetem Apothekenwesen

Der terminliche Ablauf der Planung richtet sich nach den geltenden gesetzlichen Bestimmungen. Darüber hinausgehende Termine werden nachfolgend festgelegt.

3.1. Planvorbereitung

Die Planvorbereitung ist ein kontinuierlicher Prozeß zur Erarbeitung konzeptioneller Vorstellungen zur Entwicklung der Aufgaben des Apothekenwesens für die materiell-medizinische Versorgung sowie der dafür erforderlichen personellen, materiellen und finanziellen Fonds. Dabei ist ein ständiges Zusammenwirken mit den zuständigen örtlichen Organen zu gewährleisten.
Zur Sicherung des Zusammenwirkens aller Leitungsebenen des Apothekenwesens sind Plankonsultationen zwischen dem Ministerium für Gesundheitswesen und den Bezirksdirektionen sowie zwischen der Bezirksdirektion und den Pharmazeutischen Zentren durchzuführen.
Die Plankonsultationen zwischen dem Ministerium für Gesundheitswesen und den Bezirksdirektionen sind bis Ende März des laufenden Planjahres für das folgende Planjahr abzuschließen. Schwerpunkte dieser Plankonsultationen sind:

— Abstimmungen zu den Aufgaben des Apothekenwesens für die materiell-medizinische Versorgung im Bezirk
— Abstimmungen zur Entwicklung des Apothekenwesens im Bezirk
— Abstimmungen zu folgenden Kennziffern

- Erlöse gesamt

  Warenerlöse Pharmazie nach Abgabearten
  dito Medizintechnik

- Umschlagszahl gesamt

  dito Pharmazie
  dito Medizintechnik

- Kosten gesamt

  Wareneinsatz gesamt (in TM und %)
  dito Pharmazie (in TM und %)
  dito Medizintechnik (in TM und %)

  Lohnfonds gesamt
  Werterhaltung und Reparaturen gesamt
  übrige Kosten

- Überschuß

- Umlaufmittelfonds gesamt
  dito Pharmazie
  dito Medizintechnik
- Umlaufmittelfondszuführung
- Arbeitskräfte gesamt
- Schulabgänger für die Facharbeiterausbildung
- Investitionen gesamt
  Bauinvestitionen
  Ausrüstungsinvestitionen
- Pharmazeutische Arbeitsplätze gesamt
  Neuschaffung
  davon durch komplexen Wohnungsbau

3.2. Staatliche Aufgabe

Die Staatliche Aufgabe für das Apothekenwesen des Bezirkes ist Bestandteil der Staatlichen Aufgabe für das Gesundheits- und Sozialwesen des Bezirkes. Die Staatliche Aufgabe für die Pharmazeutischen Zentren wird diesen von der Bezirksdirektion übergeben.

Die Staatliche Aufgabe beinhaltet:

— die Aufgabenstellungen zur materiell-medizinischen Versorgung
— die Aufgabenstellungen zur Entwicklung des Apothekenwesens
— Kennziffern auf der Grundlage der Planungsordnung
  - Arbeitskräfte gesamt
  - Lohnfonds gesamt
  - Aufnahme von Schulabgängern in die Berufsausbildung
  - Investitionen gesamt, darunter Bau und Ausrüstungen
  - Neuschaffung von pharmazeutischen Arbeitsplätzen, darunter durch komplexen Wohnungsbau
  - Überschuß
  - Umlaufmittelzuführung

Gleichzeitig mit der Staatlichen Aufgabe werden folgende Kennziffern für die Erarbeitung des Planentwurfs übergeben:

— Erlöse gesamt
  Warenerlöse Pharmazie nach Abgabearten
  dito Medizintechnik
— Kosten gesamt (in TM und %)
  Wareneinsatz gesamt (in %)
  dito Pharmazie (in %)
  dito Medizintechnik (in %)
  Werterhaltung und Reparaturen gesamt

— Umschlagszahl gesamt

dito Pharmazie

dito Medizintechnik.

Zur Vorbereitung der Plandiskussion sichern die Direktoren der Pharmazeutischen Zentren die Aufschlüsselung der Staatlichen Aufgabe auf die Struktureinheiten im erforderlichen Umfang. Dabei sind insbesondere zu berücksichtigen:

— spezielle Versorgungsaufgaben
— Investitions-, Werterhaltungs- und Reparaturmaßnahmen
— Kennziffern
  • Arbeitskräfte
  • Erlöse
  • Wareneinsatz (in %)
  • Umschlagszahl
— beeinflußbare Kosten

3.3. Erarbeitung des Planentwurfs

Die Erarbeitung des **Planentwurfs des Pharmazeutischen Zentrums** erfolgt auf der Grundlage

— der Staatlichen Aufgabe
— der Ergebnisse der Planvorbereitung
— der voraussichtlichen Erfüllung des Planes des laufenden Jahres
— der Ergebnisse der Plandiskussion sowie
— der Ergebnisse territorialer Planabstimmungen auf Kreisebene.

Der Planentwurf ist gemäß Tz. 2. zu gliedern und nach Fertigstellung der Bezirksdirektion zu übergeben.
Der Direktor des Pharmazeutischen Zentrums sichert die Einbeziehung aller Mitarbeiter in die Plandiskussion und organisiert gemeinsam mit der BGL die Durchführung der Plandiskussion. In die Plandiskussion ist zweckmäßigerweise die Beratung des Entwurfs des Betriebskollektivvertrages und des Wettbewerbsbeschlusses einzubeziehen.
In Vorbereitung der territorialen Planabstimmungen erarbeitet der Direktor des Pharmazeutischen Zentrums den Entwurf eines kreislichen Versorgungsplanes, der folgende Aufgaben und Kennziffern enthält:

— Aufgabenstellungen des Pharmazeutischen Zentrums zur materiell-medizinischen Versorgung des Kreises einschließlich ergänzender quantitativer Aussagen (z. B. Erlöse, Herstellungsleistungen usw.)
— Festlegungen zur Organisation der materiell-medizinischen Versorgung im Kreis (z. B.

Organisation des Zusammenwirkens mit dem Kreisarzt und dem ärztlichen Bereich, Öffnungszeiten, Bereitschaftsdienst usw.)

— Investitions-, Werterhaltungs- und Reparaturmaßnahmen für Einrichtungen des Apothekenwesens im Kreis
— Maßnahmen zur Entwicklung der Arbeits- und Lebensbedingungen (z. B. Wohnungen, Kinderkrippenplätze, Arbeiterversorgung)
— im Kreis abzustimmende Kennziffern

- Arbeitskräfte
- Aufnahme von Schulabgängern in die Berufsausbildung
- Investitionen gesamt

  darunter Bauinvestitionen
  davon Erneuerung
  Erweiterung
  Neubau
  darunter Ausrüstungsinvestitionen

- Anzahl der pharmazeutischen Arbeitsplätze am Jahresende
  Zugänge gesamt

  davon Neuschaffungen Neubau
  (darunter komplexer Wohnungsbau)
  Neuschaffungen Rekonstruktionen
  Übernahmen
  Abgänge

- Werterhaltung und Reparaturen (Bauanteil)

Der Entwurf des Versorgungsplanes ist für jeden Kreis im Versorgungsbereich des Pharmazeutischen Zentrums auszuarbeiten und mit dem jeweiligen Kreisarzt abzustimmen.
Die Erarbeitung des **Planentwurfs für das Apothekenwesen des Bezirkes** erfolgt auf der Grundlage

— der Staatlichen Aufgabe
— der Ergebnisse der Planverteidigung
— der voraussichtlichen Erfüllung des Planes des laufenden Jahres
— der Planentwürfe der Pharmazeutischen Zentren und der Bezirksdirektion als Einrichtung sowie
— der Ergebnisse territorialer Planabstimmungen auf Bezirksebene.

Der Planentwurf ist gemäß Tz. 2 zu gliedern und als Bestandteil zum Planentwurf des Gesundheits- und Sozialwesens dem Ministerium für Gesundheitswesen zu übergeben. Auf der Grundlage des Planentwurfes werden im Ministerium für Gesundheitswesen Planabstimmungen durchgeführt.

3.4. Staatliche Auflage

Die Staatliche Auflage für das Apothekenwesen des Bezirkes ist Bestandteil der Staatlichen Auflage für das Gesundheits- und Sozialwesen des Bezirkes. Die Staatliche Auflage für die Pharmazeutischen Zentren wird diesen von der Bezirksdirektion übergeben. Gleichzeitig werden den Pharmazeutischen Zentren spezielle Kennziffern für den Jahresplan übergeben. Die Staatliche Auflage ist in der Regel analog der Staatlichen Aufgabe gegliedert (s. Tz. 3.2.).

3.5. Erarbeitung des Jahresplanes

Die Erarbeitung des Jahresplanes erfolgt auf der Grundlage des Planentwurfs und der Staatlichen Auflage. Der Jahresplan für das Apothekenwesen des Bezirkes wird als Bestandteil des Planes für das Gesundheits- und Sozialwesen des Bezirkes bestätigt. Der Jahresplan für die Pharmazeutischen Zentren wird durch die Bezirksdirektion bestätigt. Gleichzeitig ist durch den Kreisarzt jedes Kreises im Versorgungsbereich des Pharmazeutischen Zentrums der jeweilige Versorgungsplan zu bestätigen.
Die bestätigten Pläne sind verbindliche Grundlage für die Plandurchführung und -abrechnung. Sie sind den Zielstellungen des sozialistischen Wettbewerbs sowie der Neuerer- und MMM-Bewegung zu Grunde zu legen.
Der bestätigte Jahresplan für das Apothekenwesen des Bezirkes ist dem Ministerium für Gesundheitswesen zur Kenntnis zu geben.

4. Ablauf der Planung bei kreislich geleitetem Apothekenwesen

Sofern das Apothekenwesen nicht in Pharmazeutischen Zentren und nicht unter der Leitung einer Bezirksdirektion organisiert ist, gelten für den Ablauf der Planung folgende Festlegungen:

- Die Aufgaben der Bezirksdirektion bzw. des Direktors des Pharmazeutischen Zentrums sind durch den Bezirks- bzw. Kreisapotheker wahrzunehmen, sofern nicht nachfolgend andere Festlegungen getroffen werden.
- Plankonsultation und Planabstimmung werden direkt zwischen dem Bezirks- und dem Kreisapotheker durchgeführt.
- Die Staatliche Aufgabe bzw. Auflage für das Apothekenwesen des Kreises wird dem Kreisapotheker über den Kreisarzt zugeleitet.
- Die Erarbeitung eines Versorgungsplanes ist nicht erforderlich.
- In Vorbereitung der Planabstimmung übergibt der Kreisapotheker dem Bezirksapotheker direkt den mit dem Kreisarzt abgestimmten Planentwurf.
- Der Jahresplan für das Apothekenwesen des Kreises wird als Bestandteil des Planes für das Gesundheits- und Sozialwesen bestätigt und nach Bestätigung vom Kreisapotheker direkt dem Bezirksapotheker übergeben.

Diese Festlegungen gelten in gleicher Weise, wenn das Apothekenwesen **eines** Kreises in einem Pharmazeutischen Zentrum organisiert ist, ohne daß dieses jedoch einer Bezirksdirektion unterstellt ist.
Sofern das Apothekenwesen **mehrerer** Kreise in einem Pharmazeutischen Zentrum organisiert ist, ohne daß dieses jedoch einer Bezirksdirektion unterstellt ist, gelten für die Jahresplanung folgende Festlegungen:

— Plankonsultation und Planabstimmung werden direkt zwischen dem Direktor des Pharmazeutischen Zentrums und dem Bezirksapotheker durchgeführt.
— Die Staatliche Aufgabe bzw. Auflage für das Pharmazeutische Zentrum wird dem Direktor des Pharmazeutischen Zentrums über den Kreisarzt des Kreises übergeben, der Sitz des Pharmazeutischen Zentrums ist.
— Für jeden Kreis im Versorgungsbereich des Pharmazeutischen Zentrums ist ein Versorgungsplan zu erarbeiten.
— In Vorbereitung der Planabstimmung übergibt der Direktor des Pharmazeutischen Zentrums dem Bezirksapotheker direkt den mit dem Kreisarzt abgestimmten Planentwurf.
— Der Jahresplan für das Pharmazeutische Zentrum wird als Anlage des Planes des Gesundheits- und Sozialwesens des Kreises bestätigt, der Sitz des Pharmazeutischen Zentrums ist. Voraussetzung dafür ist das Vorliegen von durch die Kreisärzte bestätigten Versorgungsplänen alle Kreise im Versorgungsbereich des Pharmazeutischen Zentrums. Der Direktor des Pharmazeutischen Zentrums übergibt den bestätigten Jahresplan direkt dem Bezirksapotheker.

5. Spezifische Hinweise

5.1. Bis 1985 ist durch das Apothekenwesen in allen Territorien die Durchführung folgender Aufgaben zu gewährleisten:

— Bedarfsermittlung, Planung und Bereitstellung von Arzneimitteln, Labordiagnostika sowie Näh- und Unterbindungsmaterialien
— Koordinierung der Bedarfsermittlung und Planung für Verbandstoffe, Desinfektionsmittel, medizinisches Verbrauchsmaterial, medizintechnische Erzeugnisse und ausgewählte unspezifische Erzeugnisse
— Bereitstellung von Verbandstoffen, Desinfektionsmitteln und medizinischem Verbrauchsmaterial für die Bevölkerung und für Gesundheitseinrichtungen (Bereitstellung für große Gesundheitseinrichtungen entsprechend den gegebenen Möglichkeiten ggf. im Streckengeschäft bzw. Vermittlungsgeschäft).

5.2. Die Planung der Warenbestände erfolgt nach Warengruppen auf der Basis der Entwicklung der Umschlagszahl je Warengruppe sowie unter Berücksichtigung der Versorgungsaufgaben und der Lagerkapazitäten. Als Vorgabe für die Umschlagszahl im Bezirksdurchschnitt gelten:

— für das Warenlager Pharmazie 5,2
— für das Warenlager Medizintechnik 3,5.

Die Differenzierung der Umschlagszahl für die Warengruppen innerhalb des Warenlagers Pharmazie ist unter Berücksichtigung der territorialen Bedingungen eigenverantwortlich vorzunehmen. Dabei sind als Orientierung folgende Umschlagszahlen zu Grunde zu legen:

— für die Warengruppe Drogen und Chemikalien 2,0
— für die Warengruppe Arzneifertigwaren 35% 6,0
— für die Warengruppe Arzneifertigwaren 25% 6,0
— für die Warengruppe Verbandstoffe einschließlich Näh- und Unterbindungsmaterial 4,0
— für die Warengruppe Labordiagnostika 2,0
— für die Warengruppe Behältnisse 1,0

5.3. Für die Erarbeitung des Finanzplanes gelten folgende Festlegungen:

— Die Erlöse sind unter Berücksichtigung der in der verbalen Planbegründung formulierten Aufgabenstellungen in der vorgegebenen Struktur zu planen. Unter „sonstige Erlöse" sind neben Mieteinnahmen u. ä. auch die Einnahmen aus Dienstleistungen für das Gesundheitswesen und andere Bedarfsträger zu planen.
— Der Umlaufmittelfonds entspricht der geplanten Höhe des Warenbestandes, der auf der Grundlage der Umschlagszahl und des geplanten Wareneinsatzes ermittelt wird. Die Höhe der Umlaufmittelzuführung bzw. -abführung ist die Differenz aus dem geplanten Umlaufmittelfonds gesamt und dem voraussichtlichen Umlaufmittelfonds gesamt des laufenden Planjahres. Bei der Übernahme von Apotheken aus anderen Unterstellungs- oder Eigentumsformen sowie bei Neueröffnungen können zusätzliche Umlaufmittelzuführungen geplant werden (vergleiche Methodik zur Ausarbeitung des Staatshaushaltsplanes, Tz. 3.2.3.).
— Bei der Planung des Wareneinsatzes Pharmazie ist die Entwicklung des Arzneimittelsortimentes und der Anteil an Eigenherstellungen zu berücksichtigen. Sofern bei der Planung des prozentualen Wareneinsatzes Pharmazie Abweichungen zum Vorjahr von $\pm 0{,}05$ Mark je 100 Mark Erlöse auftreten, sind diese gesondert zu begründen.
Bei der Planung des Wareneinsatzes Medizintechnik ist der den Bedarfsträgern berechnete Abgabepreis zu berücksichtigen. Bei ausschließlicher Abgabe zum GAP ist ein Wareneinsatz von 100% zu planen. Höhere Wareneinsätze sind zu begründen.
— Die Planung der Kosten hat nach den Prinzipien der strengsten Sparsamkeit zu erfolgen. Dabei ist eine stabile Versorgung zu gewährleisten.

5.4. Wesentliche Voraussetzungen für eine reale Planung ist die richtige Einschätzung des voraussichtlichen Ist des laufenden Planjahres. Dieser Aufgabe ist deshalb besondere Aufmerksamkeit zu widmen. Abweichungen vom Plan sind im Rahmen der Plankonsultationen bzw. der Planabstimmungen zu begründen.

5.5. Bei der Übernahme bzw. bei Neueröffnungen von Einrichtungen des Apothekenwesens ist dem Planentwurf der Stand der Zuordnung per 1.1. des zu planenden Jahres zu Grunde zu legen. Im Planentwurf sind die Übernahmen gesondert auszuweisen.

[1]) Herausgegeben vom Ministerium für Gesundheitswesen; in dieser Sammlung nicht enthalten.

[2]) Sonderdruck Nr. 1020 a—q des Gesetzblattes.

[3]) Die Planung für die Bezirksdirektion bzw. das Pharmazeutische Zentrum des Bezirkes als Einrichtung wird nachfolgend nicht mehr ausdrücklich berücksichtigt. Sie ist entsprechend den Planungsprinzipien für die Pharmazeutischen Zentren und unter Berücksichtigung der konkreten Bedingungen durchzuführen.

[4]) Als Einheit für die finanziellen Kennziffern gelten hier und nachfolgend TM mit einer Dezimale. Abweichungen werden gesondert ausgewiesen.

[5]) Als Einheit für die personellen Kennziffern gelten hier und nachfolgend VbE und Personen im Jahresdurchschnitt. Abweichungen werden gesondert ausgewiesen.

[6]) Zugänge aus Investitionen.

[7]) Summe unter 0908 entspricht für das Apothekenwesen der unter 0905.

[8]) Entspricht Überschuß und Umlaufmittelabführung.

[9]) Entspricht Umlaufmittelzuführung.

Mitteilung zur Anweisung über die Kassen- und Zahlungsordnung für das staatliche, örtlich geleitete Apothekenwesen

vom 20. Juli 1981
(VuM MfGe Nr. 7 S. 92)

Zur weiteren Erhöhung von Ordnung, Disziplin und Sicherheit bei der Durchführung der Finanz- und Haushaltswirtschaft im staatlichen, örtlich geleiteten Apothekenwesen hat der Minister für Gesundheitswesen in Abstimmung mit dem Ministerium der Finanzen die

Anweisung vom 31. Juli 1981 über die Kassen- und Zahlungsordnung für das staatliche, örtlich geleitete Apothekenwesen

erlassen.
Die Anweisung tritt am 1. Oktober 1981 in Kraft. Sie wird den Beteiligten direkt vom Institut für Apothekenwesen, Frankfurt/Oder, zugestellt.[1])

[1]) Abgedruckt unter D 02 46.

Anweisung über die Kassen- und Zahlungsordnung für das staatliche, örtlich geleitete Apothekenwesen

vom 1. Oktober 1981
— Auszug —

Zur weiteren Erhöhung von Ordnung, Disziplin und Sicherheit bei der Durchführung der Finanz- und Haushaltswirtschaft im staatlichen, örtlich geleiteten Apothekenwesen wird auf der Grundlage der Kassenordnung des Staatshaushaltes[1]) in Abstimmung mit dem Ministerium der Finanzen folgende Anweisung erlassen:

I.
Geltungsbereich

1.

Diese Anweisung gilt für

a) die Bezirksdirektionen des Apothekenwesens bzw. die Pharmazeutischen Zentren der Bezirke, vertreten durch den Bezirksapotheker
b) die Pharmazeutischen Zentren, die einer Bezirksdirektion des Apothekenwesens oder dem Rat des Kreises unterstellt sind, vertreten durch den Direktor
c) das Apothekenwesen eines Kreises, das nicht in einem Pharmazeutischen Zentrum organisiert ist, vertreten durch den Kreisapotheker
(nachfolgend Einrichtungen genannt) sowie
d) Apotheken, Bereiche und Abteilungen der unter Buchstaben a bis c genannten Einrichtungen des Apothekenwesens (nachfolgend Kostenstellen genannt).

II.
Konten- und Kassenführung

2.
Führung von Konten

(1) Die Einnahmen und Ausgaben der Einrichtungen sind über ein Bankkonto der Kontenart 1 bei der Staatsbank der DDR abzuwickeln. Sofern in einem Kreis die Staatsbank der DDR keine Filiale unterhält, ist das Bankkonto bei der Sparkasse zu führen. Die Einnahmen und Ausgaben der Kostenstellen werden über das Bankkonto der jeweiligen Einrichtung abgewickelt. Dieses Konto ist beim Bereich Ökonomie bzw. der Abteilung Ökono-

mie/Zentralen Apothekenbuchhaltung (nachfolgend Abteilung Ökonomie genannt) zu führen.
(2) Lieferungen und Leistungen des Apothekenwesens sind über das unter Ziff. 2 Abs. 1 genannte Bankkonto nachzuweisen. Durch den zuständigen Rat übertragene Haushaltsmittel zur Finanzierung von sonstigen Lieferungen und Leistungen für Einrichtungen des Gesundheitswesens, die nicht zum Apothekenwesen gehören, sind in einem Unterkonto zum Bankkonto nachzuweisen. In der Regel resultieren diese Lieferungen und Leistungen aus Verträgen der Gesundheitseinrichtungen mit Lieferern außerhalb des Apothekenwesens.
(3) Die vom zuständigen Rat übertragenen Haushaltsmittel sind auf das Unterkonto einzuzahlen und zweckgebunden zu verwenden. Die Einnahmen und Ausgaben des Unterkontos sind gesondert nachzuweisen und am Jahresende beim zuständigen Rat abzurechnen.
(4) Bankkonto und Unterkonto (nachfolgend Konto genannt) sind bei der zuständigen Filiale der Staatsbank bzw. Sparkasse (nachfolgend Bankfiliale genannt) mit der namentlichen Bezeichnung der Einrichtung zu führen.

3.

Eröffnung und Löschung von Konten

(1) Bei der Eröffnung von Konten gemäß Ziff. 2 schließt der unter Ziff. 1 genannte Leiter für die jeweilige Einrichtungen mit der zuständigen Bankfiliale einen Kontovertrag ab. Die Eröffnung von Konten

- für die Bezirksdirektionen des Apothekenwesens bzw. die Pharmazeutischen Zentren der Bezirke bedarf der Zustimmung des Bezirksarztes.
- für die Pharmazeutischen Zentren, die einer Bezirksdirektion unterstellt sind, bedarf der Zustimmung des Bezirksapothekers.
- für das kreislich geleitete Apothekenwesen bedarf der Zustimmung des Kreisarztes.

(2) Der Kontovertrag ist mit dem Abdruck des Dienstsiegels bzw. Dienststempels der jeweiligen Einrichtung zu versehen.
(3) Der für den Abschluß des Kontovertrages gemäß Abs. 1 zuständige Leiter ist für die Löschung des Kontos verantwortlich, wenn die dafür bestehenden Voraussetzungen nicht mehr bestehen. Die Löschung eines Kontos bedarf der Zustimmung des übergeordneten Leiters gemäß Ziff. 3 Abs. 1.

4.

Zeichnungsberechtigung

(1) Bei einer Verfügung über das Konto ist die Unterschrift von je einem Zeichnungsberechtigten der Gruppe I und II laut Kontovertrag erforderlich. Die Zeichnungsberechtigten und deren Zuordnung zu den Gruppen I und II werden vom Leiter der Einrichtung aktenkundig festgelegt.

(2) Als Zeichnungsberechtigte können festgelegt werden:

a) der Leiter der Einrichtung
b) der Leiter der Abteilung Ökonomie
c) weitere vom Leiter der Einrichtung beauftragte Mitarbeiter.

(3) Die Mitteilung über die Zeichnungsberechtigung hat an die zuständige Bankfiliale unter Angabe des Namens und durch Hinterlegung der Unterschriftenproben bei Eröffnung des Kontos zu erfolgen. Die Neufestsetzung einzelner Zeichnungsberechtigter ist mit den gleichen Angaben vorzunehmen. Mitteilung über Zeichnungsberechtigte sind mit dem Dienstsiegel bzw. Dienststempel zu versehen.

5.

Führung von Kassen

(1) Alle Kostenstellen mit Barverkauf führen zur ordnungsgemäßen Abwicklung ihrer Bareinnahmen Tageskassen.
(2) Die Finanzierung von Kleinausgaben und deren Nachweis erfolgt in den Kostenstellen über die Tageskasse oder über eine Bürokasse. Die als Kleinausgaben zu finanzierenden Erzeugnisse und Leistungen sowie das obere Limit für eine Kleinausgabe sind durch den Leiter der Einrichtung aktenkundig festzulegen.
(3) Der Leiter der Einrichtung legt auf Vorschlag des Leiters der Kostenstelle die zum Umgang mit der Tages- bzw. Bürokasse berechtigten Mitarbeiter aktenkundig fest.
(4) Wird Mitarbeitern Bargeld zur Finanzierung von Erzeugnissen oder Leistungen ausgehändigt oder ein Abschlag zur Durchführung von Dienstreisen gewährt, haben sie innerhalb von 3 Tagen nach erfolgter Zahlung oder Beendigung der Dienstreise eine Abrechnung über die Verwendung des ihnen übergebenen Betrages vorzunehmen. Belege und Quittungen sind mit dem Vermerk „Betrag erhalten" dieser Abrechnung beizufügen. Die Restbeträge sind zum gleichen Zeitpunkt an die Kasse zurückzuzahlen. Für ausgehändigtes Bargeld oder gewährte Abschlagszahlungen ist ein Nachweis[2]) zu führen und der darin festgelegte Zeitpunkt der endgültigen Abrechnung zu kontrollieren.
(5) Bei schuldhafter Pflichtverletzung sind die am Umgang mit der Tages- bzw. Bürokasse beteiligten Mitarbeiter nach den geltenden Rechtsvorschriften zu Schadenersatz verpflichtet. Soweit ein Schaden nicht durch die materielle Verantwortlichkeit in voller Höhe geltend gemacht werden kann, ist der Fehlbetrag durch die Einrichtung zu übernehmen.

6.

Führung der Tageskasse

(1) Der Leiter der Einrichtung legt auf Vorschlag des Leiters der Kostenstelle aktenkundig die Höhe des Kassenlimits fest. Diese Festlegungen sind den zum Umgang mit der Tageskasse berechtigten Mitarbeitern im Rahmen der gemäß Ziff. 18 Abs. 1 durchzuführenden Belehrungen zur Kenntnis zu geben.

(2) Der Standort der Kasse ist so zu wählen, daß der eingedruckte Betrag vom Käufer abgelesen werden kann und die Geldschubfächer vor unbefugtem Zugriff geschützt sind.
(3) Die Einnahme aus dem Barverkauf ist sofort in der Kasse zu registrieren und zu vereinnahmen. Nach der Vereinnahmung ist der Kassenschub sofort zu schließen. Für falsch registrierte Beträge ist ein Korrekturbeleg mit dem falsch registrierten und dem richtigen Betrag sowie der Unterschrift des verantwortlichen Mitarbeiters und einem weiteren zum Umgang mit der Tageskasse berechtigten Mitarbeiter auszustellen. Der Beleg ist in der Kasse bis zur Abrechnung aufzubewahren.
(4) Zu vereinnahmende Schecks der Geldinstitute sind auf Betrag, Schreibart, Datum und Personalien genau zu prüfen. Danach ist der Scheck im Beisein des Käufers mit dem Vermerk „nur zur Verrechnung" zu versehen. Die Schecks dürfen nur die Höhe der Kaufsumme aufweisen. Der Betrag ist in der Kasse zu registrieren.
(5) Abgaben an gesellschaftliche Bedarfsträger erfordern einen schriftlichen Auftrag. Zahlungen bis zu einem Wert von 200 Mark können bar (jedoch ohne Verwendung von Barschecks) abgewickelt werden. Auf Verlangen des Käufers kann die Zahlung gegen Rechnung erfolgen. Bei Übernahme der Ware quittiert der Käufer den Lieferschein unter Angabe der Personalausweisnummer und der genauen Anschrift des Rechnungsempfängers.
(6) Auf Verlangen des Käufers ist für vereinnahmte Beträge eine Quittung auszustellen. Dazu sind numerierte Quittungsblocks[3]) zu verwenden, in denen die Durchschriften der ausgestellten Quittungen verbleiben. Über den Bestand und die ausgegebenen Quittungsblocks ist ein schriftlicher Nachweis[4]) zu führen.
(7) Die Belege für aus der Tageskasse finanzierte Kleinausgaben sind in der Kasse aufzubewahren.
(8) Bei auftretenden Störungen an der Kasse ist der Leiter der Kostenstelle sofort zu informieren. Dieser hat zur Aufrechterhaltung der Barabgabe die notwendigen Maßnahmen für den Nachweis der laufenden Bareinnahmen zu treffen und den Leiter der Einrichtung zu informieren.
(9) Außerhalb der Öffnungszeiten sind die Kassenbestände gemäß Ziff. 15 Abs. 6 unter sicheren Verschluß zu nehmen. Nach Entnahme des Bargeldes müssen die Schubfächer der Kasse geöffnet bleiben.

7.

Abrechnung der Tageskasse

(1) Die Einnahmen der Tageskasse und die Kleinausgaben sind mittels Tageskassenbericht[5]) von zwei zum Umgang mit der Tageskasse berechtigten Mitarbeitern täglich abzurechnen. Ausnahmen sind vom Leiter der Einrichtung festzulegen. Der Tageskassenbericht ist von den Mitarbeitern, die die Tageskassenabrechnung durchgeführt haben, zu unterzeichnen und vom Leiter der Kostenstelle abzuzeichnen. Der Tageskassenbericht und die Belege für aus der Tageskasse finanzierte Kleinausgaben sind zur Erfassung und Ab-

rechnung an die Abteilung Ökonomie zu übergeben. Kassen, die keine Endsumme ausdrucken, sind von zwei Mitarbeitern abzulesen.
(2) Der Registrierstreifen der Tageskasse kann für mehrere Tage in der Kasse belassen werden oder ist täglich durch Reißen abzutrennen. Die zum Umgang mit der Tageskasse berechtigten Mitarbeiter vermerken in jedem Fall täglich auf dem Registrierstreifen Soll und Ist des Kassenbestandes, die Summe der Kleinausgaben und das Datum der Kassenabrechnung. Sie bestätigen die Ordnungsmäßigkeit dieser Angaben durch ihre Unterschrift. Die Registrierstreifen sind in der jeweiligen Apotheke aufzubewahren.
(3) Abweichungen zwischen Soll und Ist des Kassenbestandes sind als Kassendifferenz zu behandeln. Kassenplusdifferenzen sind am Tage der Kassenabrechnung zu vereinnahmen. Alle Kassendifferenzen sind in einem Kassendifferenzbuch nachzuweisen. Das Kassendifferenzbuch enthält neben der Kassendifferenz die Angaben gemäß Abs. 2. Es ist monatlich mit der Abteilung Ökonomie abzustimmen.
(4) Der Leiter der Kostenstelle hat bei auftretenden Kassendifferenzen für unverzügliche Aufklärung zu sorgen. Sofern die Differenz einen Betrag von 10 Mark überschreitet oder wenn wiederholt Differenzen auftreten, ist ein Protokoll zum Sachverhalt anzufertigen. Das Protokoll ist von den am Umgang mit der Tageskasse beteiligten Mitarbeitern sowie dem Leiter der Kostenstelle zu unterzeichnen und dem Leiter der Einrichtung zu übergeben.
(5) Der über das festgelegte Tageskassenlimit hinaus gehende Bargeldbestand ist nach Kassenschluß unter Nutzung von Nachttresoren durch einen zum Bargeldtransport berechtigten Mitarbeiter bei der zuständigen Bankfiliale einzuzahlen. In Abstimmung mit der Bankfiliale ist die Einzahlung gerundeter Summen zulässig. Der Spitzenbetrag ist in diesem Fall gemäß Ziff. 15 Abs. 6 aufzubewahren. Stehen keine Nachttresore zur Verfügung, ist der Bargeldbestand am folgenden Werktag bei einer Bank, Sparkasse oder bei der Post auf das Konto einzuzahlen. Die Bankeinzahlungen sind vom Leiter der Kostenstelle abzuzeichnen.
(6) Die Tageskasse ist vom Leiter der Kostenstelle mindestens quartalsweise unvermutet zu prüfen.

8.

Führung der Bürokasse

(1) Für die zum Umgang mit der Bürokasse berechtigten Mitarbeiter ist im Funktionsplan die erweiterte materielle Verantwortlichkeit gemäß § 262 des Arbeitsgesetzbuches festzulegen.
(2) Der Leiter der Einrichtung legt auf Vorschlag des Leiters der Kostenstelle aktenkundig den Bargeldhöchstbestand für die Bürokassen der ihm direkt unterstellten Kostenstellen fest. Der Bargeldbestand ist durch Barabhebung mittels Scheck vom Konto aufzufüllen.

(3) Für die Bürokasse ist ein Kassenbuch[6]) zu führen, in dem die Einnahmen und Ausgaben in zeitlicher Reihenfolge und der tägliche Kassenbestand nachzuweisen sind. Für alle Einnahmen und Ausgaben müssen Belege vorhanden sein, die den Anforderungen gemäß Ziff. 17 entsprechen.

9.

Abrechnung der Bürokasse

(1) Die Abrechnung der Bürokasse hat mindestens einmal monatlich an Hand des Kassenbuches zu erfolgen. Die Abrechnung ist im Kassenbuch vom Leiter der Kostenstelle und dem für den Umgang mit der Bürokasse berechtigten Mitarbeiter zu unterzeichnen. Der Nachweis aus dem Kassenbuch (ein Exemplar) und die dazu gehörenden Belege für die Kleinausgaben sind zur Erfassung und Abrechnung der Abteilung Ökonomie zu übergeben.
(2) Abweichungen zwischen Soll und Ist des Kassenbestandes sind als Kassendifferenz zu behandeln und bei der Abrechnung im Kassenbuch auszuweisen. Kassenplusdifferenzen sind in die Bürokasse zu vereinnahmen.
(3) Der Leiter der Einrichtung legt aktenkundig die zur Kontrolle der Bürokassen berechtigten Mitarbeiter fest. Die Bürokassen sind mindestens quartalsweise unvermutet zu prüfen.

III.

Bewirtschaftung der Haushaltsmittel

10.

Bewirtschaftung der Einnahmen und Ausgaben

(1) Die für die Bewirtschaftung der Haushaltsmittel Verantwortlichen haben die Durchsetzung einer strengen Sparsamkeit bei der Verwendung staatlicher Mittel und die rationelle Nutzung der Fonds zu sichern. Insbesondere ist zu gewährleisten, daß

a) der Überschuß termingemäß in voller Höhe und entsprechend den geltenden Regelungen dem Staatshaushalt zufließt.
b) Ausgaben nur dann geleistet werden, wenn die erbrachten Lieferungen und Leistungen ordnungsgemäß kontrolliert sind.
c) Mittel nur ausgegeben werden, wenn sie vorhanden und nach den Rechtsvorschriften statthaft sind.

11.

Anweisungsberechtigung

(1) Ausgaben und Einnahmen bedürfen einer schriftlichen Anweisung auf der Auszahlungs- bzw. Annahmeanordnung durch zwei Anweisungsberechtigte. Durch die Anweisung wird die Ordnungsmäßigkeit der Auszahlungs- bzw. Annahmeanordnung bestätigt.

(2) Die Anweisungsberechtigten werden vom Leiter der Einrichtung aktenkundig festgelegt. Als Anweisungsberechtigte können festgelegt werden:

a) der Leiter der Einrichtung
b) der Leiter der Kostenstelle
c) weitere vom Leiter der Einrichtungen beauftragte Mitarbeiter.

12.
Zahlungsaufforderung und Überwachung des Zahlungseingangs

(1) Auf allen Zahlungsaufforderungen/Rechnungen ist mit der Konto-Nummer der Einrichtung und des kodierten Zahlungsgrundes anzugeben, wohin die Zahlung geleistet werden muß. Die Zahlungsaufforderung ist ferner mit dem Fälligkeitstermin, der Art und Menge der Leistung sowie mit dem Einzel- und Gesamtpreis zu versehen.
(2) Die Durchschrift der Zahlungsaufforderung hat mit der Annahmeanordnung nach der Bearbeitung in der Abteilung Ökonomie zu verbleiben.
(3) Die finanziellen Forderungen der Kostenstellen sind in der Abteilung Ökonomie nachzuweisen, die Zahlungseingänge sind an gleicher Stelle zu überwachen. Wenn Zahlungen nicht termingemäß erfolgen, sind nach verantwortungsvoller Prüfung und auf der Grundlage der geltenden Rechtsvorschriften die erforderlichen Maßnahmen einzuleiten.
(4) Als Zeitpunkt der Zahlung gilt

a) bei Überweisungen (Banküberweisung, Lastschriftschriftverfahren) der Tag der Abbuchung vom Konto des Zahlungspflichtigen.
b) bei Zahlungen mittels Zahlkarte oder Überweisung auf Grund einer Bareinzahlung der Tag der Einzahlung.
c) beim Scheckverfahren der Tag des Eingangs des Schecks beim Empfänger, vorbehaltlich der Einlösung.
d) bei Barzahlung der Tag der Zahlung an die Bank oder an den Vollzieher.

13.
Erteilung von Aufträgen und Bestellungen

(1) Lieferungen und Leistungen sind durch eine schriftliche Bestellung bzw. einen Auftrag zu veranlassen. Der Leiter der Einrichtung legt auf Vorschlag des Leiters der Kostenstelle die zur Erteilung von Bestellungen bzw. Aufträgen berechtigten Mitarbeiter aktenkundig fest.
(2) Bestellungen bzw. Aufträge sind nur zulässig, wenn dafür finanzielle Mittel zur Verfügung stehen. Erforderlichenfalls sind entsprechende Abstimmungen mit der Abteilung Ökonomie zu führen.
(3) Der Leiter der Kostenstelle hat zu sichern, daß die Lieferungen und Leistungen ordnungsgemäß überwacht und abgenommen werden. Dabei ist zu prüfen, ob der Auftrag

nach Qualität, Sortiment, Menge, Preis und Termin ordnungsgemäß realisiert wurde und ob Reklamationen erforderlich sind. Reklamationen sind schriftlich von einem zur Erteilung von Bestellungen bzw. Aufträgen berechtigten Mitarbeiter geltend zu machen. Ein Exemplar der Reklamation ist der Abteilung Ökonomie zu übergeben.

14.

Auszahlungsanordnungen

(1) Die Auszahlungsanordnungen dürfen von den gemäß Ziff. 11 Abs. 2 festgelegten Anweisungsberechtigten nur bei Vorlage der die Zahlung auslösenden Originalbelegen unterzeichnet werden. Danach sind die Originalbelege mit dem Stempelaufdruck „BEZAHLT" zu versehen. Bei Barauszahlung für Lieferungen und Leistungen bis zu 50 Mark im Einzelfall oder in mehreren gleichartigen Fällen kann die Auszahlungsanordnung nachträglich erteilt werden.

(2) Auf der Auszahlungsanordnung oder auf dem Originalbeleg sind vor der Unterschrift unter die Auszahlungsanordnung die sachliche und rechnerische Richtigkeit zu überprüfen und zu bestätigen. Die sachliche und rechnerische Richtigkeit muß durch einen dazu berechtigten Mitarbeiter bestätigt werden. Der Leiter der Einrichtung legt auf Vorschlag des Leiters der Kostenstelle die Mitarbeiter aktenkundig fest, die zur Überprüfung und Bestätigung der sachlichen und rechnerischen Richtigkeit berechtigt sind.

(3) Mit der Bestätigung der sachlichen Richtigkeit der Zahlung wird die Verantwortung insbesondere dafür übernommen, daß

a) die Lieferung oder Leistung entsprechend dem erteilten Auftrag erfolgt ist. Dabei sind die dem zu zahlenden Betrag zu Grunde liegenden Angaben (Zahlen, Maße, Gewichte) zu prüfen, die preisrechtliche Richtigkeit zu beurteilen und bei Verdacht auf falsche Angaben die notwendige Überprüfung zu veranlassen.
b) die Zahlung in ihrer Höhe und dem angegebenen Empfänger gegenüber begründet sowie nach den Rechtsvorschriften zulässig ist.

(4) Mit der Bestätigung der rechnerischen Richtigkeit der Zahlung wird die Verantwortung insbesondere dafür übernommen, daß die dem zu zahlenden Betrag zu Grunde liegenden Berechnungen geprüft und für richtig befunden wurden. Die Prüfung der rechnerischen Richtigkeit kann entfallen, wenn vom Lieferer die Ausfertigung der Rechnung mittels Fakturiermaschinen oder EDV-Anlagen erfolgt.

(5) Für die Auszahlung von Löhnen und Gehältern ist die „Auszahlungsanordnung für Löhne und Gehälter"[7]) zu verwenden.

(6) Die sachliche Richtigkeit der Lohn- und Gehaltslisten ist von dem verantwortlichen Mitarbeiter für Löhne und Gehälter sowie einem weiteren vom Leiter der Einrichtung festgelegten Mitarbeiter festzustellen. Damit wird die Verantwortung insbesondere dafür übernommen, daß allen in den Gehalts- und Lohnlisten verzeichneten Personen Vergütungen zustehen und daß die der Vergütungsberechnung zu Grunde liegenden Ver-

gütungsgruppen den Einstufungen entsprechen. Für die ordnungsgemäße Berechnung der Vergütung einschließlich der Steuer- und sonstigen Abzüge sowie die Überweisung der Löhne und Gehälter bzw. Abzüge ist auf der Grundlage der von der Abteilung Ökonomie an die zentrale Gehaltsstelle übergebenen Daten die zentrale Gehaltsstelle verantwortlich.

15.

Umgang mit Bargeld sowie Scheck- und anderen Wertvordrucken

(1) Der Leiter der Einrichtung legt auf Vorschlag des Leiters der Kostenstelle die

— zur Entgegennahme von Bargeld, Schecks und Bargeld auf Grund von Postanweisungen
— zum Bargeldtransport sowie
— zur Verwaltung von Wertvordrucken (außer Schecks)

berechtigten Mitarbeiter aktenkundig fest.
(2) Die zuständige Bankfiliale händigt die finanziellen Mittel für Löhne und Gehälter, die bar ausgezahlt werden, grundsätzlich erst am Zahltag aus. Sofern sich dadurch Schwierigkeiten ergeben, kann der Leiter der Einrichtung mit der zuständigen Bankfiliale vereinbaren, daß die Aushändigung bereits einen Tag vorher erfolgt. In diesem Fall muß die sichere Verwahrung der Löhne und Gehälter bis zum Zahltag gewährleistet sein. Der zuständigen Bankfiliale ist bis spätestens einen Tag vor Aushändigung der Gesamtbetrag der Abhebung und die erforderliche Stückelung des Betrages mitzuteilen.
(3) Der Leiter der Einrichtung hat zu sichern, daß bei der Abhebung und dem Transport von Bargeld durch die dazu berechtigten Mitarbeiter die notwendige Sicherheit gewährleistet ist. Beträge über 20000 Mark sind von mindestens zwei berechtigten Mitarbeitern und mit Kfz. zu transportieren.
(4) Die mit der Bargeldabholung und dem Bargeldtransport beauftragten Mitarbeiter sind für einen ordnungsgemäßen Empfang des Geldes bei der Bankfiliale und die richtige Ablieferung des Geldes verantwortlich.
(5) Bei der Auszahlung von Löhnen und Gehältern sowie Prämien in bar sichert der Leiter der Abteilung Ökonomie, daß die Zahlung vom Empfänger quittiert wird. Bei der Auszahlung von Prämien muß die Endempfängerquittung folgende Angaben enthalten:

a) Zweck der Prämienzahlung
b) Höhe der Prämie
c) Name des Empfängers

Bei der Auszahlung von Kollektivprämien ist eine Quittung von jedem Prämienempfänger erforderlich.
Werden Löhne, Gehälter oder Prämien nicht bis zum 3. Arbeitstag nach dem Zahltag an den Empfänger ausgezahlt, sind diese Beträge auf das Konto einzuzahlen.

(6) Die Aufbewahrung von Bargeld und Wertvordrucken hat in solchen Wertgelassen (einschließlich Kassetten) und an solchen Plätzen zu erfolgen, die die notwendige Sicherheit gewährleisten. Die erforderlichen Festlegungen einschließlich der Schlüsselführung und -verwaltung zu Wertgelassen hat der Leiter der Einrichtung auf Vorschlag des Leiters der Kostenstelle aktenkundig zu treffen.
(7) Für jede Einrichtung darf nur jeweils 1 Scheckheft geführt werden. Die von der Bank ausgegebenen Scheckhefte sind fortlaufend unter Angabe der Scheckvordrucknummern aktenkundig nachzuweisen. Die ordnungsgemäße Eintragung ist vom Leiter der Einrichtung oder einem anderen Zeichnungsberechtigten der Gruppe I zu kontrollieren und abzuzeichnen.
(8) Zur Kontrolle der Verwendung und der Abrechnung der einzelnen Schecks ist durch die Abteilung Ökonomie eine Scheckübenwachungsliste[8]) zu führen. In dieser sind Schecknummer, Ausstellungsdatum, Höhe des Betrages, Empfänger, Zahlungsgrund und Sachkonto nachzuweisen. Das Ausstellen von Blankoschecks ist untersagt. Verschriebene Schecks verbleiben im Scheckheft und sind als ungültig zu kennzeichnen.
(9) Barschecks dürfen zu Lasten des Kontos für die Abhebung von Löhnen und Gehältern, Prämien, Stipendien, Honoraren und zur Eröffnung bzw. Auffüllung von Bürokassen ausgestellt werden. Zur Bezahlung von Lieferungen und Leistungen oder für Einkäufe dürfen keine Barschecks verwendet werden. Für alle ausgegebenen Schecks müssen Quittungen der Empfänger vorliegen.

16.

Rückforderungen und Rückzahlungen

(1) Rückforderungen sind geltend zu machen, wenn bereits geleistete Ausgaben vom Zahlungsempfänger ganz oder teilweise zurückzuzahlen sind.
(2) Rückzahlungen sind nur zulässig, wenn eine Überzahlung stattgefunden hat oder sich nach Prüfung ergibt, daß der eingezahlte Betrag für einen anderen Zahlungsempfänger bestimmt ist.

17.

Anforderungen an die Belege

(1) Alle Belege, Dokumente, Urkunden und sonstige Unterlagen dürfen nur mit Tinte, Kopierstift oder Kugelschreiber bzw. unter Anwendung von Schreib-, Druck- oder Datenverarbeitungsmaschinen ausgefüllt werden. Die dauerhafte Lesbarkeit der Eintragung ist zu gewährleisten.
(2) Sind Korrekturen von Text- oder Zahlenangaben erforderlich, sind diese so vorzunehmen, daß die durchgestrichenen Angaben lesbar bleiben. Es ist nicht zulässig, zu radieren. Der Grund der Änderung ist zu vermerken und durch Unterschrift mit vollem Namen und Datum zu bestätigen. Auszahlungsanordnungen und Bankbelege von Einzelrechnungen

dürfen nicht geändert werden. Ausgenommen davon sind unterschriftlich bestätigte Streichungen von Zeilen auf Sammelbelegen der Bank und Änderungen der Sammlerendsumme.

(3) Die Belege müssen den die Zahlung verursachenden sachlichen und rechnerischen Inhalt erkennen lassen. Auf den Belegen sind die mit dem sachlichen Inhalt übereinstimmende Kontierung und das Rechnungsjahr anzugeben. Mit dem Stempel der Einrichtung versehene Kassenbons des volkseigenen und genossenschaftlichen Einzelhandels gelten bei Bareinkäufen bis zur Höhe von 50,— Mark als ordnungsgemäße Belege, wenn dazu in einer Aufgliederung die eingekauften Waren durch den Käufer im einzelnen bezeichnet werden.

IV.
Schlußbestimmungen

18.

(1) Der Leiter der Einrichtung hat zu sichern, daß die Mitarbeiter, denen Aufgaben nach dieser Anweisung übertragen werden, mit ihren Rechten und Pflichten vertraut gemacht werden. Die Übertragung der Aufgaben und die Belehrung der Mitarbeiter ist aktenkundig mit Unterschrift festzuhalten. Soweit nicht anders festgelegt, ist einmal jährlich eine Belehrung durchzuführen. Bei Übernahme bzw. Übergabe von Aufgaben sind entsprechende Protokolle anzufertigen.

(2) Zur Sicherung einer ordnungsgemäßen und kontrollfähigen Durchführung der mit dieser Anweisung getroffenen Festlegungen ist für jede

a) Einrichtung eine Nomenklatur gemäß Anlage 1
b) Kostenstelle eine Nomenklatur gemäß Anlage 2

auszufertigen. Die Nomenklaturen gemäß Anlage 1 und 2 sind vom Leiter der Einrichtung zu unterzeichnen. Die Nomenklatur gemäß Anlage 1 ist auf der Grundlage von Ziff. 3 Abs. 1 durch den Bezirksarzt, den Bezirksapotheker oder den Kreisarzt zu bestätigen. Je ein Exemplar der genannten Nomenklaturen ist in der jeweiligen Einrichtung bzw. Kostenstelle sowie beim jeweils übergeordneten Leiter zu hinterlegen.

Anlage 1

Einrichtung

Nomenklatur
zur Durchführung der Kassen- und Zahlungsordnung für das staatliche, örtlich geleitete Apothekenwesen

1. Es werden folgende Konten geführt

Kontenart	Konto-Nr.	Kreditinstitut
Bankkonto	. . . .	. . . .
Unterkonto	. . . .	. . . .

2. Zur Verfügung über die unter Tz. 1 genannten Konten sind zeichnungsberechtigt:

Konto-Nr.	Name, Vorname	Funktion	Unterschrift	Zuordnung in Gr. I bzw. II
. . . .	. . . .	. . . .		. . . .
. . . .	. . . .	. . . .		. . . .
. . . .	. . . .	. . . .		. . . .

Bestätigt

. . . .

Bezirksarzt oder
Bezirksapotheker oder
Kreisarzt

Leiter der Einrichtung

...

6. Zum Umgang mit der Bürokasse sind berechtigt:

Name	Vorname	Funktion	Unterschrift
. . . .	. . . .	. . . .	. . . .
. . . .	. . . .	. . . .	. . . .

7. Zur Höhe des Kassenlimits der Tageskasse werden folgende Festlegungen getroffen:

8. Der Bargeldbestand der Bürokasse darf
   . . . . Mark
   nicht überschreiten.

9. Das obere Limit für eine Kleinausgabe darf
   . . . . Mark
   nicht überschreiten.

Folgende Erzeugnisse und Leistungen können als Kleinausgabe finanziert werden:

. . . .
. . . .
. . . .

10. Zur Kontrolle der Bürokasse sind berechtigt:

Name	Vorname	Funktion	Unterschrift
. . . .	. . . .	. . . .	. . . .
. . . .	. . . .	. . . .	. . . .
. . . .	. . . .	. . . .	. . . .

11. Zur Entgegennahme von Bargeld, Schecks und Bargeld auf Grund von Postanweisungen sowie zum Bargeldtransport sind berechtigt:

Name	Vorname	Funktion
. . . .	. . . .	. . . .
. . . .	. . . .	. . . .
. . . .	. . . .	. . . .

12. Zur Verwaltung von Wertvordrucken (außer Schecks) sind berechtigt:

Art der Wertvordrucke	Name	Vorname
. . . .	. . . .	. . . .
. . . .	. . . .	. . . .
. . . .	. . . .	. . . .

13. Zur Aufbewahrung von Bargeld, Scheck- und anderen Wertvordrucken sowie von Schlüsseln für Wertgelasse werden folgende Festlegungen getroffen:

Art und Inhalt des Wertgelasses	Standort des Wertgelasses	Schlüssel-beauftragter	Aufbewahrungsort für Zweitschlüssel
. . . .	. . . .	. . . .	. . . .

. . . .

. . . .

Leiter der Einrichtung

[1]) Kassenordnung des Staatshaushaltes vom 1. Juli 1974 (GBl. I Nr. 36 S. 341) in der Fassung der Änderung vom 18. Dezember 1978 (GBl. I 1979 Nr. 2 S. 13).

[2]) Vordruck-Nr. 80/0837 VV Freiberg.

[3]) Vordruck-Nr. 80/0801 VV Freiberg.

[4]) Vordruck-Nr. 80/810 VV Freiberg.

[5]) Vordruck-Nr. 9648 VV Freiberg.

[6]) Vordruck-Nr. 80/0704 VV Freiberg oder 80/0701 VV Freiberg.

[7]) Vordruck-Nr. 80/5018 VV Freiberg.

[8]) Vordruck-Nr. 80/0837 VV Freiberg.

Mitteilung Nr. 4
über die Einstufung chemischer Stoffe als Gifte

vom 1. April 1981

I. Nachstehende chemische Stoffe wurden gemäß § 5 Abs. 1 des Giftgesetzes vom 7. April 1977 (GBl. I Nr. 10 S. 103) als Gifte eingestuft:

1. Gifte der Abteilung 1

A. Wirkstoffe (erscheinen im Verzeichnis der Gifte)

Chlorameisensäure-äthylester
Chlorameisensäure-benzylester
Chlorameisensäure-methylester
Chlorpyrifos
Natriumazid
Natriumchlorit

2. Gifte der Abteilung 2

A. Wirkstoffe (erscheinen im Verzeichnis der Gifte)

Allylchlorid
n-Butylzinntrichlorid
Dibutylzinn-bis (2-äthylhexylthioglykolat)
Dibutylzinn-bis (2-äthylhexylmaleinat)
Diclofop-methyl
Di-n-octylzinn-bis (2-äthylhexylthioglykolat)
Kaliumcyanat
Monobutylzinn-tris(2-äthylhexylthioglykolat)
Natriumcyanat
Paraformaldehyd
Propylensulfid
Triäthylamin
Tributylzinnbenzoat
Zinntetrabutyl

B. Präparate (erscheinen nicht im Verzeichnis der Gifte)

Präparat	Wirkstoff(e)
Pflanzenschutzmittel	
Dursban 4 E	Chlorpyrifos
Melipax EC 50	Camphechlor
Plantvax 20 EC	Oxycarboxin
Korrosionsschutzmittel	
Leukorrosin A	Dicyclohexylammoniumnitrit
Leukorrosin C	Dicyclohexylammoniumnitrit
Lösungsmittelgemisch	
Drahtlackverdünnung D 51	Benzol, Phenol, Xylenol
Härter	
Epiloxhärter 105	p,p'-Diaminodiphenylmethan
Epiloxhärter 3	Dipropylentriamin
Zinnorganische Stabilisatoren	
Stabilisator BTS 70	Dibutylzinn-bis(2-äthylhexylthioglykolat)
Stabilisator BTS 71	Dibutylzinn-bis(2-äthylhexylthioglykolat) Monobutyl-tris(2-äthylhexylthioglykolat)
Stabilisator BTS 8	Dibutylzinn-bis(2-äthylhexylthioglykolat)
Stabilisator BTS 75	Dibutylzinn-bis(2-äthylhexylthioglykolat)
Stabilisator BT 22	Dibutylzinn-bis(2-äthylhexylmaleinat)
Präparat der PUR-Chemie	
SyStanat P 1017 (SWK 6306) B-Komponente	TDI-haltiges Prepolymerisat
Sonstige	
Borchigen ND	

II. Nachstehende chemische Stoffe wurden unter Zugrundelegung der Bestimmungen des Giftgesetzes vom 7. April 1977 (GBl. I Nr. 10 S. 103) als Gifte **gestrichen**:

Gifte der Abteilung 2

A. Wirkstoffe (Streichung erfolgt im Verzeichnis der Gifte)

Zinksulfid

B. Präparate

Präparat	Wirkstoff
Leuchtstoffe	
N 84 weißblau	Strontiumverbindungen
N 85 orange	Strontiumverbindungen
NK 84	Strontiumverbindungen
NM 85 Veralux 29	Strontiumverbindungen
NM 85 Veralux 38	Strontiumverbindungen
NM 85 Veralux 43	Strontiumverbindungen
NM 85 Veralux 55	Strontiumverbindungen
NM 85 Veralux 74	Strontiumverbindungen

Richtlinie über die Zusammenarbeit des Gesundheitswesens mit der staatlichen Versicherung

vom 28. September 1976
(VuM MfGe Nr. 11 S. 66)

Zur Sicherung eines einheitlichen Verfahrens bei der Zusammenarbeit der staatlichen Organe und Einrichtungen des Gesundheitswesens mit der Staatlichen Versicherung der DDR bei im Zusammenhang mit der medizinischen Betreuung aufgetretenen Gesundheitsschäden wird folgendes angewiesen:

I.

Diese Anweisung gilt für alle örtlich geleiteten und dem Ministerium für Gesundheitswesen nachgeordneten staatlichen Gesundheitseinrichtungen.

II.

Bei Gesundheitsschäden, die im Rahmen der medizinischen Betreuung durch eine Gesundheitseinrichtung unter Verletzung von Pflichten verursacht wurden (nachfolgend Haftpflichtschaden genannt), sind die Gesundheitseinrichtungen zum Schadenersatz verpflichtet. Grund und Höhe der Verpflichtung zum Schadenersatz richten sich nach den Bestimmungen über die zivilrechtliche Verantwortlichkeit bei Schadenszufügung (§§ 330ff. des Zivilgesetzbuches). Gegen derartige Schadenersatzforderungen sind die staatlichen Gesundheitseinrichtungen auf Grund von Rechtsvorschriften über den Versicherungsschutz staatlicher Einrichtungen bei der Staatlichen Versicherung der DDR versichert (VO vom 18. 11. 1969 über die Versicherung der staatlichen Organe und staatlichen Einrichtungen, GBl. II Nr. 101 S. 679; AO vom 18. 11. 1969 über die Bedingungen für Pflichtversicherung der staatlichen Organe und staatlichen Einrichtungen bei der Staatlichen Versicherung der Deutschen Demokratischen Republik, GBl. II Nr. 101 S. 682).

III.

In Durchführung des Gemeinsamen Beschlusses des Politbüros des ZK der SED, des Ministerrates der DDR und des Bundesvorstandes des FDGB vom 25. 9. 1973 über weitere Maßnahmen zur Durchführung des sozialpolitischen Programms des VIII. Parteitages der SED wurde die Anordnung vom 16. 12. 1974 über die Erweiterung der materiellen Unterstützung der Bürger bei Schäden infolge medizinischer Eingriffe (GBl. I/1975 Nr. 3 S. 59) erlassen. Entsteht im Rahmen der medizinischen Betreuung durch einen medizinischen

Eingriff ein erheblicher Gesundheitsschaden, ohne daß eine Pflichtverletzung der Gesundheitseinrichtung vorliegt, erhält der Geschädigte in bestimmten Fällen, die in der Rechtsvorschrift aufgeführt sind, eine materielle Unterstützung.

IV.

In Auswertung der bisherigen Praxis zur einheitlichen Anwendung der Anordnung über die Erweiterung der materiellen Unterstützung der Bürger bei Schäden infolge medizinischer Eingriffe und zur zweckmäßigen Bearbeitung von Haftpflichtschäden erfolgt jetzt die Zusammenarbeit zwischen den Dienststellen der Staatlichen Versicherung der DDR und den staatlichen Organen und Einrichtungen des Gesundheitswesens im Prinzip nach gleichen Grundsätzen.
In Abstimmung mit der Staatlichen Versicherung der DDR wird dazu folgender Verfahrensweg festgelegt:

1. Der Leiter einer Gesundheitseinrichtung hat bei Bekanntwerden von Fällen, die eine materielle Unterstützung rechtfertigen könnten, hiervon dem zuständigen Kreisarzt Kenntnis zu geben (§ 5 der Anordnung). In gleicher Weise ist zu verfahren, wenn infolge von Gesundheitsschädigungen Schadenersatzansprüche von Bürgern geltend gemacht wurden bzw. wenn auf Grund des medizinischen Sachverhalts derartige Ansprüche geltend gemacht werden könnten.
   Der Leiter einer Gesundheitseinrichtung hat dazu innerhalb von 8 Tagen nach Erhebung eines Schadenersatzanspruches bzw. nach Bekanntwerden der genannten Umstände den für die Gesundheitseinrichtung zuständigen Kreisarzt vom Sachverhalt in Kenntnis zu setzen. Dazu wird von der Staatlichen Versicherung der DDR auf Anforderung der Vordruck „Schadenanzeige“ zur Verfügung gestellt.
   Mit der Information an den Kreisarzt ist die Pflicht zur unverzüglichen Meldung eines versicherten Schadenereignisses an die Staatliche Versicherung der DDR gemäß § 12 Abs. 2 Buchst. b der Anordnung vom 18. 11. 1969 über die Bedingungen für die Pflichtversicherung der staatlichen Organe und staatlichen Einrichtungen bei der Staatlichen Versicherung der Deutschen Demokratischen Republik erfüllt.
2. Der Kreisarzt beauftragt den Kreisgutachter mit der Beiziehung der zur Begutachtung erforderlichen Unterlagen und einer Stellungnahme des Leiters der Einrichtung entsprechend Ziffer 1. Diese Unterlagen sind in allen Fällen dem Bezirksgutachter zur Herbeiführung der entsprechenden Begutachtungen durch die Bezirksgutachterkommission vorzulegen.
3. Die Bezirksgutachterkommission stellt fest, ob
   a) eine Pflichtberletzung der Gesundheitseinrichtung vorliegt. Dabei ist unter Beachtung der Bestimmungen des ZGB über die Verantwortlichkeit bei Schadenszufügung gutachterlich besonders zu prüfen und darzulegen, ob

— die dem Bürger zugefügte Gesundheitsschädigung bzw. der Tod des Bürgers pflichtwidrig und rechtswidrig von der Gesundheitseinrichtung hervorgerufen wurde;
— ein Kausalzusammenhang zwischen dem Schaden und dem pflicht- und rechtswidrigen Handeln der Gesundheitseinrichtung besteht;
— nachgewiesen werden kann, daß die Umstände, die zum Schaden geführt haben, trotz Ausnutzung aller gegebenen Möglichkeiten nicht abgewendet werden konnten;

b) die Voraussetzungen für die Anwendung der Anordnung vom 16. 12. 1974 gegeben sind, sofern eine Pflichtverletzung nicht vorliegt.

4. Liegen die Voraussetzungen für einen Schadenersatzanspruch (Ziffer 3 Buchst. a) vor bzw. ist es wahrscheinlich, daß sie vorliegen, reicht der Bezirksgutachter die erforderlichen Begutachtungsunterlagen mit der Schadensmeldung entsprechend Ziffer 1 an die zuständige Bezirksdirektion der Staatlichen Versicherung der DDR weiter und informiert darüber den Leiter der in Frage kommenden Gesundheitseinrichtung. Er übermittelt gleichzeitig eine Durchschrift der zusammenfassenden Beurteilung der Bezirksgutachterkommission an die Zentralstelle für Ärztliches Begutachtungswesen.

5. Liegen nach Auffassung der Bezirksgutachterkommission die Voraussetzungen für einen Schadenersatzanspruch nicht vor, weil eine Pflichtverletzung gutachterlich nicht festzustellen ist, werden die Begutachtungsunterlagen vom Bezirksgutachter der Zentralstelle für Ärztliches Begutachtungswesen zur Überprüfung vorgelegt. Nach der Überprüfung durch die Zentralstelle werden die Unterlagen an den Bezirksgutachter zurückgegeben und von diesem an die zuständige Bezirksdirektion der Staatlichen Versicherung der DDR weitergeleitet.

6. Liegen die Voraussetzungen für die Gewährung einer erweiterten materiellen Unterstützung (Ziffer 3 Buchst. b) vor, verfährt der Bezirksgutachter gemäß §§ 6 und 7 der Anordnung vom 16. 12. 1974.

7. Die zuständige Bezirksdirektion der Staatlichen Versicherung der DDR erhält demzufolge durch die Bezirksstelle für Ärztliches Begutachtungswesen die Unterlagen in folgenden Fällen:

a) bei gutachterlich festgestellter Verantwortlichkeit für Schadenszufügung zur Bearbeitung des Schadenersatzes (Haftpflicht). Die Bezirksdirektion übermittelt dem Bürger ihre Entscheidung;

b) bei Vorliegen der Voraussetzung für die Anwendung der Anordnung vom 16. 12. 1974 zur Ermittlung und Zahlung der finanziellen Beihilfe (erweiterte materielle Unterstützung);

c) wenn der Bürger Schadenersatzansprüche und gegebenenfalls gleichzeitig Ansprüche aus der Anordnung vom 16. 12. 1974 geltend gemacht hat, die abgelehnt wurden. In diesem Falle wird dem Bürger von der Bezirksdirektion der Staatlichen Versicherung der DDR neben der Ablehnung der Schadensersatzansprüche im Auftrage des Kreisarztes die Entscheidung der Bezirksgutachterkommission zur Anordnung vom 16. 12. 1974 mitgeteilt.

8. Wurden von dem Bürger keine Schadenersatzansprüche gestellt, sondern nur ein Anspruch aus der AO vom 16. 12. 1974 geltend gemacht und liegen die Voraussetzungen zur Anwendung dieser Anordnung nicht vor, erteilt der Kreisarzt dem Bürger den entsprechenden Bescheid. Er erhält dafür vom Bezirksgutachter die erforderlichen Unterlagen.

9. In der Anordnung vom 16. 12. 1974 ist ein Rechtsmittel gegen die Entscheidung über den Anspruchsgrund nicht vorgesehen, weil die Entscheidungen bereits von zwei gutachterlichen Instanzen geprüft wurden. Eingaben gegen ablehnende Entscheidungen, die von der Staatlichen Versicherung der DDR gemäß Punkt 7 Buchst. c getroffen wurden, werden mit den entsprechenden Unterlagen der Bezirksgutachterkommission zur nochmaligen Prüfung vorgelegt.

10. Bei Eingaben gegen den Bescheid des Kreisarztes (Ziff. 8) oder Rückfragen der Bürger wird im Interesse einer schnelleren Erledigung eine erläuternde Aussprache zwischen dem Bürger, dem Kreisarzt und dem Kreisgutachter geführt. Ergeben sich dabei neue wesentliche Gesichtspunkte, so ist der Kreisarzt verpflichtet, den Vorgang der Bezirksgutachterkommission zur Prüfung zu übermitteln. Dabei wird das Verfahren gemäß §§ 6 und 7 der AO vom 16. 12. 1974 erneut durchgeführt.

V.

Weder durch die Gesundheitseinrichtungen noch durch die Räte der Bezirke und Kreise, Abteilungen Gesundheits- und Sozialwesen, können Entscheidungen über die Anerkennung oder Ablehnung von Haftpflichtschäden (ZGB) bzw. Ansprüchen aus der AO vom 16. 12. 1974 getroffen werden. Deshalb ist es unzulässig, gegenüber Bürgern, die entsprechende Ansprüche erheben, zustimmende oder ablehnende Erklärungen abzugeben, ohne daß durch die zuständigen Stellen eine Entscheidung getroffen wurde.

VI.

Diese Richtlinie tritt mit ihrer Veröffentlichung in Kraft.

Ergänzungssachregister 9. Lieferung

www.ingramcontent.com/pod-product-compliance
Lightning Source LLC
LaVergne TN
LVHW081348011026
849161LV00013BB/3024